Paula Tietze-Fritz

**Handbuch der
heilpädagogischen Diagnostik**

Paula Tietze-Fritz

Handbuch der heilpädagogischen Diagnostik

Konzepte zum Erkennen senso- und psychomotorischer Auffälligkeiten in der interdisziplinären Frühförderung

– 3. Aufl. 1996

 verlag modernes lernen - Dortmund

© 1992 verlag modernes lernen, Borgmann KG, D - 44139 Dortmund
3. Aufl. 1996

Herstellung: Löer Druck GmbH, 44139 Dortmund

 Bestell-Nr. 1143   ISBN 3-8080-0325-1

Urheberrecht beachten!
Alle Rechte der Wiedergabe, auch auszugsweise und in jeder Form, liegen beim Verlag. Mit der Zahlung des Kaufpreises verpflichtet sich der Eigentümer des Werkes, unter Ausschluß des § 53, 1-3, UrhG., keine Vervielfältigungen, Fotokopien und keine elektronische, optische Speicherung auch für den privaten Gebrauch, ohne schriftliche Genehmigung durch den Verlag anzufertigen. Er hat auch dafür Sorge zu tragen, daß dies nicht durch Dritte geschieht.

Zuwiderhandlungen werden strafrechtlich verfolgt und berechtigen den Verlag zu Schadenersatzforderungen.

Inhalt

Vorwort		8
Einleitung		9
I.	**Heilpädagogische Aufgaben**	10
1.	Diagnostik und frühe Förderung	12
2.	Das Erkennen von Handlungsansätzen: heilpädagogische Diagnostik	16
2.1	Heilpädagogische Frühdiagnostik	19
II.	**Fachspezifische Aufgaben**	23
1.	Medizinische Diagnostik	23
1.1	Ärztliche Frühdiagnostik	23
1.1.1	Medizinische Vorsorgeuntersuchungen für Kinder	25
1.1.2	Diagnostik von Risikokindern	31
1.1.3	Die neurologisch-motoskopische Untersuchung	33
1.1.4	Die neuropädiatrische Untersuchung	36
1.1.5	Die kinderpsychiatrische Diagnostik	37
1.2	Die entwicklungsneurologische Diagnostik nach Bobath	40
1.3	Die neurokinesiologische Diagnostik nach Vojta	43
1.4	Kriterien zur Früherkennung nach Flehmig	46
1.5	Entwicklungsdiagnostik nach Hellbrügge	47
1.6	Weitere Befunderhebungen	49
1.7	Aufgaben und Zielsetzungen als Ganzes	53
2.	**Befunderhebung durch Fachtherapeuten im Gesundheitswesen**	55
2.1	Die krankengymnastische Befunderhebung	56
2.1.1	Aufbau des krankengymnastischen Befundes	60
2.1.2	Methodik der Befunderhebung für das Säuglingsalter	64
2.1.3	Methodik der Befunderhebung nach Bobath	65
2.1.4	Methodik der Befunderhebung nach Vojta	66
2.2	Die logopädische Befunderhebung	67
2.2.1	Aufbau des logopädischen Befundes	69
2.2.2	Methodik der Befunderhebung bei zerebral bewegungsgestörten Säuglingen und Kleinkindern	71
2.2.3	Methodik der Befunderhebung zur Mundtherapie nach Bobath	74
2.2.4	Methodik der Befunderhebung zur orofazialen Regulationstherapie	76
2.3	Die ergotherapeutische Befunderhebung	79

2.3.1	Aufbau des ergotherapeutischen Befundes	82
2.3.2	Methodik der Befunderhebung bei sensomotorischen und feinmotorischen Störungen	84
2.3.3	Untersuchung der Wahrnehmungsvoraussetzungen nach Affolter	87
2.3.4	Wahrnehmungs- und Perzeptionsdiagnostik nach Frostig	89
3.	**Motodiagnostik**	**92**
3.1	Aspekte der Motodiagnostik	93
3.2	Motodiagnostische Beobachtung	94
3.3	Motoriktests	98
4.	**Psychologische Diagnostik**	**104**
4.1	Entwicklungspsychologische Aspekte und Psychodiagnostik	106
4.2	Anamnese und Exploration	109
4.3	Verhaltens- und Spielbeobachtung	112
4.3.1	Die Verhaltensbeobachtung	113
4.3.2	Die Bewegungsbeobachtung	114
4.3.3	Die Spielbeobachtung	114
4.4	Psychologische Testverfahren	116
4.4.1	Entwicklungstests	121
4.4.2	Diagnostik der motorischen Funktionen	123
4.4.3	Prüfung sensomotorischer und kognitiver Funktionen	124
4.4.4	Spieldiagnostik	130
4.4.5	Verfahren der Entwicklungsrehabilitation	132
4.4.6	Diagnostik von Wahrnehmungs-, Sprach- und Sinnesstörungen	133
4.4.7	Diagnostik auf neuropsychologischer Grundlage	135
4.5	Kritik an der Testdiagnostik	135
4.6	Gesprächsführung im diagnostischen Prozeß	136
5.	**Diagnostik sensorischer Integrationsstörungen**	**139**
5.1	Der diagnostische Ansatz nach Ayres	140
5.1.1	Beobachtungen	141
5.1.2	Die Southern California Sensory Integration Tests (SCSIT)	142
6.	**Befunderhebung durch Pädagogen und Sozialpädagogen**	**145**
6.1	Aufgaben der pädagogischen Diagnostik	146
6.2	Aufgaben der sozialpädagogischen Diagnostik	147

7.	Ganzheitliche Erfassung senso- und psychomotorischer Auffälligkeiten durch Früherzieher und Heilpädagogen	149
7.1	Theoretische Grundlagen für Heilpädagogen	153
7.1.1	Neurophysiologische und neuropsychologische Zusammenhänge	154
7.1.2	Psychologisch-pädagogische Grundsätze	156
7.1.3	Entwicklungsökologische Perspektiven	157
7.2	Handlungsprinzipien	158
7.2.1	Ganzheitlichkeit	158
7.2.2	Orientierung am Kind	159
7.2.3	Familienorientiertheit	160
7.2.4	Interdisziplinarität	161
7.2.5	Verlaufs-, Prozeß- und Förderdiagnostik	163
7.2.6	Der integrative Aspekt	165
7.3	Didaktik und Methodik	166
7.3.1	Die präventive Heilpädagogik	167
7.3.2	Befunderhebung zur frühpädagogischen Förderung	168
7.3.2.1	Die heilpädagogische Befundaufnahme	170
7.3.2.2	Elternarbeit und Familiendiagnostik	174
7.3.3	Der Einsatz von Medien	178
7.3.4	Die Anwendung heilpädagogischer und pädagogisch-therapeutischer Konzeptionen	182
7.3.4.1	Entwicklungs(früh)diagnostische Verfahren zur sensomotorischen Förderung	184
7.3.4.2	Diagnostik in der Bewegungserziehung	192
7.3.4.3	Heilpädagogische Wahrnehmungs- und Perzeptionsdiagnostik	200
7.3.4.4	Sprachheilpädagogische Frühdiagnostik	203
7.3.4.5	Diagnostische Voraussetzungen zur heilpädagogischen Übungsbehandlung	207
7.3.4.6	Diagnostische Ansätze zur Kommunikationsförderung	211
7.3.4.7	Förderdiagnostik zur basalen Stimulation und Kommunikation	217

Anhang: Heilpädagogische Befundaufnahme – Beobachtungsbogen mit Richtlinien für Früherzieher und Heilpädagogen   221

Verzeichnis: Entwicklungstabellen und Diagnoseverfahren   235

Literatur   243

Glossar   257

Stichwortverzeichnis   266

Vorwort

Das „Handbuch der heilpädagogischen Diagnostik" wurde von mir für Erzieherinnen und Erzieher in der Frühförderung geschrieben und für Studierende in sozial-, heil- und sonderpädagogischen Studien- und Ausbildungsfeldern und in der fachtherapeutischen Ausbildung, wenn ihr Berufsziel die heilpädagogische Arbeit mit Kindern und deren Familien ist.

Nicht zuletzt ist der Inhalt natürlich für „meine" Studentinnen und Studenten gedacht, denen ich im besonderen verbunden und verpflichtet bin.

Mit dem Buch möchte ich aber auch Kolleginnen und Kollegen ansprechen, die als Pädagogen und Therapeuten, Ärzte oder Psychologen mit senso- und psychomotorischen Problemen bei Kindern befaßt sind.

In meiner eigenen Arbeit habe ich erfahren, wie wertvoll das kollegiale Miteinander ist und daß erzieherisches Handeln nur aus einer interdisziplinären Einheit heraus gelingen kann.

Möge das Buch dazu ermuntern!

Paula Tietze-Fritz

Einleitung

Eine heilpädagogisch ausgerichtete Frühförderung hat den Auftrag, Hilfen anzubieten, wenn die Entwicklung eines Kindes gefährdet erscheint oder wenn sie sich unter erschwerenden Bedingungen vollzieht. Ihre theoretischen und praktischen Anteile sind komplex. Eines ihrer Anliegen ist das Finden und Mittragen eines Förderkonzeptes, das sich an den individuellen Bedürfnissen eines Kindes und an dessen eigenem Handeln orientiert und das gemeinsam mit den Eltern und in der Familie des Kindes verantwortet wird.

Das methodische Vorgehen dazu muß stets ein situatives und familiennahes Handeln sein, im diagnostischen, erzieherischen, beratenden und im anleitenden und helfenden Bereich, ganzheitlich gestaltet und immer wieder kritisch hinterfragt.

Es ist das Ziel dieses Buches, die praktischen Möglichkeiten interdisziplinären Wirkens in der pädagogischen Frühförderung aufzuzeigen und darin die integrierten Aufgaben einer heilpädagogischen Diagnostik herauszustellen.

Zu diesem Zweck werden die Grundlagen des diagnostischen Vorgehens verschiedener am Fördergeschehen beteiligter Fachkräfte beschrieben. Dies geschieht nicht, um ein vollständiges Detailwissen zu vermitteln oder in jedem Falle Abgrenzungen vorzunehmen, sondern um die grundlegenden Möglichkeiten und Einzelaufgaben zum Erkennen senso- und psychomotorischer Auffälligkeiten disziplinübergreifend transparent zu machen.

Kindliche Auffälligkeiten sind aber nicht nur Gefährdungen, Verzögerungen, Störungen, drohende Behinderungen oder die bestehende Behinderung bei einem Kind, sondern die jeweils individuellen und aktiven Möglichkeiten und Fähigkeiten, die ein Kind in sich trägt und die es zu unterstützen, zu fördern, zu erkennen und manchmal erst zu entwickeln gilt. Auch dieses soll im Buch zum Ausdruck kommen.

Einen besonderen Stellenwert haben die Ausführungen zur ganzheitlichen Erfassung kindlicher Entwicklungsauffälligkeiten durch Früherzieher und Heilpädagogen.

Mit diesem – dem letzten – ausführlichen Abschnitt des Buches soll die Bedeutung der Einbindung diagnostischen Vorgehens im erzieherischen Tun in die Lebenswirklichkeit eines Kindes, in seinen Alltag und in den persönlichen familialen Kontext betont werden. Vor allem aber sollen hier Früherzieher einige Anregungen finden, die ihnen für ihre Aufgaben in der Heilpädagogik nützlich sein können.

Anmerkung: Wenn im nachfolgenden Text bei den Berufsbezeichnungen meistens die maskuline Form verwendet ist, geschieht dies nur der Einfachheit halber. Keinesfalls ist damit eine einseitige Betonung gemeint: In der Praxis der Frühförderung sind in der Tat überwiegend Frauen engagiert.

I. Heilpädagogische Aufgaben

Die Bedeutsamkeit der frühen Kindheit für die Entwicklung eines Kindes und darin die Entfaltung seiner senso- und psychomotorischen Fähigkeiten ist heute ein zentraler Punkt heil- und frühpädagogischer Überlegungen.

Mit der Ausbildung der Wahrnehmungsfähigkeiten im Zusammenspiel mit den motorischen Funktionen *(Sensomotorik)* als grundlegende Voraussetzung für seine zunehmende Selbständigkeit und damit für seine Persönlichkeitsentwicklung insgesamt *(Psychomotorik)* erwirbt das Kind alle diejenigen Fähigkeiten, die für seine Auseinandersetzung mit der Umwelt notwendig sind.

NEUHÄUSER beschreibt darauf bezogen die Bewegung als ein „Grundphänomen des Lebendigen" (83, S. 12) und verweist auf das Gestaltkreismodell VON WEIZSÄCKERs, nach welchem Mensch und Umwelt in Wahrnehmungs- und Bewegungshandlungen ständig aufeinander einwirken und voneinander abhängig sind (217, S. 132 und 148). VON WEIZSÄCKER bezeichnet die Genese der Bewegungsformen von Organismen als *Gestaltkreis*: Der Organismus wird als ein seiner Umwelt gegenübergestelltes Wesen begriffen; Mensch und Umwelt sind sich gegenüberliegende Glieder in einem kreisförmigen Ganzen, und Wahrnehmung und Bewegung sind darin untrennbar verbunden und aufeinander bezogen (217; vgl. 100, S. 13).

Unter einer solchen Prämisse erhält die Beobachtung der sich entfaltenden senso- und psychomotorischen Aktivitäten Perspektiven, die für die heilpädagogische Arbeit unerläßlich sind. Im Betrachten und Beobachten erfahren wir viel über die kindliche Persönlichkeit, über Fähigkeiten, Eigenarten und Besonderheiten und oftmals auch über Zukünftiges.

Das typische kindliche Wahrnehmungs- und Bewegungsverhalten, die Art und Weise, in der das kleine Kind sich zunächst auszudrücken versucht und im Laufe seiner ersten Lebensmonate und -jahre zunehmend lernt, den Menschen zu begegnen, seiner Welt zu begegnen und darin zu handeln, geben uns immer wichtige Hinweise auf seine Bedürfnisse und Wünsche.

Wir erleben sein Wohlbefinden innerhalb eines gesunden Entwicklungsganges, können aber auch auf Gefährdungen, Probleme, Entwicklungsschwierigkeiten oder auf Krankheiten aufmerksam werden. THURMAIR (198) drückt das folgendermaßen aus: „Was hierin (im Laufe der Entwicklung kleiner Kinder, Anm. d. V.) im späteren Lebensalter als Leistungsfähigkeit, Anpassungsfähigkeit, Durchsetzungsvermögen, Konkurrenzfähigkeit etc. gefragt ist, bestimmt sich in früher Kindheit – formal gesprochen – als Optimalität der Inhalte somatischer, motorischer, perzeptiv-kognitiver und sozial-emotionaler Entwicklung, sowie der Zeit, in der sie abläuft" (S. 151 u. 152).

NEUHÄUSER nennt zahlreiche Faktoren, die eine gesunde Wahrnehmungs- und Bewegungsentwicklung bestimmen: „Der biologische Apparat mit seinen Befehls-, Regulations- und Erfolgsorganen muß voll verfügbar sein; nur ein reibungsloses Zusammenspiel aller Einzelkomponenten garantiert den ungestörten Ablauf. Zentrale Mechanismen (Großhirnrinde, Stammganglien, Kleinhirn) sind ebenso wichtig wie Informationsvermittlung (Rückenmark, Nerven, neuromuskulärer Übergang) und die ausführenden Organe (Muskeln, Knochen, Gelenke). Afferente Systeme gewährleisten Rückmeldung und Rückkoppelung, so daß Bewegungen an wechselnde Erfordernisse anzupassen sind; Störungen treten auch dann auf, wenn die Kontrolle über die Effektivität fehlt" (83, S. 12).

Neben diesen neuroanatomischen und -physiologischen Funktionen sind aber auch die psychosozialen Bedingungen eine wichtige Voraussetzung für eine gesunde kindliche Entwicklung, und sensomotorische Fähigkeiten werden von den verschiedensten Umweltfaktoren nachhaltig beeinflußt (83, S. 12).

Heilpädagogik ist die wissenschaftlich begründete Lehre von der Erziehung unter erschwerenden Bedingungen und damit eine *besondere Erziehung*.

Das Sich-Befassen mit der frühen Phase menschlicher Entwicklung, insbesondere mit den ersten drei, vier Jahren nach der Geburt, der „sensiblen Phase", in der auch das kindliche Gehirn seine größte Plastizität und Dynamik zeigt, stellt Erziehende vor die Aufgaben einer großen Verantwortung, deren Übernahme ihnen im Praktischen die sichere Beurteilung und Einschätzung kindlichen Handelns (Agierens) abverlangt und darin eine Fülle methodischen Fachwissens.

Es ist hinlänglich bekannt, daß das sensomotorische Verhalten des Kindes von uns als ein Abbild seiner Person und seiner Individualität verstanden werden muß, in dem sich Wohlbehagen, Spontaneität, Lebenserfülltheit, Kreativität . . . und viele andere Befindlichkeiten spiegeln, sich ebenso aber auch als Ausdruck von Entwicklungsproblemen darstellen kann.

Gerade die Zeit der „sensiblen Phase" ist es aber auch, in der Entwicklungsschwierigkeiten verhütet, Verzögerungen aufgeholt, Behinderungen vermieden, auch kompensiert und vor allen Dingen früh erkannt werden können.

Erste Auffälligkeiten, die als Warnsignale die Gefahr einer Fehlentwicklung anzeigen, auch erste „Hilferufe" nach bedürfnisbefriedigenden Gegebenheiten drücken sich im Zusammenspiel von Wahrnehmungs- und Bewegungsleistungen aus.

1. Diagnostik und frühe Förderung

In der heilpädagogischen Arbeit beschäftigen wir uns mit Kindern, deren Entwicklung sich *unter erschwerenden Bedingungen* vollzieht, und mit denjenigen Kindern, die einer solchen Gefahr ausgesetzt sind.

Das können Gefahren oder auch Störungen sein, die aus einer Reihe unterschiedlichster Bedingungsfaktoren erwachsen, etwa aus einer frühkindlichen Hirnschädigung sehr verschiedenen Ausmaßes (von leichten Entwicklungsunregelhaftigkeiten bis hin zu schwerster Wahrnehmungs- und damit häufig auch künftiger Intelligenzbeeinträchtigung), als Folge einer organischen Schädigung oder Besonderheit, auch nach einer chronischen Erkrankung, oder vielleicht durch das Handicap einer angeborenen Körperbehinderung, z. B. einer Gliedmaßenanomalie.

Eine gesunde Entwicklung der sensomotorischen Funktionen kann aber auch durch ausschließlich von außen kommende Einflüsse be- oder verhindert werden (etwa durch Beziehungsstörungen, ungünstige erzieherische Einflüsse, Erschwernisse durch Gegebenheiten des Lebensraumes und des sozialen Umfeldes), und bei einer Vielzahl frühkindlicher und kindlicher Beeinträchtigungen treffen endo- und exogene Faktoren aufeinander und bedingen sich gegenseitig (vgl. die ausführliche Darstellung bei TIETZE-FRITZ [205]):

Eine Beeinträchtigung in der Entwicklung des *sensomotorischen Verhaltens* wird – unbeachtet – immer auch die *psychomotorische* Persönlichkeitsbildung eines Kindes erschweren oder behindern.

Für unsere heilpädagogische Arbeit verlangt dies alles, Entwicklungsauffälligkeiten im Umgang mit Kindern erkennen zu können und dabei geeignete Konzepte und theoretische und praktische Instrumentarien zur Verfügung zu haben, um senso- und psychomotorische Auffälligkeiten und Störungen erfassen und einordnen zu können.

Heilpädagogische Arbeit mit Kindern impliziert daher auch diagnostische Kompetenzen, und heilpädagogische Diagnostik ist immer ein Teil der frühen Förderung und der Erziehungshilfen, die wir einem Kind und seiner Familie geben möchten.

Sie steht niemals isoliert als ein separates Konstrukt, ist keine spezielle „Methode", sondern ein fächer- und disziplinübergreifendes Konzept, und sie steht im Kontext mit jeder einzelnen pädagogischen Intervention: heilpädagogisch-diagnostisches Vorgehen und Förderung sind nicht voneinander zu trennen.

Die Gesamtdiagnose

Das eine wie auch das andere besteht aus einzelnen Schritten. Einzelergebnisse aus den verschiedenen Fachdisziplinen, die am diagnostisch-pädagogischen Prozeß beteiligt sind, und aus ihrem jeweiligen methodischen Vorgehen führen zu einer Gesamtdiagnose. Sie werden wie Puzzleteile zu einem ganzen Bild zusammengefügt, und alle Lerninhalte und Erziehungsteile, die wir als frühpädagogisch-didaktisches Anliegen formulieren, haben wir miteinander zu verbinden. Sie gelten dann sowohl für das eine als auch für das andere, für diagnostisches *und* pädagogisches Handeln. In diesem ganzheitlichen Rahmen betrachten wir das „Bild", kann Erziehung verstanden werden als umfassende Entwicklungsbegleitung und besondere Lernhilfe.

Das Gesamtkonzept

Es ist eine speziell heilpädagogische Aufgabe, all diesen Kindern, die SPECK Kinder „mit besonderen Erziehungsbedürfnissen in der frühen Kindheit" nennt (187, S. 11), ihren Eltern und Familien solche besonderen Entwicklungs- und Erziehungshilfen anzubieten. Natürlich sind diese Hilfen nicht zu katalogisieren, sondern vielmehr so zu gestalten, daß sie auf das ausgerichtet sind, was im Einzelfall an Erziehung angezeigt scheint: Jede heilpädagogische Maßnahme ist für das einzelne (einzigartige) Kind – und für kein zweites – gedacht und nicht ohne weiteres zu übertragen oder gar zu generalisieren. Dabei ist *jede* Fördermaßnahme, auch jede diagnostische und therapeutische Intervention – von den im einzelnen dafür zuständigen Fachkräften in das Gesamtkonzept eingebettet – immer ein Teil erzieherischen Handelns.

Welcher Art nun eine Hilfe sein muß, die ein Kind im Rahmen diagnostisch-heilpädagogisch-therapeutischer Förderung benötigt, hängt von vielen Faktoren und Rahmenbedingungen ab, von GROND folgendermaßen veranschaulicht: „Was im Einzelfall an Erziehung angezeigt scheint, ist abhängig von der Gesamtpersönlichkeit des Kindes, von der Persönlichkeit des Erziehers, von der Familie, vom Verhältnis zwischen Erzieher und Kind, von den zur Verfügung stehenden Mitteln und Methoden der Erziehung und vor allem von den angestrebten Erziehungszielen, die wiederum mehr oder weniger bewußte Komponenten eines wiederum mehr oder weniger bewußten Menschenbildes sind" (70, S. 142).

Ziel- und Leitkonzepte heilpädagogischen Handelns

Von GRÖSCHKE werden der jeweiligen methodischen Vorgehensweise übergeordnete Ziel- und Leitkonzepte formuliert und begrifflich in Kategorien wie „Selbstverwirklichung in sozialer Integration", „Personalisation und

Sozialisation", Mündigkeit", „Normalisierung", „Lebensorientierung", „Alltagsbewältigung", „Integration" oder „lebenspraktische Erziehung" gefaßt (68, S. 80).

Solche Leitkonzepte in den jeweils individuellen Bedürfnissen angepaßte spezifisch-praktische Maßnahmen umzusetzen, ist heilpädagogische Kompetenz. Sie macht es erforderlich, daß wir uns mit ihren didaktischen und methodischen Inhalten gut vertraut machen. In der jeweils erforderlichen Aufgabenstellung werden diese Inhalte dann von den verschiedenen (diagnostisch-pädagogisch-therapeutischen) Fachkräften aus ihrem Berufsbild heraus und damit im Rahmen ihres fachbezogenen beruflichen Selbstverständnisses umgesetzt.

SPECK skizziert Ziele, Inhalte und Aufgaben einer speziellen Früherziehung im Ganzen und weist auf die Notwendigkeit einer sowohl fachkompetenten (aus objektiven, wissenschaftlich belegbaren Positionen heraus) als zugleich person- und kontextorientierten (auf das Verstehen der individuellen, subjektiven Gegebenheiten angewiesenen) Förderung hin:

Danach sind die Ziele *elternbezogen* (Beratung und Anleitung) und *kindbezogen* (u. a. Aufbau von Befähigungen und sozialer Einwurzelung, Erfassen und Berücksichtigung der Entwicklungs- und Lernbedingungen, Beobachtung der Lebenswirklichkeit).

Zum besseren Wahrnehmen, zum differenzierten Bewegen und Tätigsein, zum Überwinden von Hindernissen, zum Erfassen und Bewerten von Handlungen und Zusammenhängen, zum Erschließen kommunikativer Möglichkeiten und zum Erleben emotionaler Sicherheit benötigt das Kind spezielle Lernhilfen.

Mit den Aufgaben nennt SPECK deren Zweckbestimmung: Sie verstehen sich als

„– vorbeugend: spätere und fortschreitende Entwicklungsretardierungen und Erziehungsprobleme sollen vermieden werden;
– kompensierend: ausgefallene Funktionen sollen durch andere ersetzt werden;
– unterstützend: bezogen auf die Selbsthilfeansätze der Eltern und des Kindes;
– nachholend: wenn Versäumnisse eingetreten sind, z. B. bei Erfahrungsmangel;
– integrierend: wenn Isolation droht, bzw. wenn es gilt, soziale Partizipation für Kind und Familie im Rahmen von Nachbarschaft und Gemeinde anzuregen" (188, S. 51).

Auf die Beachtung eines *sinnvollen* Einsatzes der speziellen Verfahrensweisen weist NEUHÄUSER hin und betont die Bedeutung einer vertrauensvollen Kooperation mit den Eltern der uns anvertrauten Kinder als Grundlage der Förderung individueller kindlicher Fähigkeiten:

„Das Kind darf nicht in Gefahr kommen, Objekt spezialisierter Therapie- und Trainingsmethoden zu werden; die Mutter-Kind-Beziehung darf nicht gestört werden . . . So muß die Familiendynamik, letztlich bestimmt auch vom Lebensschicksal der Eltern selbst, Berücksichtigung finden . . ." (134, S. 119).

Von GRÖSCHKE (68) wird Erziehung als *interaktive* und *planmäßige* Lernhilfe bestimmt, wenn Lernen bei einem Kind aus irgendeinem Grunde gehemmt ist. Er greift den in der kognitiv-interaktionistischen Entwicklungspsychologie eingeführten Begriff der „Kompetenz" und den der „Kompetenzmotivation" auf. Von diesem Ansatz her stellt er die Ziele einer frühen Förderung von Kindern als „Entdeckung und Entwicklung kindlicher Kompetenzen" heraus (S. 83). Kompetenz ist bei ihm dann definiert als die Möglichkeit, verschiedene Teilfähigkeiten zu einem integrierten Handlungsablauf zusammenzufügen.

Für den heilpädagogischen Umgang mit dem Kind heißt das dann auch bei ihm, „ . . . nicht einzeln trainierbare physische Funktionen, sondern lebenspraktisch einsetzbare ʻHandlungsfähigkeitenʼ zum Ziel der Erziehungsarbeit zu machen bzw. nicht bei einem isolierten Funktionstraining stehen zu bleiben, sondern dem . . . Kind die Zusammenhänge erlernter Kompetenzen mit konkreten Alltagssituationen einsichtig und erlebbar zu machen durch Lernen im Alltag" (S. 84).

Der Aufgabenbereich früher Entwicklungsförderung mit all seinen diagnostischen Inhalten wird auf diesem Hintergrund als „*Entdeckung und Förderung kindlicher Kompetenzen*" formuliert. Derjenige gilt als „kompetenter Erzieher", der dafür Sorge trägt, daß das Kind sich selbst als aktiv Handelnden erlebt – erleben lernt (68).

2. Das Erkennen von Handlungsansätzen: heilpädagogische Diagnostik

Nach SPECK verlangt jedes diagnostische Handeln eine entsprechende Kenntnis der „pädagogisch wirksamen Faktoren und Prozesse und der für das Kind erschließbaren oder verhinderten Möglichkeiten seiner Erziehung und seines Lernens" (187, S. 33) und setzt diese voraus.

Zur Funktion einer heilpädagogisch orientierten Diagnostik nennt er deren Sinn und Zweck und betont, „daß sie die Aufgabe hat, handlungsrelevante Informationen fachmännisch zu erheben, diese zu interpretieren und entsprechende pädagogische Handlungskonsequenzen aufzuzeigen" (189, S. 284).

Aufgabe jeder heilpädagogischen Diagnostik senso- und psychomotorischer Auffälligkeiten und Störungen ist daher zuerst das *Erkennen von Handlungsansätzen.*

SPECK sieht ihre Aufgabe darin, „am für das Lernen bedeutsamen Entwicklungsstand des Kindes die Ansatzstellen für seine Lernförderung, aber auch fortlaufend die Veränderungen im Lernen und die Ergebnisse von pädagogischen Interventionen festzuhalten und die weitere Entwicklung zu verfolgen" (187, S. 33).

Voraussetzung dafür ist, daß sie sich darum bemüht, die jeweils *individuelle Erziehungssituation* in ihren Bedingungsstrukturen zu erfassen.

Heilpädagogische Diagnostik hat demnach immer das Ziel, notwendige Erziehungshilfen und Förderungsansätze

a) zu erkennen,
b) zu planen,
c) geplantes und gezieltes Handeln in jeder Intervention zu begleiten und zu reflektieren.

Sie kann deshalb nie abgeschlossen sein, sondern bleibt in jeder Phase Teil des erzieherischen Tuns. Dazu ist bei TIETZE-FRITZ betont, daß sie sich nur dann heilpädagogisch nennen kann, wenn jeder einzelne Schritt, jede „Aufgabe", die sie sich vornimmt, eine Einheit mit dem Prozeß der Förderung bildet als ein Teil des pädagogischen Konzeptes (vgl. 205, S. 139).

Nach SPECK ist dabei von besonderer Wichtigkeit, „ . . . daß bei jeder diagnostischen Wahrnehmung und Interpretation das implizierte Theorie- und Wertesystem des Diagnostikers miteingeht" (189, S. 284).

Die Art und Weise des Miteinander-Handelns, Wesen und personale Zuwendung des Diagnostikers, seine Einstellung zu den eigenen Kräften des

Kindes und seiner Eltern, sein Sich-Hineinstellen in eine Aufgabe, werden immer in die Ergebnisse mit einfließen, sie unter Umständen nachhaltig beeinflussen.

Zum Begriff der sonderpädagogischen Diagnostik

Die „besondere" diagnostische Sichtweise wurde bereits in der „sonderpädagogischen" Diagnostik, ihrer Tradition nach mehr auf die schulischen Untersuchungen von Kindern ausgerichtet, aus förderdiagnostischer Sicht von BACH (14), BUNDSCHUH (36; 37), KORNMANN (115) u. a. aufgegriffen und zunehmend in praktisches Handeln umgesetzt: Gemeint ist auch hier, daß es nicht nur zum Gegenstandsbereich gehören kann, besondere Strategien der Diagnostik in Anlehnung an die vorkommenden Beeinträchtigungen zu entwickeln und anzuwenden, sondern daß vielmehr der Schwerpunkt auf einer Modifikationsstrategie im Sinne des Helfens, Förderns, Kompensierens und Lernens liegen muß.

Von BACH wurden dazu Termini geschaffen, die viele Gemeinsamkeiten mit unserem heil- und frühpädagogischen Verständnis von Diagnostik aufweisen und deren grundlegender theoretischer Ansatz sich in der – von der Entwicklungsgeschichte her jüngeren – Frühdiagnostik entsprechend modifiziert fortgesetzt hat.

BACH ging in seinen Überlegungen davon aus, daß sonderpädagogische Diagnostik flexibler, dynamischer und aktiv werden kann im Rahmen einer „Sondererziehung" bei vorliegender Behinderung, im Rahmen einer „Fördererziehung" bei vorliegender Störung, im Rahmen einer „Vorsorgeerziehung" bei vorliegender Gefährdung und im Rahmen einer „Gesellschaftserziehung" bei vorliegender Rückständigkeit (vgl. 14).

Auch der *sonderpädagogischen* Diagnostik geht es also nicht in erster Linie um die Feststellung einer Störung, eines Defizites oder einer Behinderung, vielmehr ganz speziell um die Herausstellung der für eine sonderpädagogische Förderung geeigneten Ansatz- und Ausgleichsmöglichkeiten (vgl. 12; 14; 36, S. 31).

Förderdiagnostik

Um einer sogenannten „Selektionsdiagnostik" mit ihrer vermeintlichen Gefahr der isolierten Anwendung von Testverfahren und ihrer einseitigen Aussagekraft für entsprechendes pädagogisches Handeln unter Umständen zum Schaden eines Kindes entgegenzuwirken, wurde der Begriff der *Förderdiagnostik* eingeführt und diese Idee in praktisches Handeln umgesetzt.

KOBI (110) stellte zu dieser Thematik in eigens definierten Thesen „Einweisungsdiagnostik" und „Förderdiagnostik" gegenüber; KAUTTER kritisierte ebenfalls die am „medizinischen Modell" orientierten Selektionsentscheidungen (vgl. 36, S. 42).

KORNMANN hat in diesem Zusammenhang zum Ausdruck gebracht, eine förderungsspezifische Diagnostik solle dazu beitragen, erschwerte Lernprozesse zu erleichtern. Er stellte einige wesentliche Punkte heraus, die nicht nur der schuldiagnostischen, sondern auch unserer frühdiagnostischen Betrachtungsweise nützlich sein können. Sie werden derzeit aktuell aus verschiedenen förderdiagnostischen Perspektiven auch unter den Forderungen nach Integration und Normalisation diskutiert:

- eine förderungsspezifische Diagnose kann nicht auf eine Überprüfungsperiode beschränkt sein,

- nicht ausschließlich Merkmale des Kindes sind Gegenstand der förderungsspezifischen Diagnostik, sondern das gesamte Bedingungsgefüge,

- einige Positionen der klassischen Testtheorie (vor allem die statistische Normorientierung) müssen im Theoretischen zugunsten einer lernziel- bzw. kriteriumsorientierten Betrachtungsweise geräumt werden,

- als Methoden sind solche Verfahren vorzuziehen, deren Daten direkt Ansatzpunkte für eine pädagogische und therapeutische Intervention liefern und nicht erst über verschiedene Arten von Schlußfolgerungen ein hypothetisches Konstrukt (wie es z. B. die Intelligenz ist) qualifizieren (36, S. 39; vgl. 115; 37).

Kritikpunkte

Inzwischen wurden Ansprüche und Erwartungen an eine Förderdiagnostik auch kritisch beleuchtet: Der Handlungsansatz habe die Diagnostik zu bestimmen und nicht die Diagnostik das Handeln, und die Verknüpfung der Diagnostik mit der pädagogischen Intervention sei im förderdiagnostischen Ansatz nicht unmittelbar genug (vgl. 189, S. 285).

Insbesondere SCHLEE (178) hat auf einen verbreiteten „Fehlschluß" der „Förderdiagnostik" hingewiesen und damit auf die Gefahr vieler mehr oder weniger standardisierter Förderprogramme, die auch in der Pädagogik des frühen Kindesalters zur Anwendung kommen: Diagnostik verstehe sich nicht als Förderwegweiser mit dazugehörigen didaktisch-therapeutischen Handlungsstrategien, sondern helfe zunächst, die von den verschiedenen Beteiligten erhobenen Befunde zusammenzubringen als Voraussetzung für Förderungsansätze.

2.1 Heilpädagogische Frühdiagnostik

In der heilpädagogischen Diagnostik des frühen Kindesalters geht es uns in der Praxis darum, Mittel anzuwenden, die es möglich machen, so viel von normaler und gestörter Entwicklung zu sehen und zu verstehen, daß wir wissen, welche erzieherischen Bedingungen (Gegebenheiten) für ein Kind unerläßlich sind und mit welchen Mitteln Schaden von ihm abgewendet werden kann. Weiter geht es darum, daß wir Entwicklungsrisiken früh erkennen können *(Prävention)* und gefährdende Momente und Faktoren wahrnehmen *(frühzeitig* und *rechtzeitig).*

Es geht uns auch darum, einerseits die einer eventuellen Entwicklungsverzögerung zugrunde liegenden Reifungsbeeinträchtigungen einzuschätzen oder individuelle Besonderheiten und Symptome einer Störung zu erkennen, andererseits aber auch vom Ablauf der frühen sozialen Entwicklung, in dem Ungestörtheit oder Gestörtheit sehr weitgehend von Bedingungen aus der Umwelt des Kindes abhängig sind, Schlüsse auf das künftige Entwicklungsgeschehen zu ziehen.

In der *besonderen Erziehung* muß der heilpädagogisch Untersuchende das Kind und seine Familie in ihren unmittelbaren Lebenszusammenhängen erfahren. Er muß sehr wohl das sehen, was das Kind nicht oder noch nicht leisten kann, und seine persönlichen Nöte und Wünsche erkennen. Vor allem muß er auch sensibel sein für das, was das Kind kann – oder können möchte.

Aus solchem „Beobachten" und „Erkennen" erwachsen dann – immer wieder aufs neue – Entscheidungen zu einer pädagogischen Intervention und auch zu der Form des jeweils angezeigten heilpädagogischen Vorgehens.

Dimensionen der Frühförderdiagnostik

Förderdiagnostik im frühen Kindesalter bemüht sich darum, das Kind mit seiner Vergangenheit (Biographie) und in seiner Gegenwart (Existenz, Erziehungswirklichkeit) zu erfassen, damit eine, wie FALTERMEIER dies ausdrückt, „subjektive bedeutsame Zukunft (Sinngebung)" erreicht werden kann (53).

Sie hat dazu folgende Dimensionen (einer Auflistung nach BUNDSCHUH [37] folgend) benannt (53):

– die pädagogische Dimension (Erfassen der Gesamtpersönlichkeit des Kindes),
– die anthropologische Dimension (Frage nach den Fähigkeiten der Entwicklung, Entfaltung und Wandlung des Kindes),

- die soziale Dimension (Frage nach dem psycho-sozialen Funktionsnetz und nach Interaktionsprozessen),
- die didaktische Dimension (Aufzeigen des Verhältnisses von Diagnostik und Didaktik: Überdenken von Lern- und Förderplänen),
- die therapeutische Dimension (Therapieformen, die sich an den Bedürfnissen und Möglichkeiten des Kindes orientieren).

Verschiedene Disziplinen

Subjektive Eindrücke müssen mit objektiven Feststellungen zusammengehen, und heilpädagogisch orientierte Frühdiagnostik ist grundsätzlich auf die Mitarbeit der „klassischen" Diagnostik verschiedener Disziplinen angewiesen und bezieht sie in ihre Arbeit ein.

SPECK formuliert die Bezüge: „Da sowohl die objektive Erfassung der Erziehungswirklichkeit wie das subjektive Verstehen einen notwendigen Dienst für den Menschen, der erzieherische Hilfe braucht, darstellen, ist eben beides erforderlich: das möglichst objektive Erheben von relevanten Daten, wobei diese Relevanz vom definierten heilpädagogischen Konzept und den sonderpädagogischen Handlungsmöglichkeiten abhängig ist, *und eine Interpretation, die am Subjekt und seiner Lebenswelt und -zukunft verantwortlich orientiert ist*" (189, S. 286)

Die einzeldisziplinären Ansätze

Die verschiedenen einzeldisziplinären Ansätze lassen sich nach SPECK (189, S. 415) je nach den für sie maßgebenden „Handlungsleitnormen" in zwei Hauptgruppen unterscheiden, die allerdings nicht eindeutig voneinander abzugrenzen sind. Ihre „Beiträge der professionellen Teilsysteme" sind zwei Kategorien zuzuordnen:

– *dem ärztlichen Verantwortungs- und Normensysten und*
– *dem edukativ-sozialen Verantwortungs- und Normensystem.*

Die Organisation solcher konkreten Möglichkeiten (durch Institutionen und einzeln arbeitende Fachleute) richtet sich am sinnvollsten nach den speziellen Einzelbedürfnissen und -bedingungen. Ein optimales und differenziertes adäquates diagnostisches Angebot erfordert nach SPECK „einerseits das Verfügbarmachen zugleich spezialisierter und interdisziplinär koordinierter Fachkompetenz und andererseits die faktische Erreichbarkeit dieses Angebots für jede Familie in der Weise, wie sie ihr entspricht . . ." (189, S. 353).

Je nach der im Einzelfall vorliegenden Problemstellung können demnach ein spezielles oder auch mehrere diagnostische Verfahren, parallel zueinander, auch nacheinander durchgeführt, angezeigt sein. Die Inhalte aus ihren spezifischen Verfahrensweisen, die sich in *Beobachtungsergebnissen* und *Protokollen* aus der jeweiligen Befunderhebung spiegeln oder deren Ergebnisse in eigens angefertigten *Gutachten* ihren Niederschlag finden, überschneiden sich im praktischen Vorgehen manchmal, müssen durchlässig und in jedem Fall transparent sein, sich zielsetzend zu einem „Ganzen" fügen, wenn sie heilpädagogisch-ganzheitlichen Ansprüchen gerecht werden wollen.

Es soll hier versucht werden, verschiedene diagnostische Ansätze konkret einzelnen Wissenschaftsbereichen und Disziplinen zuzuordnen. Dies geschieht nur zum Zwecke eines veranschaulichenden Überblicks, denn eine Reihe von Inhalten und Aufgaben der hier genannten Konzepte und Verfahren sind nicht eindeutig zuzuordnen, vielmehr fächerübergreifend.

Für die Befunderhebung im frühen Kindesalter wird damit ein kontinuierliches Ineinandergreifen der Interventionen möglich und das Finden einer „Gesamtdiagnose" im Team erleichtert.

In der hier vorgenommenen Gruppierung sind als *fachspezifische Aufgaben*

- die medizinische Diagnostik,
- die Befunderhebung durch Fachtherapeuten im Gesundheitswesen,
- die Motodiagnostik,
- die psychologische Diagnostik,
- die Diagnostik sensorischer Integrationsstörungen,
- die Befunderhebung durch Pädagogen und Sozialpädagogen,
- die ganzheitliche Erfassung senso- und psychomotorischer Auffälligkeiten durch Früherzieher und Heilpädagogen

herausgestellt.

Die Ausführungen zur *frühpädagogischen Befunderhebung* (unter II 7: „Ganzheitliche Erfassung senso- und psychomotorischer Auffälligkeiten durch Früherzieher und Heilpädagogen") sind darin als Schwerpunktsetzung für dieses Buch gedacht, das sich in erster Linie an diejenigen Fachkräfte wendet, die in heil- und frühpädagogischen Handlungsfeldern als Frühbetreuer tätig sind.

Interdisziplinäre Arbeit

Heilpädagogische Diagnostik ist immer mehrdimensional, und ohne Mitwirkung der differenziert zu handhabenden fachdiagnostischen und fachspezifischen Untersuchungsmethoden bleibt sie Stückwerk. Sie wird erst sinnvoll und kann dann auch sinnvoll praktisch werden, wenn aus multidisziplinären Meinungen und Ergebnissen interdisziplinär orientierte Arbeit entsteht.

Differenzierte diagnostische Befunde haben nach diesem Verständnis keinesfalls das Ziel, Teildefizite diagnostisch auszudifferenzieren und objektivierend zu identifizieren, sondern Verbindendes herzustellen. Detailliertes muß, wie SPECK dies ausdrückt, in „sinnvolle Tätigkeitszusammenhänge für das Kind eingebaut sein", und Diagnostik versteht sich dann „als Dienst im Sinne einer intensiveren Beschäftigung mit den Entwicklungs- und Handlungsansätzen des Kindes . . . Entscheidend für seine wirkliche Entwicklung bleibt die interaktionale Qualität des pädagogischen Erfahrungsfeldes, also die Gesamtsituation, in der ein vielfältiges und lebendiges Entdecken und Konstruieren der Wirklichkeit möglich und sinnvoll wird" (189, S. 287).

Für jede heilpädagogische Arbeit, insbesondere für frühpädagogische Aufgabenstellungen in der konkreten heilpädagogischen Praxis, sind Grundlagenkenntnisse der verschiedenen fachspezifischen Dimensionen mit ihren fachdiagnostischen Methoden nicht nur wertvoll und nützlich, sondern unerläßlich.

Deshalb werden relevante Arbeitsformen mit ihren Ansätzen, Intentionen und Inhalten in den folgenden Kapiteln dargestellt.

II. Fachspezifische Aufgaben

1. Medizinische Diagnostik

Die ärztliche Untersuchung als ein wesentlicher Teil ganzheitlicher Heilpädagogik ist unerläßlich. Beim Bestehen entwicklungsneurologischer Auffälligkeiten oder einem Verdacht darauf wird sie jedem therapeutischen und pädagogischen Bemühen vorangestellt. Sie liefert uns diejenigen diagnostischen Informationen, die als die medizinische Grundlage zur Einleitung einer heilpädagogischen Maßnahme erforderlich sind.

1.1 Ärztliche Frühdiagnostik

Bei Kindern, deren senso- oder psychomotorische Auffälligkeiten auf organische, hirnorganische oder körperliche Ursachen zurückgeführt werden, sind therapeutische und heilpädagogische Interventionen nur nach erfolgter Entwicklungsdiagnose nach Absprache und in möglichst enger Kooperation mit dem fachlich ausgewiesenen Arzt, in der Regel dem Kinderarzt (Pädiater), angezeigt.

Auch bei solchen Kindern, deren psychomotorisches Verhalten vermutlich oder mit Sicherheit auf psychosoziale Unebenheiten oder ungünstige erzieherische Einflüsse schließen läßt und die deshalb ausschließlich pädagogische Hilfen für sich oder ihre Familie benötigen, können wir auf grundlegende medizinische Aussagen nicht verzichten. Vonnöten ist in erster Linie der sichere Ausschluß organischer Verursachung und eine differentialdiagnostische Abklärung.

Wenn wir das Kind aus der Beobachtung der senso- und psychomotorischen Entwicklung mit HÜNNEKENS, KIPHARD und anderen Vertretern der Motopädagogik und Mototherapie als unteilbare Leib-Seele-Geist-Einheit begreifen (vgl. 90), betonen wir damit die gegenseitige Abhängigkeit geistig-seelischer Leistungen von psychomotorischen Fähigkeiten. So gesehen sind auch die frühkindliche und kindliche sensomotorische Entwicklung und ihre möglichen Störungen stets ein Ineinandergreifen physischer und psychischer Faktoren.

Daraus wird verständlich, daß die medizinische Frühdiagnostik auch für eine pädagogisch orientierte Lerndiagnostik unverzichtbar ist. Sie erstreckt sich im besonderen auf die Abklärung aller somatischen Entwicklungsfaktoren. Neben der Untersuchung der statomotorischen Entwicklung des Kindes – anhand spezifischer Kriterien zur Früherkennung von Abweichungen der motorischen Entwicklung – beurteilt sie also auch die psychomotorische Entwicklung und ist für die Einschätzung der Gesamtentwicklung des Kindes von großer Bedeutung.

NEUHÄUSER (136) weist in diesem Zusammenhang darauf hin, daß Versäumnisse dabei gravierende Folgen für die kindliche Entwicklung haben können: „Wichtig ist aus ärztlicher Sicht vor allem die Suche nach Ätiologie und Pathogenese. Wenn eine Behinderung vermutet wird oder nachzuweisen ist, will man ja deren Ursache wissen. So sind manchmal Befunde zu erheben, die das Auftreten einer Behinderung sehr wahrscheinlich werden lassen, beispielsweise bestimmte somatische Anomalien, neurologisch definierte Syndrome. Aufgrund Anamnese und klinischem Befund ist dann zu entscheiden, welche weiterführenden Maßnahmen erforderlich sind, um die Diagnose zu sichern" (S. 38).

Bei der ärztlichen Untersuchung eines entwicklungsauffälligen oder sensomotorisch gestörten Kindes sind dem Arzt verschiedene Aufgaben gestellt.

Nach NEUHÄUSER geht es zum einen darum, den Entwicklungsstand und die Funktionsfähigkeit des Kindes zu bestimmen und drohende Behinderungen zu erkennen *(Entwicklungs- und Förderdiagnose)*. Dabei ist die Frage zu beantworten, welchen Bereich eine eventuelle Störung betrifft und wie stark sie ausgeprägt ist.

So haben die regelmäßigen Vorsorgeuntersuchungen (in der Regel vom *Kinderarzt* durchgeführt) in den ersten Lebensjahren eine wichtige Bedeutung, und auch mit einfachen Methoden können Störungen der Bewegungsentwicklung zuverlässig erkannt werden.

Mit der Entwicklungsdiagnose ist zum anderen immer die Frage nach der Ätiologie und Pathogenese von sensomotorischen Funktionsstörungen verbunden. Diese Suche nach verantwortlichen Ursachen wird auch als *Kausaldiagnose* bezeichnet (83, S. 12–15).

Zuverlässige Informationen vermittelt die spezifische *neuropädiatrische* Untersuchung in Verbindung mit bestimmten psychodiagnostischen Tests, wenn es um die Abklärung und Differenzierung hirnorganischer Funktionsstörungen geht.

Sie sollte durch eine *orthopädische* Untersuchung ergänzt werden, wenn statomotorische Auffälligkeiten vorliegen oder anzunehmen sind.

Wird eine psychische Erkrankung vermutet (hierzu zählen auch Verhaltensstörungen) oder liegt eine psychosomatische Verursachung nahe, ist eine spezielle *kinderpsychiatrische* Diagnostik angezeigt.

Pädagogisch-psychologische Elemente
Jede medizinische Diagnosestellung sollte auch pädagogisch-psychologische Elemente enthalten. NEUHÄUSER stellt diese Anteile klar heraus: Im Rahmen einer kinderärztlichen Untersuchung sollte eine sorgfältige Verhaltensanalyse gestellt werden, und das kindliche Spontanverhalten sollte beobachtet und wichtige Aspekte des Verhaltens sollten dokumentiert werden.

Insbesondere kommte es dabei an auf die Beobachtung
der Gesamtaktivität des Kindes,
der Kontaktfähigkeit des Kindes,
seines Interesses und Explorationsverhaltens,
der Interaktion mit Eltern und anderen Bezugspersonen,
des Verhaltens im Spiel und bei der Untersuchung,
des Verständnisses von Aufgaben und Anforderungen und
der Sprachproduktion und gestischen Ausdrucksfähigkeit (136, S. 38).

Dabei sollte der Arzt bemüht sein, durch eine gewisse Standardisierung möglichst umfassende Informationen zu erhalten und diese vergleichbar festzuhalten. Es sind dies besonders Informationen zum Erkennen und zur Abwehr pränataler Gefahren, zum Erkennen postnataler Gefährdung, zum Erkennen früher Gefährdung und der Folgen für den weiteren Entwicklungsverlauf und zur Abwehr von Gefahr in früher Kindheit (134).

1.1.1 Medizinische Vorsorgeuntersuchungen für Kinder
Dem Kinder-Vorsorgeprogramm kommt im Sinne von Prävention eine besondere Bedeutung zu.

Zweck der Vorsorgeuntersuchungen (Früherkennungsuntersuchungen), eingeführt als kostenfreie Leistungen der gesetzlichen Krankenkassen, ist die *Früherkennung* derjenigen Krankheiten, die eine normale körperliche oder geistige Entwicklung des Kindes in besonderem Maße gefährden.

Krankheitsfrüherkennung bedeutet nach OHRENBERG/ANTONY und NEUHÄUSER (144), „Krankheiten in einem Stadium zu entdecken, in dem beispielsweise Eltern bei ihrem Kind noch keine Symptome bzw. beunruhigende Zeichen wahrnehmen können. Krankheitsfrüherkennung ist ein Prinzip, das einer praktikablen Methode bedarf, dem Screening" (S. 4).

Screening (vgl. II 4.4.1: „Entwicklungstests") dient der frühzeitigen Identifizierung eines Verdachts auf eine Störung, noch nicht mit dem Ergebnis einer Diagnose, sondern im Vorfeld nur eventuell notwendiger weiterer diagnostischer Schritte: Aus einer größeren Anzahl untersuchter Kinder sind diejenigen herauszufiltern, bei welchen die weiteren diagnostischen Schritte notwendig sind, um den Verdacht zu bestätigen oder zu widerlegen (144).

„U 1" bis „U 9"

Vorgesehen waren bislang acht Untersuchungen, die manchmal der Hausarzt, in der Regel der *Kinderarzt* vornimmt. Sie reichen von der Neugeborenen-Erstuntersuchung bis zur „U 8" am Ende des vierten Lebensjahres. Seit dem 1. 10. 1989 ist eine neunte Vorsorgeuntersuchung möglich für Kinder zwischen dem 60. und 64. Lebensmonat.

Diese neue „Fünfjahresuntersuchung" ist nicht als Ersatz für die Einschulungsuntersuchung gedacht. Vielmehr ist sie nach Meinung der Kinderärzte nötig, weil zwar der Gesundheitszustand von Kindern bis im Alter von dreieinhalb bis vier Jahren überprüft wurde, Kinder im Alter ab fünf Jahren aber besser auf Seh- und Hörtests reagieren. Sie ist auch deshalb notwendig, weil gerade in diesem Alter Haltungs- und andere senso- und psychomotorische Störungen erstmals festgestellt werden, die dann noch vor der Einschulung behandelt werden können (Berufsverband der Kinderärzte Deutschlands beim Herbstkongreß [Oktober 1989] der Organisation in Bad Orb).

Diagnostiziert der Arzt eine Gefährdung der normalen körperlichen oder geistigen Entwicklung in „besonderem Maße", kreuzt er die auffälligen Befunde, auch mit Hilfe eines speziellen Kennziffernkataloges, an.

Die Befunderhebung setzt sich aus erfragten und erhobenen Befunden und Angaben zusammen und differiert in der Einzelerhebung. Dem jeweiligen Entwicklungsstand eines Kindes entsprechend ist sie in bestimmte Aufgabenkomplexe untergliedert:

a) erfragte Befunde, im einzelnen
  – alle wichtigen frühkindlichen Entwicklungs- und Verhaltensbereiche;

b) erhobene Befunde, im einzelnen
  – Körpermaße,
  – Haut,
  – Brustorgane,
  – Bauchorgane,
  – Geschlechtsorgane,
  – Skelettsystem,
  – Sinnesorgane,
  – Motorik und Nervensystem;

c) ergänzende Angaben.

Bei auffälligen Befunden kann der Arzt mit Hilfe des Kennziffernkatalogs (Eintragungen sind nur vorzunehmen, sofern die normale körperliche oder geistige Entwicklung des Kindes in besonderem Maße gefährdet ist) eine Diagnose, gegebenenfalls eine zusammenfassende Diagnose formulieren und Behandlungs- oder Förderungsmaßnahmen einleiten.

Der Kennziffernkatalog umfaßt Befunde bzw. Angaben zu den folgenden Entwicklungs- und Störungsbereichen:

- Störungen in der Neugeborenenperiode,
- angeborene Stoffwechselstörungen,
- endokrine Störungen, Vitaminosen,
- Blutkrankheiten,
- Entwicklungs- und Verhaltensstörungen,
- Nervensystem,
- Sinnesorgane,
- Sprachstörungen oder Sprechstörungen,
- Zähne, Kiefer, Mundhöhle,
- Herz und Kreislauf,
- Atmungsorgane,
- Verdauungsorgane,
- Nieren und Harnwege,
- Geschlechtsorgane,
- Skelett und Muskulatur,
- Haut,
- multiple Fehlbildungen einschl. chromosomaler Aberrationen.

Bei Verdacht auf eine Entwicklungsstörung hat der Arzt die Möglichkeit (und die Pflicht), eine weiterführende Diagnostik zu veranlassen (vgl. U-Heft für Kinder: Untersuchungsheft der Krankenkassen).

Methodische Probleme

Auf eine notwendige Verbesserung der Kindervorsorge weisen in der Praxis stehende Pädiater und Kinderpsychologen in jüngster Zeit immer wieder hin.

OHRENBERG-ANTONY und NEUHÄUSER (144) fordern bessere präventive Maßnahmen und kritisieren eine Früherkennungspraxis, die ihrer Meinung nach aufgrund unbefriedigender Methoden bei der Durchführung dem aktuellen Erkenntnisstand nicht entspricht und zu Zweifeln an der Effizienz des Früherkennungsprogramms für Kinder überhaupt führt. Für eine notwendige Analyse der gängigen Durchführungspraxis nennen sie zwei Gründe:

„a) Die Anwendung der wissenschaftlichen Methode 'Screening', die dazu verhelfen soll, den Verdacht auf eine Krankheit oder Behinderung bereits dann auszusprechen, wenn augenfällige Symptome noch nicht in Erscheinung getreten sind, ist durch Mängel der verfügbaren Hilfsmittel (zu wenig standardisierte Anamnese-, Durchführungs- und Diagnoserichtlinien) erschwert. Die Standardisierung der Durchführung muß daher verbessert werden.

b) In der ärztlichen Ausbildung wird eine Handlungsweise, die sich nicht an augenscheinlichen Symptomen, sondern an anamnestischen und prognostischen Hinweisen orientiert, nur wenig vermittelt. Viele Ärzte sind nicht ausreichend für eine standardisierte Frühdiagnostik ausgebildet und darin geübt . . ." (S. 1).

In diesem Zusammenhang wird auch auf Mängel bei der Erfassung von Hörstörungen, Sehstörungen und Hirnfunktionsstörungen hingewiesen: In der BRD werden Kinder mit Hör- und Sehstörungen, mit geistigen und psychischen Behinderungen nicht frühzeitig genug entdeckt (Resümee eines Workshops der Deutschen Gesellschaft für Kinderheilkunde und der Gesellschaft der Hals-Nasen-Ohren-Ärzte im August 1986; Pressemitteilung des Verbandes der Augenärzte vom November 1986 u. a.).

Kritisiert werden auch die mangelnde Ausbildung im Umgang mit Screeningverfahren und die mangelnden Gütekriterien der Verfahren selbst. Genauso wird auf die Schwierigkeit aufmerksam gemacht, Früherkennungsuntersuchungen für Kinder richtig zu bewerten, d. h. auch, solche Kinder, die frei von einer gesuchten Erkrankung sind, von denjenigen Kindern zu unterscheiden, bei welchen eine Krankheit zu vermuten ist (144).

Aus pädagogischer Sicht ist kritisch anzumerken, daß die Erfassung von senso- und psychomotorischen Auffälligkeiten, die als reaktive Verhaltensstörungen imponieren, durch das Vorsorgeprogramm allein nicht zu gewährleisten ist, sondern einer Ergänzung durch eine längerfristige Beobachtung des Kindes bedarf.

Die Differentialdiagnose
Mit der Suche nach Ätiologie und Pathogenese innerhalb der ärztlichen Früherkennungsuntersuchungen verbindet der Arzt differentialdiagnostische Überlegungen.

Die ärztliche *Differentialdiagnose* (Abk. DD) dient der Unterscheidung ähnlicher Krankheitsbilder: Je besser und zuverlässiger ursächliche Faktoren und Bedingungen erkannt, eine sensomotorische Störung einem spezifischen Krankheitsbild zugeordnet werden kann, um so zielgerichteter ist auch ein Förderplan zu erstellen und der jeweils angezeigte Therapieansatz zu finden.

Das neurologische Durchgangssyndrom

Auf den Aspekt einer möglichen „Überdiagnostik" und damit zusammenhängenden „Übertherapie" weisen in jüngster Zeit sozialpädiatrisch orientierte Kinderneurologen hin. Es ist dabei an vorwiegend bei den U 4 und U 5 als auffällig befundene und oftmals mit der Diagnose „zerebrale Bewegungsstörung" etikettierte Kinder gedacht, von welchen bei den späteren U 7- und U 8-Untersuchungen die meisten völlig unauffällig geworden seien. Viele dieser Kinder waren in der Zwischenzeit neurophysiologisch behandelt worden, ohne daß eine solche Therapie – nach Meinung der kritischen Ärzte – notwendig gewesen wäre.

Während eine dieser Auffassung entgegengesetzte pädiatrische Denkrichtung sich dem Postulat VOJTAs anschließt, der die von anderen Experten als „neurologische Durchgangssyndrome" mit guter Prognose eingestuften Befunde für Vorstufen einer bleibenden Zerebralparese hält, die nur durch eine intensive Therapie spezieller Methode abgewendet und verhindert werden kann, gehen Fachmediziner, wie KARCH und MICHAELIS davon aus, daß eine große Zahl vorschnell behandelter Kinder auch ohne therapeutische Eingriffe und Interventionen einen gesunden Entwicklungsverlauf zeigen würde und daß eine gravierende Diagnose und ein komplizierter individueller Therapieplan – wenn er nicht notwendig sei – das Leben der gesamten Familie erheblich belaste und tangiere (124).

KARCH, MICHAELIS u. a. sind der Ansicht, daß wissenschaftlich abgesicherte Untersuchungen über die Effektivität von Früherkennungsuntersuchungen bisher kaum existieren und daß Kinder – ob anamnestisch belastet oder nicht – ab dem dritten bis etwa zum achten Lebensmonat häufig neurologische Auffälligkeiten zeigen, die in aller Regel gegen Ende des ersten Lebensjahres wieder verschwunden seien.

Solche Befunde sind in den letzten Jahren als neurologisches *Durchgangssyndrom* beschrieben worden.

In diesem Zusammenhang meinen KARCH u. a. auch, daß es aufgrund eines derzeit nicht ausreichenden neurologischen Instrumentariums, das für Früherkennungsuntersuchungen zur Verfügung steht, nur schwer möglich ist, bei solchen biologisch determinierten Auffälligkeiten in der neurologischen Entwicklung des Säuglings eine neurologische Verdachtsdiagnose durch apparative Laboruntersuchungen zu bestätigen oder auszuschließen (124).

Entwicklungsabweichungen und Selbstregulationsmechanismen

Auch FLEHMIG (56) hat die oben genannte Problematik bedacht und betont, daß bei einem Säugling, der am Beginn seiner psychomotorischen Entwicklung steht, eine Diagnose im eigentlichen Sinne noch nicht möglich ist und daß in diesem ganz frühen Lebensalter der Akzent auf *Erkennung* und nicht auf *Diagnose* liegen muß:

„Aufgrund jahrelanger Beschäftigung mit diesem speziellen Gebiet und der Erkenntnis vieler erfahrener Untersucher erscheint es mir wichtig, darauf hinzuweisen, daß in diesem frühen Säuglingsalter zunächst eigentlich nur 'Tendenzen' erkannt oder erahnt werden können; Tendenzen, die den Untersucher jedoch aufmerksam machen und zu kurzfristigen Kontrollen, ggf. auch schon zur Einleitung geeigneter therapeutischer Maßnahmen veranlassen sollten" (S. 2 u. 3).

Zu Äußerungen des Verdachts einer unnötigen Frühbehandlung vieler „gesunder" Kinder teilt sie jedoch die Ansicht vieler erfahrener Untersucher, die erlebten, wie unter ihrer Beobachtung Kinder im Laufe der folgenden Jahre doch bewegungsgestört wurden, und hält demnach eine neurophysiologische Therapie „im Zweifelsfalle" für angezeigt.

Erste „Tendenzen" einer frühen Auffälligkeit einschätzend, merkt FLEHMIG an, daß das menschliche Gehirn, vor allem das Gehirn des jungen Säuglings, *Selbstregulationsmechanismen* zu besitzen scheint, die Abweichungen von der normalen Entwicklung bis zu einem gewissen Grad zu kompensieren vermögen.

Diese Selbstregulationsmechanismen sind nach ihrer Meinung aber abhängig von der das Kind umgebenden Umwelt (Selbstregulation durch Einbeziehung der Umwelt, gegenregulierendes Helfen durch Bezugspersonen, Hilfestellung durch „handling", Ermöglichung der Fähigkeit zur Adaptation durch therapeutische Stimulationen), d. h. davon, wieweit die Umgebung eines Kindes eine Selbstregulation zuläßt oder sie mehr oder weniger stark verhindert (56, S. 3).

Nach FLEHMIG können aber solche durch Selbstregulation kompensierte Abweichungen zu bestimmten Zeitpunkten erneut zum Vorschein kommen (etwa in kritischen Perioden mit zusätzlichen Belastungen, z. B. sichtbar in der Schule als neurogene Lernschwäche). Deshalb scheint es ihr aufgrund solcher Fakten gerechtfertigt, „das Augenmerk des Untersuchers auf Tendenzen der Entwicklungsabweichung hinzuweisen und bei geringster Bestätigung eines Verdachts therapeutische Konsequenzen einleiten zu lassen" (S. 4).

1.1.2 Diagnostik von Risikokindern

Unter den ärztlichen Aufgaben nimmt das rechtzeitige Erkennen einer *drohenden Behinderung* einen besonderen Raum ein.

Die Suche nach Frühzeichen einer Entwicklungsstörung ist, gerade auch im Rahmen der genannten medizinischen Vorsorgeuntersuchungen, dabei besonders wichtig und auch eine bedeutsame differentialdiagnostische Aufgabe.

Erste diagnostische Hinweise geben zunächst die anamnestischen Informationen, besonders wenn sogenannte *Risikofaktoren* vorliegen.

NEUHÄUSER (131) beschreibt als Risikofaktoren solche Faktoren, die Ereignisse oder Bedingungen darstellen, die mit hoher Wahrscheinlichkeit durch ihre Folgen die Entwicklung beeinträchtigen können.

Ärztliche Aufgabe ist es diesbezüglich, „Störungen möglichst bald, eventuell schon dann zu erkennen, wenn sie noch keine Auswirkungen haben" (134, S. 118).

Ein sogenanntes *Risikokind* bedarf einer besonders sorgfältigen Überwachung, beispielsweise in eigens dafür eingerichteten *Risikosprechstunden*.

Der Begriff „Risikokind" umfaßt alle diejenigen Kinder, bei denen vor der Geburt, um die Geburt oder kurz nach der Geburt gravierende Risikofaktoren vorlagen oder vorliegen (prä-, peri- oder postnatales Risiko). In diesem Zusammenhang hat HELLBRÜGGE betont, „daß bei all diesen Kindern eine Gefährdung vorliegt und daß es notwendig ist, die speziellen Gefahren für die körperliche und geistige Entwicklung bzw. die Gesundheit dieser Kinder aufzuklären. Für den Kinderarzt liegt das Schwergewicht bei diesen Untersuchungen in dem Problem, so früh und so weit wie möglich die Fehlentwicklung psychomotorischer Funktionen zu diagnostizieren" (74, S. 229).

NEUHÄUSER (131) macht auf die schwierige Bewertung der Risikofaktoren aufmerksam und empfiehlt das Vorgehen nach dem *„Optimalitätsprinzip"*, das eindeutig definierte „optimale Bedingungen" festlegt und Punkte für „reduzierte Optimalität" ermitteln läßt. Mit diesem Prinzip ist es möglich, auf eine eindeutige Definition von normal, abnorm und pathologisch zu verzichten und auch Kombinationen ungünstiger Ereignisse besser zu erfassen. Als gravierende Risikofaktoren nennt NEUHÄUSER (S. 17)

– einen pathologischen Schwangerschaftsverlauf (Blutung, Toxikose, Diabetes usw.),
– Zangenentbindung, Vakuumextraktion, Beckenendlage,

- Frühgeborene mit einem Gewicht unter 2000 g, übertragene Neugeborene, Mangelgeborene, Neugeborene mit einem Gewicht über 4000 g,
- pathologische Neugeborenenperiode (Atemnotsyndrom, Neugeborenenkrämpfe, Apgar-Score unter 4 usw.),
- Austauschtransfusion bei Frühgeborenen (bei Neugeborenen nur, wenn zusätzlich Komplikationen).

Durchgangssyndrome bei Risikokindern

Auch für die Einschätzung der sensomotorischen Entwicklung bei Risikokindern ist es wichtig zu wissen, daß es sogenannte *Durchgangssyndrome* gibt, die keine pathologische Bedeutung haben (vgl. die Ausführungen zum neurologischen Durchgangssyndrom unter II 1.1.1: „Medizinische Vorsorgeuntersuchungen für Kinder").

NEUHÄUSER (139) macht darauf aufmerksam, daß aber „durch Beobachten der Verlaufsdynamik und regelmäßige Kontrolluntersuchungen" die notwendige Differenzierung zu erreichen ist. Gleichzeitig weist er auf die Bedeutung einer frühzeitigen Diagnostik hin, um etwa bei einer beginnenden zerebralen Bewegungsstörung „günstige Voraussetzungen für therapeutische Maßnahmen nicht zu verzögern" (S. 3).

Wandel neurologischer Syndrome

Längsschnittuntersuchungen haben gezeigt, daß während der ersten Lebensmonate eines Kindes eine Veränderung der neurologischen Entwicklung beobachtet werden kann, die sich als ein „Wandel" des festgestellten pathologischen Syndroms zeigt, beispielsweise im Wandel einer zerebralen Bewegungsstörung.

Nach NEUHÄUSER (139) kann sich „aus einem hypotonen Syndrom allmählich eine spastische Tetraparese oder eine dyskinetische Bewegungsstörung entwickeln. Nicht selten muß zunächst lediglich ein Verdacht geäußert und mit dem Begriff 'zentrale Koordinationsstörung' umschrieben werden, wenn sich neben einer Retardierung der allgemeinen Entwicklung abnorme motorische Symptome zeigen" (S. 2). Wegen dieses möglichen „Wandels" sind prognostische Aussagen schwierig; es kann bei einem günstigen Befund eine positive Entwicklung vermutet werden. Bei deutlich pathologischen Erscheinungen muß mit einer späteren Entwicklungsbeeinträchtigung gerechnet werden (S. 3).

Es ist bei der Vorsorgeuntersuchung von Risikokindern auf die Entwicklung der Bewegungsfunktionen und auf die psychischen Reaktionen des Kindes besonders zu achten. Bestimmte Symptome können sehr früh das Entstehen einer sensomotorischen Störung ankündigen, und „da im Kindesalter die Entwicklung geistiger und motorischer Fähigkeit eng miteinander verbunden ist, kann die Beurteilung des Bewegungsverhaltens wesentliche Informationen über den Entwicklungsstand des Kindes vermitteln" (131, S. 16 u. 17).

Eine besondere Bedeutung haben bei der Untersuchung eines Risikokindes auch differentialdiagnostische Überlegungen, etwa wenn zwischen prä-, peri- oder postnatalen Entwicklungsstörungen, genetischer Verursachung, multifaktoriellen Bedingungen oder exogenen Einflüssen unterschieden werden soll, die für eine sensomotorische Auffälligkeit verantwortlich gemacht werden müssen.

Soll eine Entwicklungsabweichung oder eine drohende Behinderung erkannt werden, gehört es natürlich auch zur risikodiagnostischen Pflicht, verschiedene biologische Vorgänge zu beachten.

NEUHÄUSER (131) zählt hierzu reparative und degenerative Vorgänge und die Beeinflussung von zentralen und peripheren Regelsystemen. Besonders wesentlich ist es, psychische und psychosoziale Faktoren zu bedenken, die entwicklungsgefährdend wirken können (etwa ungünstige psychosoziale Bindungen, Reaktionen und Interaktionen des Kindes mit seiner Umgebung, besondere dauerhafte oder vorübergehende Entwicklungsbelastungen z. B. nach operativen Eingriffen oder durch Krankheit), auch damit zur speziellen Abklärung solcher psychischer Risikofaktoren eine weiterführende psychologisch oder (sozial)pädagogisch orientierte Diagnostik veranlaßt werden kann.

1.1.3 Die neurologisch-motoskopische Untersuchung

Es ist die Aufgabe der fachärztlichen Diagnostik, Kriterien zu finden, die eine so weit als möglich zuverlässige Aussage über eine senso- und psychomotorische Beeinträchtigung möglich machen. Solche Kriterien einer neurologisch-motoskopisch ausgerichteten Untersuchung orientieren sich an modernen Diagnostik- und Therapiemethoden. Eine Frühdiagnose bei sensomotorischen Störungen ist nach heutiger Auffassung nur auf einer *„neurophysiologischen Grundlage"* zu stellen, dem Grundsatz folgend, daß sich Mechanismen des zentralen Nervensystems und intakte oder gestörte Hirnfunktionen im Bewegungsverhalten des Kindes (in Bewegungskomplexen und Bewegungsmustern) abbilden (vgl. auch II 2.1: „Die krankengymnastische Befunderhebung"). Die Entwicklung solcher neurophysiologisch konzentrierten Konzepte ist eng mit den Namen BOBATH, VOJTA, HELLBRÜGGE, PECHSTEIN, KÖNG, FELDKAMP, FLEHMIG u. a. verbunden; vgl. hierzu die Ausführungen bei TIETZE-FRITZ 1978, 1980, 1984 und 1988 (199; 201; 202; 205).

Die ärztliche Anamnese

Selbstverständlich muß jeder Untersuchung eine umfangreiche *Anamnese* vorausgehen, die Daten liefern kann und aus der sich bereits markante Punkte von Ätiologie und Krankheitsverlauf ergeben. Schon aus diesen Daten gehen Hinweise auf eine eventuelle Symptomatik und damit Hilfe zur Diagnostizierung hervor. Es gibt zahlreiche Schemata für die Anamneseerhebung, die Art der Durchführung ist dem einzelnen Arzt überlassen, enthält jedoch in jeder Form einige grundlegende anamnestische Fragestellungen. Diese schließen erbbiologische, medizinische, verhaltenspsychologische, soziale, pädagogische und individuelle Gebiete ein. Aus den Untersuchungsergebnissen und ihrem Zusammenwirken wird eine Beurteilung der Gesamtentwicklung des Kindes besonders auch im Hinblick auf Familie und Umweltbeziehungen möglich.

Nach RETT (164) setzt sich die ärztliche Anamnese aus

– der Familienanamnese,
– der gynäkologischen und Schwangerschaftsanamnese,
– der Geburtsanamnese,
– dem bisherigen Lebenslauf des Kindes,
– evtl. einer Anfallanamnese

zusammen.

Immer stellt gerade die Anamnese eine unerläßliche Kontrolle dar mit der guten Möglichkeit, Einzelheiten zu erfassen, nicht zu übersehen oder auch überzubewerten und die gewonnenen Befunde nach ihrem vermutlichen Stellenwert zu ordnen.

Innerhalb der weiteren ärztlichen Betreuung eines senso- oder psychomotorisch gestörten Kindes werden dann ergänzende Befunde bedeutsam sein. Sie sind – immer neu und fortlaufend – in einer erweiterten Anamnese festzuhalten.

Die neurologische Untersuchung

Die *neurologische* Untersuchung beeinhaltet das Zusammenfügen einzelner neurologischer Anzeichen, vor allem von Reflexen (tiefe Sehnenreflexe, Abdominalreflexe, Plantarreflexe usw.) und frühkindlichen Reaktionen, wobei besonders beobachtet werden muß, in welcher Intensität die einzelnen Reaktionen sichtbar werden oder ob ihr Persistieren dem Kind eine normale sensomotorische Entwicklung überhaupt ermöglicht.

Es müssen dabei bestimmte Normvarianten berücksichtigt werden, zu deren Erfassung eine Auswahl von Entwicklungstabellen zur Verfügung steht, die das Festhalten der erhobenen Befunde vereinfachen und erleichtern.

Zum Untersuchungsablauf gehört auch die Überprüfung von Funktionen der Hirnnerven (Geruch, Pupillen, Gesichtsfeld, mimische Bewegungen, Augenschluß usw.) und des Kleinhirnsystems; die Überprüfung der Sensibilität, des autonomen Systems (vasomotorischer Tonus, Schwitzen usw.).

Die motoskopische Untersuchung

In der *motoskopischen* bzw. *motorisch-funktionellen* Untersuchung soll beurteilt werden, ob das Kind seinem Alter entsprechend seine motorischen Fähigkeiten, wie aus der Horizontalen entgegen der Schwerkraft in die Vertikale zu kommen, erreicht hat und dabei Funktionen des Gleichgewichtes und Fähigkeiten der Koordination einsetzen kann.

Insbesondere kommt es dabei darauf an, die kindliche Spontanmotorik zu beobachten.

In einer groben Auflistung festgehalten, umfaßt die motorische Untersuchung im Säuglingsalter folgende Einzelkomplexe (vgl. 201; 74; 76; 81; 86):

– Muskulatur, Tonus, grobe Kraft,
– Symmetrie – Asymmetrie (rechts gegenüber links, proximal gegenüber distal, obere gegenüber untere Extremitäten),
– Lagekontrolle (abnormal, asymmetrisch),
– Entwicklungsreflexe (Primitivreflexe, erworbene motorische Kontrolle),
– feinmotorische Koordination,
– Entwicklungsdaten (Krabbeln, Stehen, Gehen usw.).

Für die Untersuchung stehen in einer Vielzahl tabellarische Aufstellungen und Screening-Verfahren zur Übersicht der motorischen Entwicklung und als Grobdiagnostika zur Verfügung. Exemplarisch wird hier auf den Untersuchungs- und Verlaufsbogen nach DOBLER, HOCHLEITNER und SCHMID, den neurologischen Entwicklungstest nach MILANI-COMPARETTI und GIDONI, auf ein frühdiagnostisches Kurzverfahren von MICHAELIS, NOLTE und TER MEULEN und auf die Denver-Entwicklungsskalen (deutsche Übersetzung durch FLEHMIG) verwiesen.

Beim etwas älteren Kind werden im Sinne des noch jungen und im Aufbau befindlichen Wissenschaftsgebietes der *Motologie* weitere motodiagnostische Gesichtspunkte und spezifische motodiagnostische Verfahren mit eingesetzt (vgl. II 3.3: „Motoriktests").

Wenn auch in der neurologischen Untersuchung betont die neurologischen Anzeichen geprüft, in der motoskopischen Untersuchung das Bewegungsverhalten diagnostiziert wird, so ist die neurologisch-motoskopische Untersuchung insgesamt doch als eine Einheit und als ein zusammenhängender, ganzheitlicher Komplex zu verstehen.

HELLBRÜGGE hat zur Veranschaulichung eine Zusammenfassung ihres mehr motoskopischen Anteils in der Frühdiagnostik gegeben: „Der Säugling muß völlig entkleidet sein; ohne daß er angefaßt wird, betrachtet man zunächst seine spontanen Bewegungen in Bauch- und Rückenlage. Der Untersucher bringt anschließend den Säugling in verschiedene horizontale und vertikale Positionen und betrachtet, ob dieser in der Lage ist, den Kopf hochzuhalten, bestimmte Stützreaktionen vorzunehmen usw. Wichtig ist dabei die Beachtung des Alters des Kindes, denn die entscheidende Beurteilung der Motoskopie stellt die Fähigkeit des Säuglings dar, sich entgegen der Schwerkraft aus der Horizontalen in die Vertikale aufzurichten und dabei in verschiedenen Altersstadien typische Bewegungsmuster zu zeigen" (76, S. 26).

1.1.4 Die neuropädiatrische Untersuchung

Während im Rahmen einer Vorsorgeuntersuchung und bei den Kontrolluntersuchungen für Risikokinder nach Auffälligkeiten gesucht wird, dient nach der Definition NEUHÄUSERs die *neuropädiatrische* Diagnostik „der Fahndung nach deren Ursache" (135, S. 21). Mit ihr soll versucht werden, die Ursache (Ätiologie) und die Entstehungsgeschichte (Pathogenese) einer Entwicklungsstörung zu klären. NEUHÄUSER nennt ihre besonderen Aufgaben: Suche nach den biologisch-organischen Ursachen einer Entwicklungsstörung, aber auch die Beurteilung der Gesamtsituation eines Kindes unter Berücksichtigung der „psychosomatisch-psychosozialen Gegebenheiten" (135, S. 25).

Eine neuropädiatrische Untersuchung muß individuell geplant und umfassend sein. Sie hat zunächst die Beurteilung des Entwicklungsstandes zum Ziel. Von den anamnestischen Informationen, dem Entwicklungsverlauf und den klinischen Befunden ausgehend, ist dann für jedes einzelne Kind zu entscheiden, welche weiterführenden Untersuchungen erforderlich sind.

Nach der anamnestischen Erhebung, die Informationen über den Verlauf von Schwangerschaft und Geburt, zur frühkindlichen Entwicklung und zum aktuellen Verhalten des Kindes enthalten soll, wird in der fachspezifischen Untersuchung der Entwicklungsstand des Kindes in verschiedenen Funktionen, auch unter Anwendung spezieller neuropädiatrischer und motodiagnostischer Testverfahren zur Einschätzung des senso- und psychomotorischen Verhaltens, beurteilt.

Nach NEUHÄUSER (135) hat sich für die Säuglingsdiagnostik die Beobachtung spontaner und provozierter Bewegungen in verschiedenen Positionen des Körpers bewährt, „sowie eine Analyse der Interaktionen des Kindes mit den Eltern und dem Untersucher" (S. 21). Er gibt dazu das nachfolgende Untersuchungsschema (Schema der neuropädiatrischen Untersuchung nach NEUHÄUSER [135, S. 22]):

1. Untersuchung in Rückenlage:
   Körperhaltung, Stellung der Gliedmaßen, Spontanaktivität, Muskeltonus, Hirnnervenfunktionen, Muskeleigenreflexe, Greifreflexe, exterozeptive Reflexe.
2. Hochziehen des Kindes zum Sitzen:
   Kopfkontrolle, Haltung der Arme und Beine, freies Sitzen, Stützreaktionen.
3. Umdrehen:
   passives/aktives Rollen von Rücken- in Bauchlage.
4. Untersuchung in Bauchlage:
   Körperhaltung, Stellung der Gliedmaßen, Kopfheben, Abstützen, Kriechen, Krabbeln.
5. Lagereaktionen:
   horizontale Schwebelage (Landau-Reaktion), Vertikale Hängelage (Axillarhängeversuch), Sprungbereitschaft (Vojta-Seitkipp-Reaktion etc.).
6. Stehen und Gehen.
7. Greifen:
   Greifreflex, Faustschluß, Handöffnung, palmares Greifen, Pinzetten- und Zangengriff, Manipulation mit Spielzeug.
8. Geistige Entwicklung, Verhalten bei der Untersuchung.

Ziel der neuropädiatrischen Befunderhebung ist das Feststellen eines bestimmten Syndroms (z. B. Hemisyndrom, Hypotoniesyndrom, sensorische Integrationsstörung, ataktisches Syndrom, Perzeptionsstörung), das Hinweise auf die Lokalisation gibt und für die Planung der weiterführenden Diagnostik wichtig ist (135, S. 22).

Besteht bei einem Kind eine Entwicklungsstörung, die diagnostiziert werden konnte, liegt die Bedeutung einer neuropädiatrisch orientierten Diagnostik für den künftigen Entwicklungsgang eines Kindes darin, daß diese spezielle Untersuchung die Grundlage dafür ist, welche Therapie- und Förderungsmaßnahmen für das betroffene Kind zu planen und dann einzuleiten sind.

1.1.5 Die kinderpsychiatrische Diagnostik

Das kinder- und jugendpsychiatrische Aufgabenfeld umfaßt die Beschäftigung mit psychischen Erkrankungen (hierzu gehören auch die Verhaltensstörungen), mit psychosomatischen Erkrankungen und mit neurologischen (chronisch neurologischen) Erkrankungen. REMSCHMIDT (161) führt aus, daß die diagnostische und therapeutische Ausrichtung auf die ersten Lebensjahre eines Kindes noch sehr jung ist; erst vor kurzem wurde in der Schweiz eine Vereinigung für Säuglings- und Kleinkinderpsychiatrie gegründet.

Das Wahrnehmungs- und Bewegungsverhalten des kleinen Kindes ist immer wieder das Abbild seiner gesamten und damit auch seelischen Befindlichkeit. Zunehmend sind sensomotorische Auffälligkeiten im frühen Kindesalter Ausdruck psychischer oder psychosomatischer Verursachung, demnach auch psychomotorisch zu nennen, und bedürfen einer spezifischen *kinderpsychiatrischen* Diagnostik, auch unter Anwendung spezifischer kinderpsychiatrischer Testverfahren. Sie sollte mit der neuropädiatrischen Befunderhebung zur Gewinnung einer Entwicklungsdiagnose Hand in Hand gehen oder kann integrativ erfolgen.

REMSCHMIDT gibt an, daß bereits 14 Prozent aller Kinder im Alter zwischen 0 und 4 Jahren geringe psychische Auffälligkeiten haben und weitere 7 Prozent der Kinder deutliche Auffälligkeiten zeigen. Er betont dabei die „Kombination organischer Risikofaktoren mit psychosozialen Risikofaktoren" und weist auf sensomotorische, emotionale und psychosoziale Entwicklungsrückstände, auf frühe Störungsmuster wie MCD (Minimale zerebrale Dysfunktion, als Verhaltenssyndrom), hyperkinetisches Syndrom, Teilleistungsschwächen und frühkindlichen Autismus hin, deren erste Symptome sich schon im sensomotorischen Verhalten des Säuglings zeigen können.

Als spezifische Aufgaben des Kinder- und Jugendpsychiaters in Frühdiagnostik und Frühförderung nennt REMSCHMIDT (161) die folgenden Anteile:

1. Die Beobachtung und Beurteilung der Verflechtung zwischen körperlicher und psychischer Entwicklung des Kindes und seiner Störungen und die Beobachtung und Beurteilung der Interaktion der Umgebung.
2. Die Beachtung spezifischer Kriterien:
    - Einfluß genetischer Faktoren,
    - Einfluß verschiedener äußerer Faktoren,
    - Familie,
    - Veränderung eines jeden Individuums im Laufe seiner Entwicklung,
    - sehr unterschiedliche Auswirkungen der verschiedenen (auch äußeren) Einflüsse bei Kindern.

3. Die Beachtung von Risikofaktoren:

- chronische Armutsfaktoren,
- Bildungsgrad der Eltern,
- psychopathische Auffälligkeiten bei den Eltern,
- genetische Faktoren.

4. Die Beachtung protektiver Faktoren:

- protektive Faktoren (Schutzfaktoren, d. h. solche Faktoren, die eine Schutzwirkung ausüben, wie hohe Aktivität als Säugling, Fähigkeit zur Selbsthilfe und Selbständigkeit, viel Zuwendung aus der Umgebung, positive Eltern-Kind-Beziehung, weitere Bezugspersonen usw.) fördern die Widerstandskraft des Kindes und wirken sich in Interaktionsprozessen aus.

Aspekte der kinderpsychiatrischen Diagnostik nach REMSCHMIDT (161):

Der diagnostische Ansatz gliedert sich in zwei Bereiche:

a) in die *kinderpsychiatrische Diagnostik* und

b) in die *Familiendiagnostik*. Die Familiendiagnose umfaßt darin die Urteilsbildung über die ganze Familie. Sie versucht, die Muster der Familieninterkommunikation und der Familiendynamik zu erfassen.

Der diagnostische Ansatz erhält mehrere Aspekte, welche die Gesichtspunkte der Denk- und Handlungsweisen in der Kinderpsychiatrie kennzeichnen; den interdisziplinären Aspekt, den ganzheitlichen Aspekt, den Entwicklungsaspekt des Kindes, die Einbeziehung der Elternperspektive und die multiaxiale Diagnostik.

Der *interdisziplinäre* Aspekt beinhaltet die Zusammenarbeit in der Kinder- und Jugendpsychiatrie mit den verschiedenen Fachkräften und die Integration der Kompetenzen der verschiedenen Fachdisziplinen mit dem Ziel der Erstellung eines Therapieplanes.

Der *ganzheitliche* Aspekt umfaßt das Sehen, Erkennen und Beurteilen der jeweiligen Problematik unter Berücksichtigung des Lebenskontextes des Kindes und seiner Familie.

Der *Entwicklungsaspekt* umfaßt die Berücksichtigung von Entwicklungsstand, Entwicklungstempo, Entwicklungsniveau und jeweils individuellem Entwicklungsgang des Kindes.

Die Einbeziehung der *Elternperspektive* heißt, daß Beobachtungen und Einstellungen der Eltern von großer Bedeutung sind, „weil viele Verhaltensweisen der Kinder in der Untersuchungssituation ja nicht auftreten und weil die Einstellung zum Kind oder auch zu seiner etwaigen Behinderung Wechselwirkungen auf sein Verhalten hat" (161, S. 159).

Multiaxiale Diagnostik

Multiaxiale Diagnostik bedeutet nach REMSCHMIDT (161, S. 159), die Störung eines Kindes (nicht das Kind selbst) auf verschiedenen Achsen oder Dimensionen zu sehen.

Der *multiaxiale Aspekt* integriert fünf „Achsen" der kinderpsychiatrischen Befunderhebung als Diagnoseschema:

1. Achse: Erfassung des klinisch-psychiatrischen Syndroms (z. B. MCD),
2. Achse: Erfassung umschriebener Entwicklungsrückstände (z. B. motorischer oder sprachlicher Rückstand),
3. Achse: Erfassung des Entwicklungsniveaus (z. B. IQ = 95),
4. Achse: Erfassung der körperlichen Symptomatik,
5. Achse: Erfassung abnormer psychosozialer Umstände (z. B. Disharmonie in der Familie, psychische Störungen bei anderen Familienmitgliedern).

Eine solche mehrteilige Diagnose muß nach REMSCHMIDT stets auch therapierelevante Gesichtspunkte enthalten, die sich zum Teil durch die multiaxiale Diagnostik ergeben, zum Teil auch durch Zusatzinformationen, die dann in den Behandlungsplan einzubeziehen sind (161, S. 159).

1.2 Die entwicklungsneurologische Diagnostik nach Bobath

Die Arbeiten B. und K. BOBATHs mit ihren Grundzügen und Erkenntnissen haben die ärztlichen Untersuchungsmethoden entscheidend und nachhaltig beeinflußt.

Seit der Medizin die in empirischen Erfahrungen gewonnenen Thesen des Ehepaares BOBATH von der Bedeutung der Entwicklung normaler Halte- und Gleichgewichtsreaktionen entgegen der Schwerkraft und der Modifizierung und Hemmung der Frühsynergien, aufbauend auf der sogenannten Normalentwicklung des Kindes, zur Verfügung stehen, wird die ärztliche Untersuchung weitverbreitet unter Einbeziehung dieser Aspekte durchgeführt.

Die *entwicklungsneurologische* Diagnostik zerebral bedingter Störungen nach BOBATH (24; 25) bezieht sich auf die Erkennung und Untersuchung von sich ankündigenden und bereits bestehenden Erscheinungsbildern und Ausprägungsformen einer Bewegungsstörung (Ausführungen zu spastischen, dystonen, athetotischen, ataktischen und symptomgemischten Typen finden sich in den Originalarbeiten BOBATHs; vgl. hierzu auch TIETZE-FRITZ [199; 201; 205]).

Aus ihren Erkenntnissen, Forschungsergebnissen und Erfahrungen aus berufspraktischer Arbeit, beginnend vor mehr als drei Jahrzehnten in London, haben die Physiotherapeutin Berta BOBATH und ihr Ehemann Dr. Karel BOBATH ihre eigene und längst weltweit anerkannte und angewendete Behandlungsmethode „auf neurophysiologischer Grundlage" entwikkelt, ursprünglich und im Schwerpunkt eine krankengymnastische Therapiemethode, später aber auch mit gezielten Aufgabenstellungen für Beschäftigungstherapie, Logopädie und Heilpädagogik (vgl. II 2: „Befunderhebung durch Fachtherapeuten im Gesundheitswesen").

Nach BOBATH zeigt sich eine gesunde sensomotorische Entwicklung in der Überprüfung der *frühkindlichen Reaktionen*, der *Stellreaktionen* – wie Kopfkontrolle und Stabilität des Rumpfes – sowie der *Gleichgewichtsreaktionen*, jeweils dem Alter des Kindes entsprechend (vgl. hierzu II 2.1.3: „Methodik der Befunderhebung nach Bobath").

Die Hauptschwierigkeiten des in seiner Sensomotorik und damit in seinen Bewegungen gestörten Kindes sehen B. und K. BOBATH in der abnormen Koordination der kindlichen Bewegungsabläufe. Diese zeigen sich

– durch Störungen eines abnormen Haltungs- und Muskeltonus,
– in pathologischen Reflexmustern,
– in assoziierten Reaktionen und gestörter reziproker Innervation,
– in einer verzögerten sensomotorischen Entwicklung

und insgesamt in der Unvollkommenheit von Stell-, Stütz- und Gleichgewichtsreaktionen (24; 25; vgl. auch 201).

Beobachtungsschwerpunkte

Die Diagnostik nach B. und K. BOBATH geht davon aus, daß sich bei einem zerebral gestörten Kind die Pathologie nur zeigt, wenn der Entwicklungsprozeß die betroffenen Gehirnteile erreicht, und dann um so deutlicher, je schwerer der Fall ist.

Eine Reihe der markanten Beobachtungsschwerpunkte sind hier zusammengefaßt: „Auf der einen Seite werden primitive und totale Synergien beibehalten, und künstlich auslösbare Frühreaktionen bleiben bei diesen Kindern bestehen. So zeigt das Kind eine ungenügende Kontrolle gegen die Schwerkraft als Ausdruck der verzögerten oder arretierten Entwicklung des Mechanismus der Haltungs- und Gleichgewichtsbewahrung, d. h. ungenügende Kopfkontrolle, zu starke oder ungenügende Rumpfstabilität,

Mangel an Derotation innerhalb der Körperachse. Der Moro-Reflex bleibt bestehen, ebenso primitive Greifreflexe der Hände und Zehen usw. Darüber hinaus kommen aber früher oder später, abhängig von der Schwere des Falles und der Verteilung der Kondition, abnorme Symptome, d. h. Symptome des abnormen Haltungstonus in gewissen abnormen Patterns, als Ausdruck der Enthemmung abnormer Reflexe der Haltungsbewahrung zum Vorschein" (26, S. 156 u. 157).

B. und K. BOBATH untersuchten den Einfluß der Zusammenarbeit von Haltungsreflexen auf das motorische Verhalten des Kindes und analysierten ihre Erscheinungsfolge und Umwandlung während der Entwicklung im Säuglings- und Kleinkindalter. Danach werden Störungen in Haltung und Bewegung bei Schäden am Zentralnervensystem (ZNS) vorwiegend als Folge einer Desorganisation oder eines Entwicklungsstillstandes der Haltungsreflexmechanismen angesehen.

Durch eine Überprüfung des regulären Mechanismus erkennt nun der nach BOBATH untersuchende Arzt das Ausmaß der Enthemmung von tonischen Reaktionen, das zu einer Unterdrückung höher entwickelter Haltungsreflexe führt, und kann das Ausmaß einer Schädigung einschätzen.

Überprüfung der Haltungsreflexmechanismen

Im einzelnen werden folgende Reaktionen überprüft (24):

1. Statische Reaktionen, wie tonische Nackenreflexe, tonische Labyrinthreflexe und assoziierte Reaktionen.
2. Stellreaktionen, wie Labyrinthstellreflexe, Körperstellreflexe, Nackenstellreflexe und optische Stellreflexe.
3. Eine zusätzliche Gruppe der Bewegungsreaktionen: Moro-Reflex (Schreckreaktion), Sprungbereitschaft (schützende Streckung der Arme), Liftreaktion und Landau-Reaktion.
4. Gleichgewichtsreaktionen.

Patterns

Die Untersuchung nach BOBATH orientiert sich an wesentlichen Frühfähigkeiten. Ihnen wird eine besondere Beachtung geschenkt. Sie sind von B. und K. BOBATH auch normale *sensorisch-motorische Patterns* genannt worden.

Einige dieser „Patterns" sind:

1. Unabhängiges Drehen des Kopfes von der einen zur anderen Seite (rooting),
2. Primäres Stehen (Streckung gegen die Schwerkraft, Tragen des Körpergewichts, Aufrechtstehen),

3. Automatisches Gehen (reziproke Bewegung der Beine mit Tragen des Körpergewichts),
4. Plazierungsreaktion der Beine (ein koordiniertes Aufwärtsschreiten),
5. Saugen an Hand und Daumen (Supination, Hand zum Mund als Fütterungserfahrung),
6. Greifen und Halten unabhängig von Beugung oder Streckung des Armes (26, S. 157).

Entwicklungstabellen nach BOBATH

Die sogenannte „Normalentwicklung" des Kindes und die Frühzeichen typischer neurologischer Auffälligkeiten sind von B. und K. BOBATH und ihren Mitarbeitern und Nachfolgern in verschiedenen Tabellen zusammengestellt worden. Einige werden in der ärztlichen, aber auch in der therapeutischen und heilpädagogischen Befunderhebung als frühdiagnostische Kurzverfahren mit verwendet und sollen hier erwähnt werden:

— der Test zur Feststellung primitiver und abnormer motorischer Entwicklung nach BOBATH,
— die Tabelle der sich allmählich entwickelnden Fähigkeiten zwischen dem 1. und dem 10. Lebensmonat eines Kindes nach BOBATH,
— die Tabelle der normalen Entwicklung der Haltungsreaktion nach BOBATH,
— neurologische Untersuchung des Säuglings: eine Überprüfung der wichtigsten frühkindlichen Reaktionen, Stellreflexe und Wahrnehmungsreaktionen mit abgebildeten Anweisungen nach BOBATH.

Anmerkung: Die Weiterverbreitung des Bobath-Konzeptes wird in London koordiniert. Kontaktadresse für Fortbildungsmöglichkeiten, vorwiegend auch für Therapeuten und Pädagogen: The Bobath Centre. 5 Netherhall Gardens. London NW3 5RN.

1.3 Die neurokinesiologische Diagnostik nach Vojta

Durch die Forschungen des Prager Kinderneurologen VOJTA und seine Arbeit (seit 1954) wurde die Untersuchungstechnik um zusätzliche innovative Kriterien eines sehr spezifischen Ansatzes erweitert. Es ist daraus ebenfalls eine neurophysiologisch orientierte krankengymnastische Behandlungsmethode entstanden. Sie wird als „neurokinesiologische Behandlung" (Vojta-Therapie) bei zerebral koordinations- und bewegungsgestörten Kindern angewendet und hat ihren Schwerpunkt in der Therapie des Säuglings.

Die Vojta-Therapie ist die neben der Bobath-Behandlung bekannteste (auch jüngere) und ein gerade derzeit weitverbreitetes Behandlungskonzept (vgl. II 2.1.4: „Methodik der Befunderhebung nach Vojta").

Bei seiner Entwicklungsdiagnose geht VOJTA vom Gesichtspunkt der *Fortbewegungsontogenese* aus und spricht von einem „gemeinsamen Nenner, der uns hilft, die erreichten Meilensteine objektiv zu diagnostizieren" (214).

Das Untersuchungsschema nach VOJTA wird häufig in die entwicklungsneurologische Untersuchung mit einbezogen; denjenigen Diagnosezentren und Behandlungsstellen, die ausschließlich nach VOJTA untersuchen und auch behandeln, dient sie als hauptsächliches Schema.

VOJTA (213; 214) geht davon aus, daß es bei der „inkongruenten" Symptomatik der einzelnen „Meilensteine" der normalen oder abnormalen Entwicklung des Kindes Zusammenhänge des Auftretens einiger erreichter Funktionen mit der *Aktivierung der reflexveranlagten Fortbewegung* (Reflexkriechen, Reflexumdrehen) gibt. Er sieht darin die Möglichkeit, einen Zusammenhang der lokomotorischen Ontogenese des Kindes mit dem ganzen entwicklungsneurologischen Bild von der Neugeborenenzeit bis zum Erreichen der freien koordinierten bipedalen Fortbewegung aufzugreifen und herzustellen.

Beobachtung der Lagereflexe

VOJTA sieht die sogenannten *Lagereflexe*, unter denen wir provozierte Reflexhaltungen und Reflexbewegungen auf eine bestimmte Änderung der Körperlage verstehen, als wichtige diagnostische Aussagekriterien an, und zwar schon ab der Neugeborenenzeit. Ihre pathologische, abnorme Gestaltung hält er für einen objektiven Beweis einer gestörten Funktion des Zentralnervensystems: „Auf Grund der Lagereflexologie kann man direkt schon nach der Geburt die Störung der zentralen Koordinationsmöglichkeiten des ZNS feststellen. Die pathologische motorische, auch die gestörte geistige Entwicklung wird in abweiger Gestaltung in jeder Komponente der Fortbewegungsontogenese widergespiegelt" (214, S. 34).

Zur Beobachtung der automatischen Steuerung der Körperlage spielen die Lagereflexe schon seit langem eine bedeutende Rolle für die Entwicklungsdiagnostik (beschrieben von MORO 1918, LANDAU 1923, SCHALTENBRAND 1925/26, PEIPER 1927). Von VOJTA wurden sie neu aufgegriffen (214, S. 7).

In seiner Methode wird eine bestimmte Zahl der zur Verfügung stehenden Lagereflexe von der Neugeborenenzeit bis zur erreichten koordinierten bipedalen Fortbewegung angewendet. Sie zeigen nach VOJTAs Ansicht alle schon in der Neugeborenen- und frühen Säuglingszeit abweige stereotypische Reflexantworten als einen Maßstab der quantitativen und qualitativen Störungen.

Frühdiagnostik der Koordinationsstörung

Bei Störungen der Sensomotorik in den ersten Lebensmonaten spricht VOJTA aber nicht von einer zerebralen Parese, sondern von einer *„zentralen Koordinationsstörung (ZKS)"*. Das Ausmaß der zentralen Koordinationsstörung beurteilt er nach der Anzahl der gestörten Lagereflexe (214, S. 34–44):

1–3 gestörte Lagereflexe = leichteste Koordinationsstörung,
4–5 gestörte Lagereflexe = leichte Koordinationsstörung,
6–7 gestörte Lagereflexe = mittelschwere Koordinationsstörung,
alle Lagereflexe gestört
und gleichzeitig schwere
Muskeltonusstörung
(Hyper- oder Hypotonie) = schwere zentrale Koordinationsstörung.

VOJTA spricht von den ersten drei Trimenons als der eigentlichen Zeit für die sogenannte Frühdiagnose und unterscheidet drei verschiedene Grundlagen für die Diagnose:

Er geht davon aus, daß im I. Trimenon die zentrale Koordinationsstörung oder/und eine zentrale Tonusstörung diagnostizierbar sind. Das Ausmaß der Störung ist dabei verschieden. Im II. Trimenon entwickelt sich bei den bis dahin geistig normalen Kindern die Phase der dystonen Attacken, die bei den geistig retardierten Kindern später auftreten. Auch hier ist das Ausmaß der Schädigung für die einzelnen pathologischen Symptome verschieden. Im III. Trimenon werden schon spezifisch klinische Zeichen festgestellt, die eine Differenzierung in eine bestimmte Richtung möglich machen, aber noch nicht unbedingt konkrete Ausprägungstypen erkennen lassen, denn die spezifischen Zeichen in diesem Trimenon sind nicht immer als dynamische Äußerungen in der pathologischen Motorik zu sehen.

Bedeutsam für heilpädagogische Arbeit kann seine Überzeugung sein, die beinhaltet, daß Schädigungen, die im III. Trimenon beobachtet und diagnostiziert werden, eventuell unter einer Behandlung noch vollkommen zu beheben sind und daß vom III. Trimenon ab das bis dahin Versäumte an Diagnostik und Therapie der zur Verfügung stehenden Möglichkeiten das klinische Bild prägen werden.

Sieben Lagereflexe in der kinesiologischen Diagnostik

Es sind vor allem sieben Lagereflexe, deren Gesetzmäßigkeit gestört sein kann. Ihre Überprüfung stellt den Mittelpunkt der VOJTA-Diagnostik dar, und einige Kenntnisse darin sind auch für die heilpädagogische Praxis zum Verständnis des frühkindlichen sensomotorischen Verhaltens sinnvoll.

Für die kinesiologische Diagnostik sind sie in einer tabellarischen Übersicht (bildhafte Darstellung) der sieben wesentlichen Lagereaktionen in den verschiedenen normalen Entwicklungsphasen, modifiziert je nach der erreichten Entwicklungsstufe im 1., 2., 3. und 4. Trimenon, zusammengefaßt (214, S. 7–14):

1. Vojta-Reflex (Seitkipp-Reaktion nach Vojta),
2. Traktionsversuch (Traktions-Reaktion, modifiziert nach Vojta),
3. Kopfabhangversuch nach Peiper (vertikale Hängereaktion nach Peiper und Isbert),
4. Kopfabhangversuch nach Collis (vertikale Hängereaktion nach Collis),
5. Horizontalabhangversuch nach Collis (horizontale Seithängereaktion nach Collis),
6. Landau-Reflex (Landau-Reaktion),
7. Axillarhängeversuch (axillare Hängereaktion).

Zur neurokinesiologischen Entwicklungsdiagnostik nach VOJTA liegt eine von VOJTA, V., u. LAJOSI, F., erarbeitete Fassung einer entwicklungsneurologischen Kurzuntersuchung für das Säuglingsalter (Auskunft: Kinderzentrum München, Heiglhofstraße 63, 81377 München) vor.

1.4 Kriterien zur Früherkennung nach Flehmig

Die von FLEHMIG (56) zusammengestellten Kriterien stellen den Versuch dar, dem untersuchenden Arzt eine Richtschnur zu geben, um bei der Erstuntersuchung möglichst nichts zu übersehen. Die von ihr vorgelegte *Liste der Kriterien zur Früherkennung*, auf den Grundlagen Bobathscher Erkenntnisse aufgebaut, hat sich im praktischen Gebrauch bewährt und wird als brauchbares Modell eines im Rahmen der neurologisch-motoskopischen Untersuchung relativ einfach zu handhabenden Beurteilungsschemas aufgeführt.

Kriterien zur Früherkennung nach FLEHMIG (56, S. 44 u. 45):

– Haltungs- bzw. Muskeltonusveränderungen,
– mangelhafte bzw. fehlende Stellreaktionen,
– mangelhafte bzw. fehlende Gleichgewichtsreaktionen,
– persistierende tonische Haltemuster, die die Bewegungskoordination verhindern,
– Asymmetrien der Haltung, die das physiologische, durch die Hirndominanz geprägte Ausmaß überschreiten,
– Entwicklungsverzögerungen in allen Fähigkeiten oder in Teilleistungen,
– Verdacht auf Störungen der Wahrnehmung im visuellen, auditiven, taktilkinästhetischen Bereich durch mangelhafte sensorische Integration.

Frau FLEHMIG hebt aus der großen Zahl von Allgemeinsymptomen, auf die bei einem jungen Kind mit vermutlich zerebraler Schädigung geachtet werden muß, einige sensomotorische Auffälligkeiten besonders hervor:

Es sind dies eine starke Schreckhaftigkeit, häufiges unmotiviertes Schreien, Störungen des Schlaf-Wach-Rhythmus, Trinkschwierigkeiten, vermehrter Speichelfluß und eine marmorierte Haut.

Das Auftreten und Verschwinden primitiver Reflexe und Reaktionen ist bei FLEHMIG (56, S. 13) in einer Übersichtstabelle (Reflexe und motorisches Verhalten. Nicht standardisierte Übersicht vom 1. Lebenstag bis zum 14. Lebensmonat nach FLEHMIG) anschaulich festgehalten.

Für die neurologisch-motoskopische Untersuchung des Säuglings empfiehlt sie folgende Vorgehensweise (56, S. 83–85):

1. Anamnese durch die Eltern unter Hinzuziehung aller Unterlagen, die aus früheren Untersuchungen oder Behandlungen zur Verfügung stehen, eventuell mit Familienfotos.
2. Neurologische Untersuchung unter Berücksichtigung des Gestationsalters.
3. Motoskopische Untersuchung der Bewegungsabläufe (eventuell mit Stimulation durch Außenreize, z. B. Spielzeug, Blickkontakt usw.).

Für die Untersuchung empfiehlt sie eine Reihenfolge:

– Grobmotorik,
– Feinmotorik und Adaptation,
– Greifen,
– Sprache,
– Hören und Lokalisieren von Geräuschen,
– Lautieren unter Beachtung der Atmung, des Saugens bzw. Schluckens,
– Sehen und Augenbewegungen,
– Verrichtungen des täglichen Lebens,
– emotionales Verhalten,
– Entwicklung (unter Einbeziehung der sensorischen Integration), visuell, auditiv, taktil-kinästhetisch-vestibulär.

1.5 Entwicklungsdiagnostik nach Hellbrügge

Mit der Entstehung sozialpädiatrischer Einrichtungen und der Begründung der *Entwicklungsrehabilitation* (Kinderzentrum München 1968) innerhalb der Sozialpädiatrie durch HELLBRÜGGE wurde seine „Entwicklungsdiagnostik" in Medizin und Heilpädagogik bekannt.

Ethologische Entwicklungsdiagnostik
HELLBRÜGGE ging bei seinen Überlegungen zur ärztlichen Frühuntersuchung über die Untersuchungen zum kindlichen Wachstum und der Wachstumsgeschwindigkeit, auch über die somatische Entwicklungsdia-

gnostik (mit ihren Schwerpunkten in der Untersuchung des Längen- und Gewichtsalters, des Proportionsalters, des Zahn- und Skelettalters) weit hinaus und hat mit der Zusammenstellung von wesentlichen Kriterien einer neurophysiologischen Entwicklungsdiagnostik wegweisende Möglichkeiten gerade zur Diagnostik sensomotorischer Auffälligkeiten gegeben:

Zusätzlich zur Entwicklungsdiagnostik über Reflexe und Reaktionen und auch zusätzlich zur neurokinesiologischen Diagnostik hat er die *Beobachtung der kindlichen Verhaltensweisen* als Grundlage einer ethologischen Entwicklungsdiagnostik herausgestellt (77).

Die ethologische Entwicklungsdiagnostik stellt sich nach HELLBRÜGGE als ein umfassendes diagnostisches, und darauf aufbauend auch therapeutisches Prinzip dar, das neben die morphologische und physiologische Kinderheilkunde tritt: „Sie versucht, über das Registrieren von Verhaltensweisen psychomotorische Funktionen zu beschreiben und außerdem Einblick in die Entwicklung des Verhaltens während bestimmter Entwicklungsperioden zu bekommen. Gleichzeitig registriert diese Entwicklungsdiagnostik Abweichungen des Verhaltens, z. B. durch ökologische Einflüsse" (77, S. 44).

HELLBRÜGGE betont in diesem Zusammenhang zwei grundsätzliche Merkmale des diagnostischen Vorgehens:

a) die Bedeutung von Verhaltensbeobachtungen als kinderärztliches Erfahrungsgut,

b) das Deprivationssyndrom als diagnostische Aufgabe.

Reaktive Entwicklungsdiagnostik

Aus Angaben und Übersichten namhafter Entwicklungspsychologen (wie BÜHLER u. HETZER, GESELL u. AMATRUDA, PEIPER) im Sinne zusammengefaßter internationaler Erfahrungen aus verschiedenen Entwicklungstests und in Weiterentwicklung der bisherigen diagnostischen Grundsätze stellte HELLBRÜGGE in Zusammenarbeit mit PECHSTEIN Tabellen zusammen, die als „*entwicklungsphysiologische Tabellen* für das Säuglingsalter" bekannt wurden (77, S. 52–59). Diese brachten neue Erkenntnisse, die aufgrund von Erfahrungen aus umfangreichen Untersuchungen von Kindern in Familien, Tagesstätten und Heimen gewonnen wurden, mit ein: Mit den bei Kindern zu registrierenden Verhaltensweisen zur Entwicklung psychomotorischer Funktionen sollten nicht nur spontan beobachtete Verhaltensweisen erfaßt werden, sondern es konnte vielfach auch ein *reaktives* Verhalten diagnostiziert werden, jenes Verhalten, das ein Kind als Antwort auf einen Reiz zeigt. Ein Teil der Verhaltensweisen wurde deshalb mit Aufgaben verbunden, in denen bestimmte Fähigkeiten des Kindes gemessen werden.

Mit Hilfe der „entwicklungsphysiologischen Tabellen", Vorreiter für spätere, darauf aufbauende Untersuchungsverfahren, war die Entwicklung folgender psychomotorischer Funktionen im Säuglingsalter zu diagnostizieren:
– Körperdrehung und Kriechen, Sitzen, Stehen und Gehen,
– Greifen und Handbeherrschung,
– Sinnesorgane und Spielverhalten,
– Sprachäußerungen und Sprachverständnis,
– Sozialentwicklung (77, S. 52–59, vgl. 81; 74; 76).

Die „Münchener Funktionelle Entwicklungsdiagnostik"

Die zunächst bei jedem Verdacht auf eine Entwicklungsstörung, insbesondere auch bei der Untersuchung von Risikokindern angewendeten Tabellen wurden auf der Basis einer Längsschnittstudie, die ein System eingehender pädiatrischer, neurologischer, motoskopischer, kinesiologischer und kinderpsychologischer Untersuchungsverfahren umfaßte, durch HELLBRÜGGE neu bearbeitet. Das führte zum Aufbau der *„Münchener Funktionellen Entwicklungsdiagnostik"* (77), eines am Entwicklungsmodell und an Entwicklungsnormen orientierten diagnostischen Verfahrens.

Ausgangspunkt für die Münchener Konzeption waren Ergebnisse systematischer Entwicklungsstudien bei gesunden Heimkindern und Kleinkindern. Hierbei zeigte sich insbesonders, daß der Mangel und der Wechsel von personaler Zuwendung auch bei völlig gesunden Kindern zu schweren Entwicklungsstörungen führen können.

Die Münchener Funktionelle Entwicklungsdiagnostik liegt in zwei Fassungen vor, als Diagnostik für das erste Lebensjahr und als Diagnoseinstrument für Kinder im zweiten und dritten Lebensjahr. Verbreitet ist sie ein fester Bestandteil nicht nur der medizinischen und psychologischen, sondern auch der fachtherapeutischen Diagnostik und der Befunderhebung in der heilpädagogischen Praxis geworden. Sie ist unter Punkt 7 (vgl. II 7.3.4.1 „Entwicklungs(früh)diagnostische Verfahren zur sensomotorischen Förderung") vorgestellt.

1.6 Weitere Befunderhebungen

Senso- und psychomotorische Entwicklungsauffälligkeiten können ihren Ursprung in Störungen kindlicher Entwicklung haben, die nicht unmittelbar das Bewegungsverhalten betreffen und doch als Auffälligkeiten dort imponieren.

Genauso muß bei Kindern, deren motorische Retardierung primär ist und im Vordergrund steht, mit weiteren Störungen in anderen Funktions- und Entwicklungsbereichen gerechnet werden. Diese weiteren oder zusätzlichen Störungen können neben der sensomotorischen Störung und gleichzeitig mit ihr auftreten, d. h. von der Leistung bzw. einer Funktionsstörung des Zentralnervensystems abhängen.

Sie können aber auch als eine sekundäre Problematik – als Folge des sensomotorischen Eingeschränktseins und der daraus erwachsenden z. B. psychischen Auswirkungen und Verhaltensabweichungen – in Erscheinung treten.

Vordergründig sind es insbesondere Probleme der *Wahrnehmungsverarbeitung* und Störungen des *Sehens* und *Hörens* sowie der *Sprech- und Sprachfunktionen*, die eine unmittelbare Auswirkung auf das motorische Verhalten des Kindes haben. Sie bedürfen einer differenzierten und differenzierenden ärztlichen Diagnostik, die weitere Fachdisziplinen miteinbezieht.

Durch einen falschen Erregungsmechanismus im Gehirn kann es nach einer frühkindlichen Hirnschädigung zum Auftreten von epileptischen *Krampfanfällen* kommen. Auch deren Symptomatik kann in der Sensomotorik beobachtet werden oder sich in einem typischen motorischen Verhalten ankündigen; in der Folge können die Anfälle die gesamte sensomotorische Entwicklung des Kindes nachteilig beeinflussen. NEUHÄUSER weist in diesem Zusammenhang besonders auf Residualepilepsien hin, die als „Neugeborenenkrämpfe" symptomarm erscheinen und schwer zu erkennen sind oder auch als BNS-Krämpfe im Säuglingsalter erst Monate oder Jahre nach dem erfolgten Primärschaden im Gehirn auftreten. Zu beachten ist auch, daß die Infektkrämpfe („Fieberkrämpfe") des frühen Kindesalters in manchen Fällen der Beginn einer Epilepsie sein können (137).

Bei einer großen Zahl senso- oder psychomotorisch gestörter Kinder ist eine *orthopädische* Untersuchung angezeigt, oft unerläßlich. Die klinische und röntgenologische Diagnostik erfolgt unter besonderer Berücksichtigung der Beziehungen zwischen Form und Funktion des Hüftgelenks und deren Bedeutung für die statomotorische Entwicklung. Der orthopädische Facharzt beobachtet insbesondere die frühkindlichen Hüftdysplasien und eventuell zunehmende Hüftdislokationen bzw. -luxationen und geht ebenso auf statomotorische Veränderungen wie die so häufigen Wirbelsäulenschwächen und -deformierungen und die Asymmetrien des Beckens ein.

Orthopädische Gefährdungen und Beeinträchtigungen sollten möglichst früh erkannt werden, um vermeidbaren, sekundären Schäden durch eine geeignete Therapie vorzubeugen. Nicht zuletzt verantwortet die orthopädische Diagnostik auch die Planung, Durchführung und postoperative Überprüfung und Begleitung von eventuell notwendigen Eingriffen.

Ergebnis der medizinischen Untersuchung muß also immer eine umfassende, mehrdimensionale Diagnose sein, und es kann erforderlich werden, daß medizinische Informationen aus verschiedenen Fachgebieten zusammengetragen werden und erst aus dem Zusammenfügen und Einbeziehen einzelner Ergebnisse eine endgültige Diagnose gebildet wird.

Eine kurze Auflistung weiterführender, mit der entwicklungsdiagnostischen Untersuchung in Verbindung stehender fachärztlicher Befunderhebung will keinen Anspruch auf Vollständigkeit erheben, sondern einen Überblick geben und auf das Zusammenspiel aller medizinischen Untersuchungsmöglichkeiten aufmerksam machen:

– Diagnostik von Hör- und Sprachstörungen (fachärztliche Überprüfung des Hörvermögens, um Hör- und Sprachfunktionsstörungen abzuklären),
– Diagnostik von Sehstörungen,
– orthopädische Diagnostik,
– internistische Untersuchung; Diagnostik zur Erkennung von Stoffwechselerkrankungen, Chromosomenaberrationen, genetischen Faktoren (genetische Beratung) und bei Verdacht auf Krampfbereitschaft bzw. Anfallsleiden,
– radioneurologische Diagnostik

und andere fachdiagnostische Befunderhebungen.

Diagnostische Instrumentarien

An dieser Stelle sollen einige Instrumentarien erwähnt werden. Sie können im Rahmen der jeweiligen fachärztlichen – wenn erforderlich klinischen – Untersuchung dann zum Einsatz kommen, wenn der Verdacht auf eine zerebrale Verursachung senso- und psychomotorischer Auffälligkeiten gegeben ist:

Die Audiometrie ist eine spezielle Hördiagnostik mit Hilfe von elektroakustischen Tongeneratoren, die Einzelfrequenzen mit definierter Lautstärke erzeugen.

Das Elektroencephalogramm (EEG) ist ein Funktionsdiagramm von Hirnstoffwechsel, Wachheitszustand, Lebensalter und einer möglichen Krampfbereitschaft. Es macht Aussagen über den elektrischen Funktionszustand der Ganglienzellen und übermittelt dem Untersucher ein Bild über die elektrische Hirnfunktion. EEG-Veränderungen können auf eine erhöhte Bereitschaft zu epileptischen Anfällen hinweisen. Die Echoenzephalographie ist ein Impuls-Echo-Verfahren zur Diagnostik von intrakraniellen, raumfordernden Prozessen.

Mit der Röntgendiagnostik lassen sich Anomalien oder Mißbildungen erkennen; Röntgenaufnahmen der Wirbelsäule haben diagnostische Bedeutung, Schädelübersichtsbilder können auf Veränderungen des Schädelknochens oder intrazerebrale Verkalkungen hinweisen. Das Röntgenbild der Hand ist eine Untersuchungsmethode, die sich mit der Differenzierung der Handwurzelknochen beschäftigt und davon ausgeht, daß deren Beeinträchtigung eine Entwicklungsstörung bestätigen kann, wenn diese in Korrelation mit Skelettentwicklungsstörungen bewertet wird.

Für die genaue Abklärung bei der Diagnose kindlicher Bewegungsstörungen gewinnen elektromyographische Untersuchungen an Bedeutung. Das EMG (Elektromyogramm) kann einen guten Einblick in den zeitlichen Ablauf von Bewegungsvorgängen sowie der (gleichzeitigen) Innervation von Muskelgruppen (Agonisten und Antagonisten) geben, so daß selbst minimale Koordinationsstörungen zu erfassen sind.

Die Ultraschalldiagnostik (Sonographie) ist ein diagnostisches Verfahren mit Anwendung von Ultraschallwellen, die in elektrische Impulse verwandelt, verstärkt und auf einer Bildröhre dargestellt werden, z. B. zur Bestimmung schon des fetalen biparietalen Schädeldurchmessers.

Eine invasive, sehr aussagekräftige Methode zur Früherkennung zerebraler Läsionen ist das Computertomogramm (CT). Die Computertomographie ist ein röntgendiagnostisches bildgebendes Verfahren. Die kraniale CT (Abk. CCT) gestattet es, minimale Dichteunterschiede innerhalb des Gehirngewebes darzustellen. Ein computergestütztes bildgebendes Verfahren der Tomographie, das auf dem Prinzip der Kernspinresonanz beruht, ist die Kernspinresonanz-Tomographie (Magnetresonanz-Tomographie, Abk. MRT). Im Gegensatz zur konventionellen Röntgendiagnostik bzw. Computer-Tomographie wird hierbei nicht im Körper absorbierte ionisierende Strahlung, sondern jene Energie gemessen, die unter Einfluß eines von außen angelegten starken Magnetfeldes aus dem Körper in Form von elektromagnetischen Wellen austritt und Kernspinresonanzmessungen ermöglicht. Unter Verwendung von supraleitenden Magneten ist eine gute Darstellung kleiner anatomischer Strukturen möglich.

Als weitere relevante Diagnostik sind die Hirnszintigraphie (ein nuklearmedizinisches Verfahren zur Darstellung spezifischer hirnorganischer Prozesse), die zerebrale Angiographie (röntgeneologische Darstellung der Gefäße), die Liquordiagnostik (zur Diagnostik des Liquor cerebrospinalis) und die Ventrikulographie (Pneumenzephalographie der Liquorräume) zu nennen (vgl. 155; 164; 158; 199; 132; 134).

1.7 Aufgaben und Zielsetzungen als Ganzes

Alle hier genannten medizinischen Einzelaufgaben sind Teile der heilpädagogischen Förderung, wenn ärztliche Früherkennung senso- und psychomotorischer Entwicklungsstörungen das Ziel hat, drohende Behinderungen zu erkennen, schwerwiegende Folgen möglichst zu vermeiden oder zu reduzieren und die individuell gegebenen Möglichkeiten medizinischer Hilfen aufzuzeigen.

NEUHÄUSER (134) nennt Aufgaben und Zielsetzungen als Ganzes: Die „Kenntnis verantwortlicher Ursachen ist dabei ebenso bedeutsam wie eine sorgfältige Analyse psychosozialer Beziehungen" (S. 104).

Es sind

– Chancen und Grenzen zu sehen,
– individuell-umfassende Hilfen zu realisieren,
– aber auch Gefährdung und Gefahr zu vermeiden, das heißt vor allen Dingen, präventive Maßnahmen mit einzubeziehen (134).

MICHAELIS weist darauf hin, daß diagnostische Aufgaben gelegentlich mehrmals durchgeführt werden, um eine Diagnose sicherstellen zu können, und betont, daß mit der Untersuchung eines Kindes nicht immer die Ursache zu klären ist, die zu den Entwicklungsproblemen oder -auffälligkeiten geführt hat: „Immer wieder kommt es vor, daß eine endgültige Diagnose nicht möglich ist, oder daß sich eine Verdachtsdiagnose erst im Laufe von einigen Jahren bestätigt" (125, S. 35–37).

Die Inhalte medizinischer Diagnostik innerhalb einer ganzheitlichen Heilpädagogik und die Aufgaben des Mediziners im heil- bzw. frühpädagogischen Team umreißt MICHAELIS (125) in wenigen Punkten:

1. Auffinden der Ursache einer Entwicklungsstörung, wenn irgend möglich,
2. Erhebung von entwicklungsneurologischen Befunden,
3. Beurteilung des psychomotorischen Entwicklungsstandes (was auch von anderen Disziplinen, die in der Frühförderung arbeiten, allerdings mit etwas anderen Schwerpunkten, getan wird),
4. Beurteilung des entwicklungsneurologischen Verlaufes und der psychomotorischen Entwicklung,
5. Mitteilung der Diagnose, der therapeutischen Möglichkeiten, der Prognose an die Eltern,
6. Führung der Eltern und des Kindes, wo es gefordert und erwartet wird,

7. Bereitschaft, sich als Teil eines Teams aufzufassen und dort die medizinischen Aufgaben zu übernehmen,
8. Beratung über eventuelle genetische Konsequenzen, die sich für eine Familie ergeben können.

2. Befunderhebung durch Fachtherapeuten im Gesundheitswesen

In der Entwicklungsförderung eines Kindes können bei Vorliegen einer medizinischen Diagnose fachspezifische Behandlungsmaßnahmen angezeigt sein, die von speziellen, in ausgewählten Berufen des Gesundheitswesens tätigen Therapeuten (nichtärztliche Heilberufe, nichtärztliche Medizinalfachberufe) durchgeführt werden.

Senso- und psychomotorische Auffälligkeiten und Störungen zeigen sich im kindlichen Wahrnehmungs- und Bewegungsverhalten und gehen in vielen Fällen mit sprachlicher Retardierung oder Störung, mit mundmotorischen und feinmotorischen Problemen und Beeinträchtigungen des Hörens und Sehens einher.

Die fachtherapeutische Behandlung durch *Krankengymnasten (Physiotherapeuten), Ergotherapeuten (syn. Beschäftigungs- und Arbeitstherapeuten)* und *Logopäden* ist daher in sehr vielen Fällen einer Beeinträchtigung erforderlich und im Rahmen der heilpädagogischen Förderung eines Kindes von grundlegender Bedeutung; zur Spezialbehandlung von Sehstörungen werden auch *Orthoptisten* tätig.

Neben präventiven Maßnahmen kommen bei Beeinträchtigungen, bei Krankheiten und medizinisch definierten Erscheinungs- und Krankheitsbildern besondere Behandlungsmethoden zur Heilung und Besserung, vor allem auch als rehabilitative Interventionen, zur Anwendung.

Nach ihrem jeweiligen beruflichen Selbstverständnis arbeiten die genannten Fachtherapeuten, auch als Fachkräfte in „medizinischen Assistenzberufen" bezeichnet, aufgrund ärztlicher Diagnose und Verordnung, und es ist ihre Aufgabe, vor dem Erstellen eines Behandlungsplanes und dem Beginn einer therapeutischen Maßnahme eine eigene *spezifische Funktionsdiagnostik* durchzuführen, die dann im Verlaufe der Therapie immer wieder überprüft, reflektiert, gegebenenfalls modifiziert wird.

Die berufspraktischen Tätigkeiten der Therapeuten sind in den Gebührenordnungen der Kostenträger im Gesundheitswesen (Krankenkassen, Versicherungen, Sozialhilfeträger usw.) als „Heilmittel" anerkannt, die einzelnen Leistungsarten in Abstimmung mit dem jeweiligen Berufsverband in einem Leistungsverzeichnis verbindlich festgelegt und werden aufgrund von Rahmenverträgen für die Versorgung Versicherter durch die Versicherungsträger finanziert.

Orthoptisten sind in der Regel in Kliniken und speziellen Rehabilitationseinrichtungen tätig. Ihre Arbeit umfaßt die Übungsbehandlung des beidäugigen Sehens, die Behandlung von Augenmuskelstörungen und die Wiederherstellung der normalen motorischen und sensorischen Zusammenarbeit beider Augen (Orthoptik). Hinzu kommt die Übungsbehandlung des schielendes Auges (Pleoptik) (155, S. 1216 und 1321).

Krankengymnasten, Logopäden und Beschäftigungstherapeuten (auch in freier Praxis tätig) sind Mitglieder des interdisziplinären Teams, wenn es um die Förderung entwicklungsgestörter Kinder geht, und ihr Stellenwert darin ist erheblich:

In der interdisziplinären heilpädagogischen Arbeit sollten ihre therapeutischen Aufgabenstellungen eng mit heilpädagogischen Förderungsansätzen verbunden sein.

Fachtherapeutische Arbeit im Rahmen der interdisziplinären Befunderhebung erfordert daher nicht nur den Kontakt zum diagnostizierenden und behandelnden Arzt, sondern ebenso den Austausch und die Zusammenarbeit mit psychologischen, pädagogischen und heilpädagogischen Mitarbeitern. Gerade wegen der zahlreichen Berührungspunkte der therapeutischen und pädagogischen Disziplinen ergänzen sich Einzelaufgaben in vielen Bereichen und sind oftmals nicht voneinander abzugrenzen. Diese Tatsache ermöglicht ein fruchtbares „Miteinander", das dennoch auf dem Vertrauen in gegenseitige Integrität und auf der Achtung vor der fachlichen Kompetenz des anderen beruhen muß.

Wegen ihres unmittelbaren Bezugs zur Heilpädagogik werden die wichtigsten Formen der krankengymnastischen, logopädischen und beschäftigungstherapeutischen Befunderhebung im folgenden dargestellt.

2.1 Die krankengymnastische Befunderhebung

Krankengymnasten behandeln in allen Feldern der Medizin mit den Mitteln der Physikalischen Therapie. Im Mittelpunkt der krankengymnastischen Aufgaben für das Kindesalter steht die methodische Durchführung ärztlich verordneter Bewegungstherapie (in der Regel eine Einzelbehandlung, manchmal aber auch als Gruppentherapie durchgeführt), die mit speziellen Befund- und Behandlungstechniken bei Fehlentwicklungen oder Störungen organischer und psychischer Funktionen angewandt wird. Gegebenenfalls kann die Therapie durch physikalische Maßnahmen der Massage, der Wärme-, Kälte-, Wasser- oder Elektrotherapie und durch Traktionen vorbereitet oder unterstützt werden.

Der Beruf des Krankengymnasten dient der Gesundheit des Menschen. Ziel der krankengymnastischen Behandlung ist vorrangig die Beseitigung oder Verbesserung gestörter Körperfunktionen. Präventive Maßnahmen sowie Information und Schulung des Patienten oder seiner Angehörigen, auch die Schulung im Gebrauch und Umgang mit Hilfsmitteln, sind Bestandteil krankengymnastischer Arbeit.

Die krankengymnastische Tätigkeit hat einige Gemeinsamkeiten mit der Tätigkeit von Bewegungspädagogen (wie z. B. Motopäden, Gymnastiklehrerinnen und Mototherapeuten), wenn es um Förderung bei Kindern mit zerebralen Dysfunktionen und anderen senso- und psychomotorischen Störungen geht, die eine Gruppenbehandlung unter Einbeziehung psychomotorischer Lernziele erhalten.

Dennoch liegt die eindeutige Abgrenzung im medizinisch orientierten Ansatz (Heilberuf), während Fachkräfte der Gymnastik und der Motologie das Prinzip der Erziehung durch Bewegung zum integralen Anteil einer prophylaktischen und erzieherischen Gesamtkonzeption machen oder mittels heilpädagogisch orientierter „Bewegungserziehung" vor allem im verhaltens-, bewegungs- und wahrnehmungspathologischen Bereich im Kindesalter emotionale, kognitive und soziale Lernprozesse in Gang setzen möchten.

Jede Krankengymnastin, jeder Krankengymnast in der Frühförderung behandelt aufgrund ärztlicher Diagnose und Verordnung, wählt aber die Methoden und Techniken der Behandlung selbst aus.

Das Aufstellen des Behandlungsplans erfolgt nach eigener *krankengymnastischer Befunderhebung*, die ihren Schwerpunkt in einer auf die jeweils spezifische Aufgabenstellung ausgerichteten *Funktionsanalyse des Bewegungsapparates* hat (vgl. 226). Diese wird je nach Indikation durchgeführt und ist auf die ärztlich verordnete Behandlungsart ausgerichtet. Sie umfaßt Techniken der Befunderhebung

– bei statomotorischen Störungen in orthopädischen Krankheitsbildern (vorwiegend Haltungsschäden, Asymmetrien, Muskel- und Bindegewebsschwächen, Gelenkschäden und Kontrakturen), bei sensomotorische Beeinträchtigungen bewirkenden Störungen in psychiatrischen Krankheitsbildern und bei Krankheiten, die der Kinderheilkunde, der Inneren Medizin oder der Chirurgie zugeordnet werden (Verhaltensstörungen, organische Schäden, nach Operationen, bei postchirurgischen oder posttraumatischen Krankheitsbildern usw.);

– bei zerebral bedingten Fehlfunktionen bei Kindern, die als Funktionsstörungen eine vielfältige Symptomatik zeigen (Störungen der Motorik, disharmonische Bewegungen, Entwicklungsverzögerungen; Perzeptions-, Wahrnehmungs- und Orientierungsschwierigkeiten in Zeit und Raum;

Schwächen der Aufmerksamkeit, der Konzentration, der Merkfähigkeit, der Distanzsicherheit und Differenzierung; Sprach-, Lern-, Verhaltensstörungen und Erziehungsschwierigkeiten verschiedener Art);

– bei allen zerebralen, zerebral und spinal bedingten motorischen und sensomotorischen Störungen, bei peripheren Lähmungen sowie bei atrophischen und disatrophischen Muskelveränderungen, wenn eine krankengymnastische Behandlung *auf neurophysiologischer Grundlage* verordnet worden ist.

Unter einer Behandlung auf neurophysiologischer Grundlage sind diejenigen Behandlungsverfahren zu verstehen, die bei bewußter Ausnutzung der natürlich vorhandenen Bahnungs- und Hemmungsmechanismen des Nervensystems während der Reifeentwicklung des kindlichen Gehirns in der Lage sind, krankhaft gestörte Bewegungsmuster zu verbessern oder zur Norm zurückzuführen, wenn früh- und rechtzeitig mit der Therapie begonnen wird.

Von BOBATH, VOJTA, KABAT, ROOD, PETÖ, BRUNKOW, CASTILLO-MORALES u. a. wurden dazu eigenständige neurofunktionelle Behandlungskonzepte und Methoden entwickelt, die ein jeweils individuelles Vorgehen bei der Befunderhebung voraussetzen (die Beschreibung der bekanntesten Methoden findet sich bei FELDKAMP/DANIELCIK [54] und bei TIETZE-FRITZ [199; 202]). Sie sind die bei kindlichen Entwicklungsstörungen vorrangig angewendeten Behandlungsverfahren zur Beeinflussung des pathologischen Bewegungsverhaltens eines Kindes. Für Krankengymnasten ist – ebenso wie für Logopäden und Beschäftigungstherapeuten – eine zusätzliche berufliche Qualifikation (Weiterbildung) erforderlich, wenn nach einer bestimmten Methode gearbeitet werden soll.

Kritik an isolierter Therapie

In pädagogischen Kreisen wird heute zunehmend – teilweise sehr berechtigte – Kritik am Einsatz isoliert verordneter Therapieformen geübt, die in ihrer Anwendung die Einbindung in das natürliche Handeln des Kindes vermissen lassen.

Gefordert ist hingegen, daß bei der Durchführung einer krankengymnastischen Behandlung (aber auch einer logopädischen oder ergotherapeutischen Therapie) nicht Teilaspekte der Förderung – wie die Schulung ausschließlich motorischer Funktionen – zur Anwendung kommen und somit isolierte Fertigkeiten geübt und aufgebaut werden, sondern daß sich auch therapeutisch ausgerichtete Entwicklungsförderung im Rahmen eines ganzheitlichen Entwicklungsprozesses zu vollziehen hat.

Nach TIETZE-FRITZ (204) werden „im Praktischen durchzuführende Maßnahmen erst dann zu therapeutisch-pädagogischem Handeln, wenn nicht nur be-handelt oder 'manipulativ' therapiert" (S. 280), sondern auch in der Therapie vom jeweils unterschiedlichen Wesen des Kindes mit seinen Wünschen und Bedürfnissen ausgegangen wird.

Auch die Auswahl der jeweils angezeigten und „richtigen" Methode in der Therapie entwicklungsgestörter Kinder wird immer wieder diskutiert:

Während Anhänger der „Bobath-Methode" deren Beachtung und Integration pädagogischer und entwicklungspsychologischer Gesichtspunkte beim Kind hervorheben und die reflexorientierte „Vojta-Therapie" als „gewaltsam" und „manipulativ" ablehnen, betonen die Vertreter der „Vojta-Methode" im Gegensatz dazu die herausragenden Erfolge ihrer Frühtherapie (vgl. zu diesem Thema die Ausführungen bei TIETZE-FRITZ [202]).

Indikation für eine Methode

Die Entscheidung für oder gegen eine bestimmte Methode ist nicht nur für die Therapeutin oder den Therapeuten, sondern vor allem für die Eltern eines behandlungsbedürftigen Kindes schwierig. Sie sollte von der individuellen Bedürfnislage des Kindes unter Berücksichtigung seiner Familiensituation abhängig gemacht werden.

Zur Diskussion steht fast immer die Indikation für eine Bobath- oder für eine Vojta-Therapie. Nach heutigem krankengymnastischem Verständnis gelten in aller Regel die folgenden fachlichen (zunächst wertneutralen) Grundsatzüberlegungen:

– Für Säuglinge mit vordergründigen Stabilitätsproblemen wird eher die Vojta-Therapie (Schwerpunkt: Stabilisation und Aufrichtearbeit gegen die Schwerkraft als Voraussetzung für höhere Bewegungsformen) empfohlen.

– Für Kinder jenseits des zweiten Lebensjahres gilt eher die Bobath-Therapie (mit der Stimulation vielfältiger richtiger und entwicklungsgerechter Bewegungsformen und unter Beachtung pädagogischer und psychologischer Forderungen) als bevorzugt anzuwendende Behandlungsform.

Sehr wesentlich ist immer die Überlegung, ob ein Elternteil (meist ist es die Mutter) in der Lage ist, therapeutische Anteile in Pflege und Erziehung des Kindes zu integrieren, daß eine Überforderung der Familie vermieden werden muß, und daß es letztendlich die Eltern selbst sind, die das Recht haben, aus der Verantwortung für ihr Kind heraus eine eigene Entscheidung zu treffen (vgl. 82, S. 81–88).

2.1.1 Aufbau des krankengymnastischen Befundes

Die exakte krankengymnastische Befunderhebung setzt folgende Kenntnisse voraus:

- Kenntnis der Pathologie des vorliegenden Krankheitsbildes, seiner Symptomatik, Entstehung und derzeitigen und künftig zu erwartenden pathologischen Entwicklung (prognostische Kenntnisse) und des möglichen Entstehens von Sekundärschäden,
- Kenntnis aller Zusammenhänge in der normalen sensomotorischen Entwicklung, Kenntnis isometrischer Funktionen,
- Kenntnis der Bewegungsanalysen,
- Kenntnis frühkindlicher Reaktionen und eines pathologischen Reflexverhaltens,
- Kenntnisse aus medizinischen, psychologischen und pädagogischen Wissensgebieten.

Einer in den einzelnen markanten Punkten festgelegten Systematik folgend, wird dann die krankengymnastische Befundaufnahme durchgeführt, die durch eine spezifische Information über die genauen Inhalte der ärztlichen Befunde, über den Ablauf der Vorsorgeuntersuchungen und eine eventuelle Risikoanamnese eingeleitet wird.

Der krankengymnastische Befund ergibt sich dann aus der Überprüfung des Kindes und den – während der Untersuchung möglichst zu kontrollierenden – elterlichen Verhaltensangaben. Seine wichtigsten Punkte werden fixiert und die Ergebnisse der Überprüfung dem das Kind behandelnden Arzt, den mit dem Kind befaßten weiteren Therapeuten und Pädagogen mitgeteilt. Details sollten dann miteinander besprochen werden.

Ergeben sich aus der Befundaufnahme Symptome, die eine weitere ärztliche, psychologische oder pädagogische Untersuchung notwendig machen, wird dies den Eltern dringend angeraten und dem behandelnden Arzt mitgeteilt.

Die richtige Interpretation der gesamten Befundaufnahme verlangt fundiertes Wissen über Anatomie, Kinesiologie, Biomechanik, Neurophysiologie und Pathologie. Unbedingt notwendig ist auch Einsicht in verschiedene Testverfahren und deren Anwendungsmechanismen.

Erst nach der Befundaufnahme mit ihrer strukturgezielten Schlußfolgerung ist es möglich, einen Behandlungsplan aufzustellen. Hierin werden die Behandlungsziele und die Prioritäten festgelegt, nach denen Methode und Behandlungstechnik für die erste Behandlung gewählt werden können. Im Laufe der Therapie wird der Befund mehrfach ergänzt, unter Umständen werden Techniken modifiziert. Behandlungsfortschritte werden schriftlich fixiert.

Die krankengymnastische Befunderhebung bei statomotorischen Störungen

Bei Auffälligkeiten oder Störungen, die im wesentlichen die statomotorische Entwicklung eines Kindes betreffen (das Zusammenspiel von Haltung und Bewegung), erfolgt die Erhebung des Befundes nach einem festgelegten Untersuchungsplan:

1. Anamnese (gezielte Befragung und Inventarisierung der Störungen),
2. Inspektion (allgemeine Orientierung über Statik und Haltung, eventuelle Anomalitäten, vegetative Symptome, Zustand der Muskulatur wie Hyper- und Hypotonie, Trophik),
3. Schnelltests der Gelenke (für jedes Gelenk gibt es Schnelltests, vor allem auch als passive Bewegungstests, mit denen die passiven Strukturen getestet werden und bei einer Pathologie provoziert werden können),
4. Basisfunktionsuntersuchung (Muskelfunktionsprüfung, aktive und passive, auch isometrische Bewegungstests),
5. gegebenenfalls notwendige weitere Funktionsuntersuchungen (spezielle Bändertests, Koordinationstests und aktive Stabilitätstests),
6. Palpation (zur Bestätigung einer Lokalisierung, der Intensität oder Ausprägung eines Krankheitsbildes bzw. einer Symptomatik),
7. evtl. eine krankengymnastische neurophysiologische Untersuchung (z. B. bei Hinweis auf Hirnfunktionsstörungen),
8. Einbeziehen der (fach)ärztlichen Untersuchungsergebnisse (zum Ausschluß von Kontraindikationen, zum Verständnis der Pathologie, Kenntnis über differentialdiagnostische und prognostische Aussagen).

Die Muskelfunktionsprüfung

Mit der Technik der *Muskelfunktionsprüfung* wird die Funktion einzelner Muskeln bzw. Muskelgruppen untersucht. Es können die sich kontrahierenden Muskeln in ihrer Beziehung zu dem beweglichen Gelenk in jedem einzelnen Körperabschnitt und unter Berücksichtigung von Schwerkraft und Widerstand geprüft werden.

Die Analyse bestimmter Muskelaktionen durch manuelle Prüfung gehört zur „Standard"-Untersuchung, wenn die Krankengymnastin genaue Angaben benötigt, um das Bewegungsverhalten eines Kindes bewerten und auch den Grad einer Muskelschwäche bestimmen zu können. Zur Darstellung der Bewertung liegen Tabellen vor, die als Hilfsmittel bei der Beschreibung des „Muskelstatus" gedacht sind (vgl. 109; 107).

Die krankengymnastische Befunderhebung zur Behandlung senso- und psychomotorischer Störungen aufgrund vermuteter zerebraler Dysfunktionen

Die krankengymnastische Befunderhebung zur Behandlung bei zerebralen Dysfunktionen (auch in der Gruppe) setzt Kenntnisse der Wahrnehmungs- und Perzeptionsentwicklung und im speziellen der gesamten psychomotorischen Entwicklung eines Kindes unter Berücksichtigung motologischer Grundlagen voraus. Ergänzend wird im Rahmen der oben genannten Befunderhebung der *neurophysiologische* Diagnoseansatz im Mittelpunkt stehen.

Die krankengymnastische Befunderhebung zur Behandlung auf neurophysiologischer Grundlage

Die fachspezifische Untersuchung ist eng verwandt mit der medizinisch-motoskopischen Diagnostik.

Die untersuchende Krankengymnastin geht bei ihrer Befunderhebung davon aus, daß senso- und psychomotorische Entwicklungsstörungen im frühen Kindesalter zu einem hohen Prozentsatz auf eine prä-, peri- oder postnatale Verursachung zurückzuführen sind. TIETZE-FRITZ führt dazu aus, daß sich ankündigende zerebrale Störungen durch vielfältige Auffälligkeiten im motorischen Verhalten, in der Motilität und durch eingeschränkte Wahrnehmungs- und Perzeptionsfähigkeiten in Erscheinung treten (201, S. 28–33; 205, S. 45–50).

Unabhängig von der späteren Behandlungsweise bei zerebral bedingten sensomotorischen Störungen beinhaltet der neurologisch orientierte Untersuchungsplan

– den sichtbaren Befund,
– den tastbaren Befund,
– den funktionellen Befund (8, S. 37–39).

Nach FELDKAMP/DANIELCIK (54, S. 56–69) müssen unabhängig vom Alter des Kindes und der Diagnose bei allen zerebral bewegungsgestörten Kindern folgende Faktoren in den krankengymnastischen Befund aufgenommen werden:

1. Zustand des Muskeltonus in Ruhe und in Bewegung:
   – Grad und Verteilung einer Tonusveränderung (spastisch, athetotisch, rigide, fluktuierender Tonus, von hypoton bis hyperton),
   – Feststellung von Tonusveränderungen bei verschiedenen Situationen.

2. Pathologische Haltungs- und Bewegungsmuster:
   – Analyse des motorischen Verhaltens hinsichtlich Haltung und Bewegung,
   – Beurteilung der entwicklungsgemäß auftretenden Reflexe und Re-

aktionen des Kindes (normale Bewegungsabläufe und deren zeitgemäßes Auftreten in verschiedenen Altersstufen),
- assoziierte Reaktionen.

3. Stellreaktionen:
   - Art des Auftretens der Stellreaktionen (fehlende, überschießende, unkontrollierte und unkoordinierte Stellreaktionen),
   - Wechselbeziehung von Wahrnehmung und Bewegungsvollzügen (sensomotorisches Verhalten, Innervation und Ausführungshandlung).

4. Gleichgewichtsreaktionen:
   - Prüfung des automatischen Auftretens der Gleichgewichtsreaktionen dem Alter und den Fähigkeiten des Kindes entsprechend (u. a. Kopfkontrolle, Rumpfbalance und die Fähigkeit des Kindes, sich mit Armen und/oder Beinen abzufangen).

5. Sensomotorischer Entwicklungsstand des Kindes:
   - Feststellen des Entwicklungsstadiums des Kindes unter Berücksichtigung des Alters und des geistigen Entwicklungsstandes,
   - Feststellen, ob und welche Entwicklungsstufen übersprungen wurden,
   - Unterscheidung vorwiegend pathologischer Bewegungsformen von einem allgemeinen Entwicklungsrückstand mit nur geringen oder gar keinen pathologischen Abweichungen in der motorischen Entwicklung.

6. Kontrakturen und Deformitäten:
   - Beurteilung von Abweichungen des Bewegungsausmaßes (Ursachen, Möglichkeiten der Verbesserung durch Normalisierung des Muskeltonus, Prüfung der Abweichungen des Bewegungsausmaßes in verschiedenen Stellungen),
   - Feststellen fixierter Kontrakturen und Einschränkungen.

Die Kenntnis der besonderen Merkmale aller Typen zerebraler Bewegungsstörungen und zerebral bedingter Entwicklungsstörungen ist dabei Vorbedingung für eine neurologisch orientierte krankengymnastische Befundaufnahme (54, S. 56–69; 201 S. 166–170).

Nach TIETZE-FRITZ (199; 200; 201; 203; 204) sollte sich die krankengymnastische Behandlung bei zerebral bedingten sensomotorischen Entwicklungsstörungen des frühen Kindesalters nicht nur mit bewegungstherapeutischen Schwerpunkten und Inhalten beschäftigen, sondern im Sinne einer umfassenden Entwicklungsbehandlung auch die Entwicklung von Wahrnehmungs- und Perzeptionsleistungen, intellektuellen und sprachlichen

Funktionen und die Schulung manueller Geschicklichkeit in ihrem Ansatz berücksichtigen.

Aus diesem Gedanken der „Wechselwirkung" zwischen motorischer und psychisch-geistig-sprachlicher Beeinflussung heraus sind bei TIETZE-FRITZ (201) für die krankengymnastische Befunderhebung *zusätzlich* zu den oben genannten Faktoren Kriterien genannt, die deutliche heilpädagogische Elemente enthalten:

1. Beurteilung des Gesamteindrucks des Kindes,
2. Beobachtung der Greifentwicklung,
3. Beobachtung der Sprachanbahnung,
4. Beobachtung der Hör- und Sehfähigkeit,
5. Beobachtung der geistig-psychischen Entwicklung,
6. Beachtung „typischer" (stereotyper) Verhaltensweisen,
7. Beachtung eventueller Hinweise auf eine Krampfbereitschaft.

Begleitend können verschiedene eigens für die krankengymnastische Befundaufnahme entwickelte *Untersuchungsbögen* verwendet oder *motodiagnostische, heilpädagogische* und *pädagogisch-therapeutische Diagnoseverfahren* benutzt werden.

2.1.2 Methodik der Befunderhebung für das Säuglingsalter

FLEHMIG (56) hat Grundzüge für das methodische Vorgehen in der krankengymnastischen Befunderhebung eigens für das Säuglingsalter formuliert, die bei Verdacht auf eine Entwicklungsstörung und bei bereits vorliegender Hirnfunktionsstörung beachtet werden sollten.

Sie betont die Bedeutung der Beobachtung perzeptiver Funktionen des Säuglings und empfiehlt das Hinzuziehen einer Logopädin oder Beschäftigungstherapeutin.

Um das Behandlungsziel und die jeweiligen Schritte dahin einzuschätzen, sind nach ihr bestimmte Prüfungen der Funktionen vorzunehmen (vgl. II 1.4: „Kriterien zur Früherkennung nach Flehmig"), denn nur „die genaue Kenntnis der motorischen Funktionen des Kindes mit der Integration perzeptorischer Funktionen ermöglicht die Aufstellung eines Behandlungsplanes" (56, S. 98):

Die Beachtung der motorischen Entwicklung je nach Alter und die Prüfung der motorischen Abläufe (auch der Qualität der Bewegungen und der Zeiteinheit, in der sie ablaufen), die Prüfung der Kompensationsmechanismen, des Tonus und eventueller Kontrakturen und Deformationen. Nach der Prüfung der abnormen Reaktionen und der Stell- und Gleichgewichtsreaktionen sollte die Prüfung der Hautsensibilität und die Prüfung der Wahrnehmung in allen Sinnesbereichen in die Untersuchung einbezogen werden.

Wichtig ist nach FLEHMIG auch die Prüfung der Bedürfnisse des Kindes und seiner psychischen Situation, ebenso die Erfassung der inneren Struktur der Familie des Kindes durch Abschätzen der Bedürfnisse der Eltern und der Erwartung, die diese in das Kind legen.

2.1.3 Methodik der Befunderhebung nach Bobath

Die krankengymnastische Behandlung auf neurophysiologischer Grundlage nach BOBATH, auch „Entwicklungsbehandlung" genannt, will bei kindlichen Bewegungs- und Entwicklungsstörungen auf hirnorganischer Grundlage mittels systematischer Bewegungsbahnung einen normalen Muskeltonus für die frühkindliche Bewegung erreichen.

Unter Benutzung sogenannter *„reflexhemmender Bewegungsmuster"* soll durch die Hemmung pathologischer tonischer Haltemuster der Haltungstonus verbessert werden.

Durch gleichzeitige Bahnung normaler Stell- und Gleichgewichtsreaktionen wird dem Kind eine immer bessere Bewegungserfahrung vermittelt (vgl. II 1.2: „Die entwicklungsneurologische Diagnostik nach Bobath").

Für die krankengymnastische Bobath-Therapie stehen Techniken wie „tapping", „Hemmung" und „Bahnung" (Inhibation und Facilitation) zur Verfügung, um das Behandlungsziel, das Anbahnen einer möglichst gesunden Bewegungsentwicklung und das Verhindern pathologischer Bewegungsformen, durch frühestmöglichen Behandlungsbeginn im Säuglingsalter zu erreichen. Einen besonderen Stellenwert hat auch die Anleitung der Eltern zum sogenannten *handling* (detaillierte Beschreibungen finden sich bei BOBATH [24; 25], FELDKAMP/DANIELCIK [54] und TIETZE- FRITZ [199; 201]).

Befundaufnahme und Planung der Behandlung nach Bobath enthalten einige Grundkriterien, mit denen die allgemeine neurologisch orientierte Befunderhebung vertieft und ergänzt werden kann.

Grundkriterien nach BOBATH (vgl. 54, S. 75–78):

1. Art und Grad des Haltungstonus:
   - Feststellung des Grundtonus in Ruhestellung.
   - Registrierung der Tonusveränderungen (Spastizität, Hypotonus u. a.).
   - Reaktion des Tonus auf verschiedenartige Stimulationen (Lagewechsel, Bewegungsgeschwindigkeit, erschwerte Aufgabenstellung u. a.).

2. Primitive Bewegungsformen (Hinweise auf eine allgemeine Entwicklungsverzögerung).
3. Pathologische Haltungs- und Bewegungsmuster (Überprüfung in verschiedenen, möglichst funktionellen Stellungen).
4. Automatische spontane „normale" Reaktionen.
5. Kompensatorische Bewegungen (Möglichkeiten des Kindes, seine funktionellen Fähigkeiten zu verbessern).
6. Alter des Kindes (Beachtung von Entwicklungslücken).
7. Kontrakturen und Deformitäten.
8. Ansprechen auf die Behandlung (ständige Befundaufnahme in der weiteren Handhabung des Kindes; Beobachtung aller – in der Regel stark schwankenden – sensomotorischen Reaktionen des Kindes).

Die Befunderhebung kann durch die Benutzung der von B. und K. BOBATH zusammengestellten Entwicklungstabellen erleichtert werden.

2.1.4 Methodik der Befunderhebung nach Vojta

Die entwicklungskinesiologische Behandlung nach VOJTA als eine weitere krankengymnastische Methode auf neurophysiologischer Grundlage geht davon aus, daß beim zerebral bewegungsgestörten Kind zunächst Mängel an physiologischer Bewegungsentwicklung, vor allem in der Koordination, zu beobachten sind und daß ein spezifisches Krankheitsbild, etwa eine Spastik, erst als eine Folgestörung früher Symptome in Erscheinung tritt (vgl. 213; 214).

VOJTA ist der Meinung, daß mit rechtzeitiger Therapie eine Pathologie vermieden werden kann. Er hat für die Behandlung zwei „Bahnungssysteme" herausgestellt, das *Reflexkriechen* und das *Reflexumdrehen*, die das Fundament der Behandlung bilden und die alle diejenigen Aktivitäten einschließen, die jedem pathologischen motorischen Bewegungssyndrom fehlen.

Die VOJTA-Therapie ist – neben der BOBATH-Methode – eine derzeit weitverbreitete Methode. Sie wird vor allem auch in der Behandlung von Risikokindern angewendet.

Für die krankengymnastische Befunderhebung nach VOJTA gilt das *Prinzip der Lokomotion* und der *Beobachtung der Lagereflexe* (vgl. II 1.3: „Die neurokinesiologische Diagnostik nach Vojta").

Kriterien zur Befunderhebung nach VOJTA
VOJTA (213; 214) hat Kriterien benannt, die für seine Sichtweise der Bewegungsentwicklung des Kindes typisch sind und die in der krankengymnastischen Untersuchung zu berücksichtigen sind.

1. Bei der Beobachtung der motorischen Funktionen als Fortbewegungsmuster stellt er Grundelemente kindlicher Fortbewegung heraus:
   - die posturale Aufrichtung (Beherrschung der Haltung des ganzen Körpers),
   - die Aufrichtung (Muskelanspannung entgegen der Einwirkung der Schwerkraft) und
   - die phasische Bewegung (Ausschnitt aus einer Bewegungsabfolge).
2. Bei der Beobachtung der motorischen Entwicklung des Kindes stellt VOJTA die Beurteilung der kindlichen Leistungen in vier Entwicklungsstadien (von der Neugeborenenphase bis zum bipedalen Gang) nach den Erkenntnissen der normalen phylogenetischen und ontogenetischen Bewegungsentwicklung in den Mittelpunkt.
3. Die Beobachtung der Lagereflexe sieht VOJTA als diagnostische Aussagekriterien zur Frühdiagnostik verschiedener Grade von Koordinationsstörungen an.

2.2 Die logopädische Befunderhebung

Der Tätigkeitsbereich der Logopäden in der Frühförderung umfaßt die Diagnostik und Therapie von kleinen Patienten bei Problemen, die mit dem Sprechen verbunden sind, sowie die Beratung ihrer Eltern und Angehörigen.

Ihre Aufgabe ist es, durch eine gezielte Behandlung die Kommunikationsfähigkeit von Kindern der verschiedenen Altersstufen zu entwickeln, zu verbessern oder wiederherzustellen.

Logopäden behandeln im wesentlichen folgende Krankheitsbilder:
- Stimmstörungen organischer, funktioneller und psychischer Genese;
- zentral-nervös bedingte Sprach- und Sprechstörungen, die bei Kindern oft auf minimale prä-, peri- oder postnatale Hirnschädigungen zurückzuführen sind oder durch Schädel-Hirnverletzungen verursacht wurden und als Aphasie und Dysarthrie in Erscheinung treten;
- Stimm-, Sprech- und Sprachstörungen infolge neurologischer und internistischer Erkrankungen;
- Sprachentwicklungsverzögerungen aller Ursachen;
- Störungen des Redeflusses und Störungen der Nasalität;
- Hörstörungen des Kindesalters, die Einfluß auf die Sprachentwicklung haben (vgl. 225).

Ziel der logopädischen Therapie ist – analog zur Krankengymnastik – neben präventiven Maßnahmen und der Schulung im Gebrauch und Umgang mit Hilfsmitteln vorrangig der Aufbau sprachlicher Leistungen und die Beseitigung oder Verbesserung gestörter sprachlicher Funktionen.

Das Berufsbild des Logopäden ist eng verwandt mit dem des Sprachheilpädagogen und berührt auch gerade in der Frühförderung sprachheilpädagogische Aufgaben. Die methodischen Ansätze gleichen sich in vielem, und eine Differenzierung der Aufgabengebiete ist nicht immer möglich.

Grundsätzlich ist aber zu sagen, daß Logopäden Störungen auf medizinischer Basis behandeln (Heilberuf) und in der Kinderarbeit ihr Gewicht zunehmend auf Frühdiagnostik und Frühtherapie zerebral bedingter sensomotorischer Störungen legen, während Sprachheilpädagogen die pädagogische und heilpädagogische Förderung in den Vordergrund stellen, in der Kinderarbeit mit Schwerpunkten in der vorschulischen und (sonder)schulischen Erziehung (vgl. II 7.3.4.4: „Sprachheilpädagogische Frühdiagnostik").

Auch Logopäden behandeln immer nur aufgrund einer ärztlichen Diagnosestellung, und die Durchführung der gezielten Therapie erfolgt nach der *logopädischen Befunderhebung* mit ihren Schwerpunkten einer *Funktionsdiagnostik* und den differentialdiagnostischen Erhebungen, je nach der Aufgabenstellung.

Senso- und psychomotorische Auffälligkeiten im frühen Kindesalter gehen häufig mit Sprachstörungen einher oder bedingen diese. Schon die Sprachentwicklung von allgemein entwicklungsauffälligen Kindern weicht in vielen Punkten von einer normalen Sprachentwicklung ab.

Bei Kindern mit zerebralen Störungen gibt es Bedingungen, die eine entscheidende Rolle in der Sprachentwicklung spielen, und sensomotorische Beeinträchtigung betrifft Sprach- und Sprechentwicklung: Bei Betroffensein der Mund- und Gesichtsmotorik sind mundmotorische Bewegungen und Artikulationen erschwert (zentral bedingte Artikulationsstörungen), und aufgrund von sensomotorischen Erfahrungsdefiziten, auch im Bereich des Hörens und der auditorischen Wahrnehmung, können sich Störungen im Erwerb der Grammatik, der Wortbedeutungen und des Sprachverständnisses zeigen.

Aus der Zusammenfassung der logopädischen Befunde wird der Therapieansatz gesucht, bei vermuteter oder bereits ärztlich diagnostizierter hirnorganischer Verursachung auf einer *neurophysiologischen Grundlage*.

Die logopädische Behandlung erfolgt dann nach erstelltem Behandlungsplan und bei sensomotorisch gestörten Kindern auch nach spezifischen Behandlungskonzepten, wie nach BOBATH, MÜLLER, H.A. oder CASTILLO-MORALES.

Basisstörungen, die den kindlichen Spracherwerb behindern, müssen als erstes berücksichtigt werden. RENNHACK (163, S. 75) führt dazu aus, daß es keine eindeutigen Regeln in der logopädischen Vorgehensweise gibt, vielmehr richtet sich der Ansatz nach der Individualität des Kindes.

Für die Kindertherapie ist wegen der engen Wechselbeziehung zwischen sprachlichen und motorischen Funktionen und zwischen sprachlichen und kognitiven Leistungen nur eine interdisziplinäre Therapie, die das Zusammenwirken logopädischer, krankengymnastischer und beschäftigungstherapeutischer Aufgabenstellungen gewährleistet und ohne die eine heilpädagogische Förderung nicht sinnvoll durchgeführt werden kann, dringend zu empfehlen.

2.2.1 Aufbau des logopädischen Befundes

Für eine umfassende logopädische Befunderhebung nach erfolgter ärztlicher Diagnose und Verordnung sind Vorkenntnisse aus verschiedenen Fachgebieten notwendig. Ihre Schwerpunkte sind bei WULFF (224, S. 14–23) zusammengefaßt:
- Kenntnis der normalen Entwicklung des Sprechens und der Sprache (Stufen- und Zeitfolge der Entwicklung: stimm-motorische Vorstufe, geräuschmotorische Vorstufe, mimisch-gestische Ausdrucksäußerungen, sprechmotorische Vorstufe, akusto-motorische Übergangsstufe, akusto-motorische Hauptstufe und Einordnungsstufe),
- Kenntnis der Laut- und Stimmbildung und ihrer Mängel (das Erkennen und Unterscheiden der Merkmale gesunder und unzulänglicher Lautbildung und sprechhygienischer und lautspezifischer Fehler),
- Kenntnisse über Sprach-, Sprech- und Stimmstörungen im Kindesalter,
- Kenntnis der Pathologie der vorliegenden Auffälligkeit oder des Krankheitsbildes, ihrer primären und sekundären Symptomatik,
- Kenntnisse aus den Wissensgebieten der Phonetik und der medizinischen, psychologischen und pädagogischen Nachbardisziplinen,
- Kenntnis der sensomotorischen Entwicklung, insbesondere der Korrelation Motorik – Sprache und kognitive Entwicklung – Sprache.

Zur Funktionsanalyse bei zerebral bedingten Auffälligkeiten sind insbesondere Kenntnisse über die sensomotorische Entwicklung, das frühkindliche und pathologische Reflexverhalten in der Mundmotorik (orale Reflexe) und über die Zusammenhänge zwischen motorischer und sprachlicher, zwischen sprachlicher und intellektueller Entwicklung vonnöten.

Der systematischen Befundaufnahme geht immer die Information über vorliegende ärztliche und andere fachdiagnostische Befunde voraus.

Neben den Ergebnissen der Vorsorgeuntersuchungen, einer eventuellen Risikoanamnese sind in vielen Fällen phoniatrische, hals-nasen-ohren-ärztliche, kieferorthopädische, psychiatrisch-neurologische oder psychologische Untersuchungsergebnisse zu beachten.

Nach WULFF (224) folgt die logopädische Befunderhebung im wesentlichen den hier aufgeführten Inhalten, die viele sprachheilpädagogische Elemente enthalten:

1. Kontaktaufnahme und Anamnese,
2. Prüfung der körperlichen Beschaffenheit (Erscheinungsbild, Sprechorgane),
3. Prüfung der Motorik (Grob-, Fein-, Senso-, Sprechmotorik),
4. Beobachtung des Lernverhaltens und der geistigen Fähigkeiten,
5. Beobachtung der Eigenschaften (Stimmung, Selbstgefühl, Gemüt, Sozialverhalten),
6. Prüfung der sprachlichen Vorbedingungen (Hörfähigkeit, akustische Fähigkeit, extrapyramidale Sprachkräfte wie Kinästhesie, Melodik, Rhythmik),
7. Prüfung der peripheren Sprachkräfte (Sprechatmung, Stimmgebung, Lautgebung),
8. Prüfung der sprachlichen Äußerung (Nasalität, Sprachaufbau, sprachlicher Entwicklungsstand, Sprechablauf, Sprachverlust).

Die Beobachtungen werden in einem speziellen Beobachtungsschema (Untersuchungsbogen) festgehalten und punktuell protokolliert. Für den praktischen Ablauf der Befunderhebung werden einige „Hilfs- und Prüfmittel" (wie Spielzeug, Bilder usw.) vorgeschlagen (224, S. 107–109).

WULFF gibt geeignete *Diagnosehilfen* an (224). Er beschreibt Arbeitsanleitungen zur Überprüfung der Motorik, zur Überprüfung der Hörfähigkeit, zur Lautdifferenzierung, zur Lautprüfung mittels Bilderserie, zur Feststellung von Lautbildungsfehlern und zum Sprachaufbau und sprachlichen Entwicklungsstand.

Als *ergänzende Testverfahren* für das Kleinkind- und Vorschulalter werden neben den bekannten entwicklungs(früh)diagnostischen, bewegungs- und wahrnehmungsdiagnostischen Verfahren die folgenden Verfahren (eine Auswahl) als gängig empfohlen:

– die Sprachprüfung für Kleinkinder zur Überprüfung von Sprachbildung (F. WURST);
– das phonetische Bilder- und Wörterbuch zur Überprüfung der kindlichen Sprachentwicklung im Alter von 2 bis 6 Jahren (M. CERVENKA);

- die Werschersberger Lautprüf- und Übungsmappe. Sie überprüft die Artikulationen im Alter von 3 bis 6 Jahren (M. GEY);
- der psycholinguistische Entwicklungstest (PET), welcher die sprachliche Entwicklung im Alter von 3 bis 10 Jahren überprüft (M. ANGERMEIER);
- der Landauer Sprachentwicklungstest für Vorschulkinder (LSV). Er umfaßt Wortschatz, Artikulation, Formen- und Satzbildung, Kommunikationsfähigkeit im Alter ab 4 Jahren bis zum Schuleintritt (R. GÖTTE);
- der aktive Wortschatztest für 3- bis 6jährige Kinder (C. KIESE, P. M. KOZIELSKI);
- die Lauttreppe (H. MÖHRING).

Diagnostik zentral bedingter Auffälligkeiten

Nach RENNHACK (163) beinhaltet die logopädische Diagnostik zentral bedingter Artikulationsstörungen oder Auffälligkeiten bei Kindern mit zentralorganischer Sprachentwicklungsstörung die folgenden Schwerpunkte:

- die logopädische Differentialdiagnostik (Unterscheidung von Teilleistungsstörungen, peripheren Paresen, zentraler Koordinationsstörung, Schwerhörigkeit),
- das Erkennen von Basisstörungen und
- das Erkennen und Einordnen von Störungen der Sprachproduktion und der Lautbildung (Spontansprache, Nachsprechen, Wortfindung, Mundmotorik, Sprachverständnis, Vermeidungsverhalten im Sprechen, Hyperaktivität).

In den letzten Jahren haben sich auf neurophysiologischer Grundlage und in Anlehnung an bewegungs- und beschäftigungstherapeutische Methoden spezifische Therapiekonzepte zur Beeinflussung im Mund- und Gesichtbereich entwickelt, die mit einer jeweils besonderen Befunderhebung verbunden sind. Wegen ihrer Bedeutung für die heilpädagogische Arbeit werden relevante Ansätze nachfolgend in komprimierter Form vorgestellt.

2.2.2 Methodik der Befunderhebung bei zerebral bewegungsgestörten Säuglingen und Kleinkindern

Mindestens 65 Prozent aller Säuglinge und Kleinkinder, deren Auffälligkeiten auf eine zerebrale Bewegungsstörung zurückzuführen sind, entwickeln Sprachstörungen, die von leichten Artikulationsfehlern bis zu einer totalen Unbeweglichkeit der Sprechmuskulatur reichen. Als eine der ersten Logopädinnen im Zusammenhang mit der Entwicklung der Frühförderung bewegungsgestörter Kinder hat BÖLLHOFF (27) deshalb auf die Bedeutung einer möglichst frühen Befunderhebung zur Erkennung von Auffälligkeiten, die sich in Atem-, Sprach- oder Stimmstörungen zeigen oder diesen vorausgehen, aufmerksam gemacht.

Um Fehlerscheinungen erkennen und erfassen zu können, soll der gesunden *vorsprachlichen und sprachlichen* Entwicklung des Kindes eine umfangreiche Beachtung geschenkt werden.

Sie umfaßt im wesentlichen die normale Entwicklung der Atmung und der Stimme, die Beobachtung der Mundmotorik (dabei im Säuglingsalter die oralen Reflexe), die Entwicklung des Trinkens und Essens, die Zahnentwicklung und die Sprachentwicklung.

Die ausgeprägten Störungsmerkmale

Die sich langsam einschleichenden Störungen der Atmung, Sprache und Stimme, auch dysarthrische Störungen genannt, sind beim zentral sensomotorisch gestörten Kind weitgehend vom einzelnen Typ der Bewegungsstörung abhängig (Tetraparese, Diplegie, Hemiparese, spastische oder dystone Form des Erscheinungsbildes, typische sprachliche Entwicklung bei athetotischen und ataktischen Störungen). Sie sind von KÖNG als „typische klassische Sprachstörungen" beschrieben worden (vgl. 201; 205; 111; 112).

Nach MÜLLER, H. A., einer Logopädin, die eine eigene mundtherapeutische Methode, basierend auf Bobath- und Rood-Prinzipien, entwickelt hat (vgl. 128; 129), zeigt sich die Symptomatologie jedoch nicht immer einzeln, sondern meist als kombinierte Störung, und das Sprechen ist häufig verzögert, erschwert und „mehr oder weniger entstellt" (129, S. 11). Sie nennt vor allem folgende Störungen, die sich in der Mimik, der Gestik und dem Sprechen bemerkbar machen können (129):

– mangelnde, verlangsamte oder extreme Mimik,
– extreme, häufig totale Reflexmuster des ganzen Körpers,
– Störungen des Redeflusses (abgehackte Sprache, arhythmische Atmung, wechselnder Muskeltonus),
– näselnde Sprache,
– Störungen der Artikulation,
– Störungen oder verzögerte Entwicklung des Sprachverständnisses.

Die frühestmögliche Erkennung

Beim Säugling sind *Sprech- und Eßorgane* weitgehend identisch, und die Beobachtung von Trinken und Essen ist wichtig. Eine abnorme Entwicklung der Sensomotorik dieser Organe kann sich daher in folgenden Beobachtungen äußern (128; 129):

Es zeigen sich abnorme Mundreflexe, d. h., der Saug-/Schluckreflex, Beißreflex und Würgereflex sind ungenügend, zu stark oder gar nicht vorhanden. Mundreflexe bleiben bestehen, weil der Säugling sie aufgrund seiner

Hirnfunktionsstörung nicht zu hemmen vermag, und die Stimme bleibt Reflexen unterworfen.

CRICKMAY und BÖLLHOFF haben für die Frühdiagnostik modellhaft und als eine „Pionierarbeit" einen sprachtherapeutischen Untersuchungsbogen erarbeitet, der sich gut für die logopädische Diagnostizierung sensomotorischer Auffälligkeiten unter Berücksichtigung der Reflexbeobachtungen eignet. Er verdeutlicht die Zusammenhänge zwischen sensomotorischen Störungen und sprachlicher Fehlentwicklung und die Wichtigkeit der frühen Beachtung bestimmter Beobachtungskriterien als *Entwicklungsmerkmale im Säuglingsalter*. Durch ein Schema zur Untersuchung der Mimik nach GOLDSCHMIDT kann er sinnvoll ergänzt werden.

Beide Verfahren zeigen – beispielhaft für andere Erfassungsbögen – die logopädischen Diagnoseansätze für das Säuglingsalter auf.

Der *sprachtherapeutische Untersuchungsbogen* nach CRICKMAY und BÖLLHOFF (vgl. auch 27; 201) setzt sich die folgenden für die Frühförderung relevanten diagnostischen Beobachtungsschwerpunkte:

– Schreien und Weinen (normales Weinen, mehr Schreien als Weinen, Anhalten der Luft, Tonstärke),
– Saugen (Saugreflex, willentliches Saugen, Position beim Saugen, Füttern),
– Schlucken (in welcher Position, willkürlich, unwillkürlich, welche Form der Nahrung),
– Beißen (Beißreflexe, Öffnen und Schließen des Mundes in verschiedenen Positionen, Verfolgen von Gegenständen mit den Augen),
– Kauen (Kaureflex, Kauen in verschiedenen Positionen),
– Zunge (Zungenbewegungen, Zungenreflex, Beweglichkeit der Lippen),
– Stimme (Stimmstärke, Wechseln der Tonhöhe usw.),
– Sprache (Sprachentwicklung, Sprachverständnis, Spasmen beim Sprechen, Dysarthrie, Anarthrie, Grimassieren, Speichelfluß).

Das *Schema zur Untersuchung der Mimik* nach GOLDSCHMIDT (27; vgl. auch 201) setzt sich die folgenden Beobachtungsschwerpunkte:

– Reflexe der Gesichtsnerven,
– körperliche Haltung (passiv, aufmerksam),
– gefühlsmäßige Nachahmung (gezwungenes Schreien, gezwungenes Lachen),
– automatische Nachahmung (starres Lachen, willentliches Lachen, Lippenbewegungen),
– willentliche Nachahmung (imitieren, willentliche Lippenbewegungen, Diadochokinese der Lippen beim Sprechen).

Diese beiden Schemata zeigen deutlich, in welcher Weise die Anbahnung einer gesunden Sprachentwicklung von der Funktion der Sprechwerkzeuge und der Atmungsorgane, wie sie auch für die Nahrungsaufnahme eingesetzt werden müssen, abhängt und daß für den Erwerb aller Funktionen – Atmung, Sprache, Stimme und Nahrungsaufnahme – der Abbau frühkindlicher Reflexe unerläßlich ist.

Hier wird auch die spezifische Kompetenz logopädischer Diagnostik deutlich mit ihrer Aufgabenstellung in der Beobachtung der Entwicklung des frühkindlichen Reflexverhaltens, des Vorhandenseins oraler Reflexe und Reaktionen, des rechtzeitigen Abbaus oder des Persistierens und der Beobachtung der oralen taktilen Sensibilität (manchmal herabgesetzt, meistens gesteigert).

Die derzeit aktuellen Aufgaben der Logopädin in der Frühförderung hat G. LEINWEBER (1990 Vorsitzende des hessischen Logopädenverbandes) als „Therapie in der Frühphase der Sprachentwicklung und im vorsprachlichen Bereich" bezeichnet.

Sie bestätigt die oben aufgeführten Beobachtungsschwerpunkte und betont dazu, daß sich die logopädische Behandlung im frühen vorsprachlichen Stadium nicht nur auf den Mundbereich, sondern auch auf die Beobachtung des gesamten Kindes konzentrieren müsse: „ . . . Wie ist die gesamte Körperhaltung? . . . Sind isolierte Bewegungen möglich? . . . Reagiert die Mutter sofort auf das Kind, oder muß das Kind versuchen, seine Bedürfnisse zu verbalisieren?"

Die Beobachtung von Mund- und Sprachbereich und Bewegungsreaktionen des Körpers sollte verknüpft werden, und es bedarf neben der Beobachtung der Lagerungen (wie Liegen, Bauchlage, Sitzen) nach LEINWEBER aber auch besonders der Beachtung, auf welche Weise ein Kind seine Sprache einsetzt oder einsetzen möchte.

Eine weinerliche Sprache, Sprachverweigerung und „sinnloses 'Drauflosplappern' oder ständiges Wiederholen (Echolalie) gehören zu einem auffälligen Sprachverhalten" (82, S. 76–79).

Ausschlaggebend für die Effektivität logopädischer Befunderhebung bei Säuglingen ist aber immer ihre gründliche Wiederholung in kurzen Abständen.

2.2.3 Methodik der Befunderhebung zur Mundtherapie nach Bobath

In der Therapie funktioneller Störungen des Mund- und Gesichtsbereiches ist das Konzept der *Mundtherapie* nach BOBATH im Rahmen der frühkindlichen Entwicklungsförderung und -rehabilitation anerkannt und weit verbreitet.

In der praktischen Anwendung ist es ebenso in beschäftigungstherapeutische, in einzelnen Anteilen auch in heil- und frühpädagogische Aufgabenstellungen integriert.

Aufgrund der engen Verbindung mit dem kindlichen Spracherwerb ist es aber doch schwerpunktmäßig der Logopädie zuzuordnen.

Auch dieser Behandlungsansatz geht von der Feststellung aus, daß sich Störungen, die therapeutisch eine Gesamtbeeinflussung der neurologischen Pathologie mit neurofunktioneller krankengymnastischer Therapie (Behandlung auf neurofunktioneller Grundlage nach BOBATH) erfordern, sehr oft auch als sensomotorische Auffälligkeiten und Beeinträchtigungen im Mundbereich des Kindes zeigen (vgl. II 2.2.2: „Methodik der Befunderhebung bei zerebral bewegungsgestörten Säuglingen und Kleinkindern").

Für die Befunderhebung ist zu beachten, daß sich die Auffälligkeiten als *orofaziale Störungen* in Eß- und Trinkschwierigkeiten, Kau-, Schluck- und Sprechstörungen, mangelndem Kiefer- und Lippenschluß, Speichelfluß und ähnlichen Symptomen äußern, später kommen oft Zahnstellungs- und Bißanomalien hinzu.

Der enge Zusammenhang zwischen der Sprechentwicklung und der Mundfunktion, der sich im ersten Lebensjahr schon in Trink- und Eßschwierigkeiten zeigt, führt unbehandelt im Kleinkind-, Vorschul- und dann im Schulalter nicht nur zu einer verzögerten Sprachentwicklung, sondern vor allem zu einer Retardierung in der expressiven Sprache im Verhältnis zum Sprachverständnis (vgl. 119; 111; 112; 128; 129).

LIMBROCK und WIRTH weisen darauf hin, daß solche Störungen in der Frühdiagnostik und -therapie oft vernachlässigt werden, „teils weil andere Anliegen alle therapeutischen Anstrengungen absorbieren, teils wegen schlechter Erfahrungen mit der Mund-Therapie durch unzureichend ausgebildete Therapeuten". Sie machen auf „frühe Anzeichen von Eß-, Trink- und Sprechproblemen" aufmerksam und beschreiben „den Zusammenhang zwischen Körperhaltung, Tonus und orofazialen Funktionen" (119, S. 168).

Die gezielte Bobath-Behandlung, funktionell-kinesiologischen Kriterien folgend, kann bei allen frühen sensomotorischen Störungen im Mundbereich angewendet werden, vorwiegend bei zerebral bewegungsgestörten Kindern, Kindern mit Down-Syndrom und Kindern mit Symptomen nach erworbenen Hirnschäden oder angeborenen Syndromen.

Entscheidend für Indikation und Kontraindikation ist immer *der funktionelle Befund im Mund- und Gesichtsbereich.* Die Befundaufnahme zur Mundtherapie nach BOBATH beschreibt zunächst ausführlich die gestörten Funktionen des Körpers und des Mund-Gesichts-Bereiches. Diese werden dann – während der Behandlung – immer wieder überprüft.

Kriterien zur Befundaufnahme in Anlehnung an LIMBROCK und WIRTH (119):

– Trinken und Essen,
– Überprüfung der „Rumpfkontrolle" und der „Kopfkontrolle" in verschiedenen Haltungen,
– Unterscheidung der physiologischen und der pathologischen Mundfunktionen und ihre Überprüfung,
– Beobachtung der Zusammenhänge zwischen Körperhaltung und Mundfunktion, insbesondere zwischen Kopfreklination und Kieferöffnung,
– Beobachtung des Mundschlusses, auch in Abhängigkeit von der Körperhaltung,
– Beobachtung von Spontanhaltung, Tonus, Aktivität der Ober- und Unterlippe, auch beim Sprechen, Trinken und Essen,
– Beobachtung der Mund- und Nasenatmung,
– Speichelfluß,
– Empfindlichkeit auf Berührung im Mundbereich,
– Bewegungsmuster der Zunge.

Das anhand der Befundaufnahme auszuarbeitende Therapiekonzept nach BOBATH besteht dann im einzelnen aus individuellen Hilfen zum Essen und Trinken, aus praktischen Hinweisen für den Umgang mit dem Kind, aus neurophysiologisch ausgerichteten, genau festgelegten Ausgangspositionen beim Füttern, Sitzen und Handhaben (z. B. Hilfen zum Mundschluß, zur Hemmung und Bahnung reflektorischer und willkürlicher Mundbewegungsabläufe) und letztendlich aus methodisch genau festgelegten Hilfen zur Sprachanbahnung und zur Korrektur von Sprachstörungen.

2.2.4 Methodik der Befunderhebung zur orofazialen Regulationstherapie

Die *sprachvorbereitende Therapie und mundmotorische Stimulationstherapie* nach CASTILLO-MORALES wurde zunächst für die gestörten Mund- und Gesichtsfunktionen der Kinder mit Down-Syndrom entwickelt. Inzwischen modifiziert, wird sie verbreitet auch für alle sensomotorischen Störungen mit entsprechender orofazialer Pathologie angewendet (vgl. 119).

Die orofaziale Regulationstherapie muß immer von einer krankengymnastischen Behandlung des ganzen Körpers begleitet werden. Die grundlegenden Aspekte sind die gleichen, die CASTILLO-MORALES (39) für die Behandlung hypotoner sensomotorischer Störungen bei Kindern durch die von ihm konzipierte „neuromotorische Entwicklungstherapie" herausgestellt hat in einem Konzept, das auch in die bewegungstherapeutische und heilpädagogische Praxis Eingang gefunden hat (vgl. 118; 119).

Zum oben beschriebenen mundmotorischen BOBATH-Konzept steht die Methode nach CASTILLO-MORALES nicht im Widerspruch; beide Konzepte können sich vielmehr gegenseitig ergänzen: Da auch in der Therapie nach CASTILLO-MORALES pathologische Bewegungsmuster gehemmt, die erwünschten Muster gebahnt werden und eine falsche Haltung im Umgang mit dem Kind (beim Essen und Trinken) zu wesentlichen Verschlechterungen der Mundfunktionen führen können, sind Hilfen nach dem BOBATH-Konzept eine notwendige Basis und oftmals eine Vorbereitung zur orofazialen Regulationstherapie.

Die *orofaziale Regulationstherapie,* auch Stimulationstherapie genannt, eignet sich für die Behandlung von Störungen im Bereich des Gesichtes, des Mundes und des Rachens und besonders für die Beeinflussung von Kau-, Schluck- und Sprechstörungen. Sie besteht aus zwei aufeinander abgestimmten Behandlungskonzepten, die die neuromuskulären Elemente, die den orofazialen Komplex bilden, funktionell beeinflussen und damit auch indirekt Einfluß z. B. auf das Wachstum des Ober- und Unterkiefers und später auch auf eine korrekte Stellung und Okklusion der Zähne nehmen.

Diese beiden Konzepte sind

– die sensomotorische Übungsbehandlung (als Vorbereitung der Muskulatur für die Funktion des Essens, Trinkens und Sprechens zur Verbesserung der sensomotorischen Bewegungsabläufe und zur Beeinflussung der Atmung, z. B. durch isolierte und kombinierte Stimulation einzelner Zonen im Gesicht unter inhibierenden oder fazilitierenden Ausgangsstellungen und auf die jeweilige Symptomatik abgestimmt),

– die Gaumenplatte (als Ergänzung der Therapie und nicht für alle Kinder geeignet. Durch Stimulationsknöpfe, die je nach Symptomatik an unterschiedlichen Stellen angebracht sind und einen Fremdkörperreiz ausüben, werden fehlende sensomotorische Bewegungsabläufe fazilitiert, modifiziert oder pathologische Bewegungsmuster inhibiert und physiologische Bewegungsmuster angebahnt).

Der Therapie geht die funktionelle Befunderhebung voraus. Sie deckt sich im wesentlichen mit den auch für die BOBATH-Therapie grundsätzlichen Kriterien.

Die einzelnen Untersuchungsschritte

Der Indikation für ein bestimmtes Behandlungsprogramm gehen die einzelnen *Untersuchungsschritte* voraus.

Sie umfassen die allgemeine Beobachtung des Kindes (allgemeine Körperhaltung), und die spezielle Beobachtung des orofazialen Bereiches (Atmung, Muskulatur, Lippen, Zunge, harter Gaumen, Gaumensegel, Zahnung, Biß, Unterkiefer, Oberkiefer, Kiefergelenk). Weitere Beobachtungen (Nahrungsaufnahme, Saugen, Schlucken, Beißen, Kauen usw.) und die Beobachtung des Zusammenspiels der oben genannten Funktionen kommen hinzu.

Die ergänzenden Kriterien

Von besonderer Bedeutung sind die nachfolgenden Kriterien, die bei der befunderhebenden Beobachtung gegenüber der BOBATH-Befundaufnahme eine Ergänzung darstellen:

- Mimik und Lippenaktivität,
- Beweglichkeit der Zunge,
- Lippen- und Zungenaktivität bei der Nahrungsaufnahme,
- Kieferanomalien und Zahnfehlstellungen, Gaumenform,
- Konsonantenbildung in den verschiedenen Artikulationszonen und die gestörte Aussprache darin (119, S. 176 u. 177).

Von CASTILLO-MORALES wurde dazu ein ausführlicher *Untersuchungsbogen* veröffentlicht und seitdem weiterentwickelt (vgl. 39; 118; 119):

Untersuchungsbogen zum orofazialen Befund nach CASTILLO-MORALES (Zerebralparese und andere zerebrale Läsionen und Syndrome). Stand: 1. 9. 1986.

1. Anamnese,
2. Schwere des Befundes (mentale Entwicklung, evtl. Verhaltensbeobachtungen oder psychologischer Test, Stand der Fortbewegung, Ernährungszustand, Länge, Gewicht, Kopfumfang, spontan eingenommene, habituelle und therapeutisch korrigierte Körperhaltung),
3. Kooperation des Kindes und der Eltern,
4. Gesicht (äußere Auffälligkeiten, Mimik, Tonus der mimischen Muskulatur, Kaumuskulatur, Wangen, Speichelfluß).
5. Mund (Lippen, Zunge, Kiefer und Zähne, Gaumen),
6. Sensibilität,
7. Nahrungsaufnahme,
8. Atmung,
9. Stimme,

10. Sprache,
11. Hautprobleme im Mundbereich.

Erläuterung: Der Untersuchungsbogen wird von Logopäden, Krankengymnasten, Zahnärzten und Kieferorthopäden ausgefüllt. Es ist auch hierbei auf die Bedeutung einer interdisziplinären Zusammenarbeit zu verweisen, dergestalt, daß nicht ein Untersucher den ganzen Bogen ausfüllt, sondern sich die verschiedenen Fachkräfte je nach ihrem Fachgebiet daran beteiligen. (Informationen hierzu durch das Kinderzentrum München, Heiglhofstraße 63, 81377 München.)

2.3 Die ergotherapeutische Befunderhebung

Ergotherapeuten (Syn. Beschäftigungs- und Arbeitstherapeuten) behandeln mit Einzel- und Gruppentherapie in vielen Bereichen der Medizin, in der Kinderarbeit vorwiegend in der Neurologie, Psychiatrie, Pädiatrie, Orthopädie, Unfallchirurgie, Traumatologie und Psychosomatik. Ihre Heilmaßnahmen haben als „Ergotherapie" (Überbegriff und internationale Berufsbezeichnung) ihren festen Stellenwert im Rahmen ärztlich verordneter Heil- und Hilfsmittel zur Therapie und Rehabilitation.

Die ergotherapeutische Behandlung soll dazu dienen, „die Wiederherstellung oder erstmalige Herstellung verlorengegangener oder verzögerter Funktionen und Fähigkeiten von Körper, Seele und Geist zu fördern. Sie soll den bestmöglichen Einsatz dieser Funktionen und Funktionsabläufe erreichen, um den gesamten Menschen am Leben in seinem umfassendsten Sinne teilhaben zu lassen" (210).

Das Ziel der Ergotherapie in der Frühförderung ist die Befähigung eines Kindes zur Ausübung möglichst selbständiger alltäglicher Verrichtungen.

Der Behandlung geht die spezielle *ergotherapeutische Befunderhebung* voraus. Sie schließt die sogenannte „ET-Differentialdiagnose" ein, und sie bleibt auch nach der Erstellung eines Behandlungsplanes eng mit der fortlaufenden Behandlung verbunden.

Die Behandlung beinhaltet fachspezifische Behandlungsverfahren und Beratung der Patienten oder ihrer Angehörigen (Eltern behandlungsbedürftiger Kinder) und die Adaptationen, Herstellung und Erprobung von Hilfsmitteln, wie z. B. Schienen. Ziel der Therapie ist in allen Bereichen die Verbesserung des Krankheitsbildes und die Vermeidung von Folgeschäden.

Die speziellen Tätigkeitsfelder bzw. Anwendungsweisen in der Ergotherapie mit Kindern sind die ergotherapeutische Ganzbehandlung, die ergotherapeutische funktionelle Übungsbehandlung, die ergotherapeutische Integrationstherapie und die ergotherapeutische Behandlung auf neurophysiologischer Grundlage (Kurzbeschreibung im folgenden). Des weiteren dient eine ergotherapeutische Gestaltungstherapie zum Teil der Differentialdiagnostik und wird besonders bei psychischen und psychosomatischen Erkrankungen (selten bei Kindern, häufiger im Jugendalter) mit gezielt eingesetzter gestaltender Tätigkeit und angeleitetem Gestalten mit Hilfe vielfältiger Materialien angewendet (210).

Inhalte einer Therapie sind vor allem funktionelle und neurophysiologische Behandlungen, handling (Anleitung zum handling), Mund- und Eßtherapie, Selbsthilfetraining (unter Einbeziehung neurophysiologischer Bedingungen), Anpassen und Herstellen von Hilfsmitteln und die Behandlung von Wahrnehmungsstörungen (vgl. 82).

Das Medium für alle Behandlungsformen ist – dem kindlichen Bedürfnis angepaßt – das *Spiel*.

Die beschäftigungstherapeutische Behandlung psychomotorischer Störungen im frühen Kindesalter ergänzt die krankengymnastische und die logopädische Therapie. In der interdisziplinären therapeutischen Teamarbeit und bei einer Vielzahl von Aufgabenstellungen ist die Berührung so eng, daß – wie bei der speziellen Mund-, Eß- und Trinktherapie – eine Abgrenzung differenzierter Aufgabenfelder kaum mehr möglich ist.

Auch zur heilpädagogischen Übungsbehandlung durch Früh- und Heilpädagogen ist aufgrund der ganzheitlichen Ausrichtung mit der Beeinflussung aller kindlichen Wahrnehmunsgbereiche eine enge Beziehung zwischen therapeutischen und pädagogischen Interventionen gegeben, die neben der Abgrenzung der therapeutischen von erzieherischen Aspekten auch eine gute Möglichkeit der Ergänzung und eine planvolle therapeutisch-pädagogische Zusammenarbeit anbietet.

Zur Behandlung der kindlichen Störungen geht die beschäftigungstherapeutische Befunderhebung den folgenden Behandlungsverfahren – je nach Indikation – voraus:

Die Befunderhebung zur beschäftigungstherapeutischen (ergotherapeutischen) Ganzbehandlung erfolgt

– bei Krankheitsbildern mit Störungen oder Einschränkungen des motorischen (feinmotorischen) Bewegungsablaufes, der Wahrnehmung, der Sinnesfunktion, des Antriebes oder der Affektivität zur Übung und Verbesserung der eingeschränkten oder verlorengegangenen Funktionen. Die Therapie bedient sich handwerklich-gestalterischer Techniken, die das Kind ganzheitlich ansprechen und ihm die Integration der behinderten Bereiche in die Gesamtpersönlichkeit wieder ermöglichen.

Die Befunderhebung zur beschäftigungstherapeutischen (ergotherapeutischen) funktionellen Übungsbehandlung erfolgt

– bei Krankheitsbildern und Behinderungsformen mit relativ isoliert auftretenden Ausfallserscheinungen in einem Sinnesbereich oder einer motorischen Funktion. Durch Einsatz funktioneller Übungsgeräte oder handwerklich-kreativer Techniken sollen einzelne Funktionen geübt werden (z. B. Funktionsschulung der Arme und der Hände), und bei spezieller Indikation wird ein Prothesentraining durchgeführt, oder andere Hilfsmittel werden hergestellt, adaptiert und erprobt.

Die Befunderhebung zur beschäftigungstherapeutischen (ergotherapeutischen) Integrationstherapie ist angezeigt

– bei Retardierungen und Ausfallserscheinungen in Wahrnehmung, Sprache, Motorik und Sozialverhalten. Aufbauend auf der funktionellen Entwicklungsdiagnostik, soll durch Einsatz von Spielmaterial (handelsüblichem, adaptiertem und speziellem Material) und unter Benutzung spezieller Testverfahren und Übungsprogramme (z. B. nach FROSTIG, AFFOLTER, AYRES u. a.) die kindliche Entwicklung stufenweise nachvollzogen werden. Bei Störungen der Tiefensensibilität oder der Oberflächensensibilität, des Geruchs-, Geschmacks-, Gehörsinnes und der Integration dieser verschiedenen Funktionen werden in der Behandlung Hilfen bei der Reizverarbeitung und Integration dieser Reize gegeben.

Die Befunderhebung zur beschäftigungstherapeutischen (ergotherapeutischen) Behandlung auf neurophysiologischer Grundlage ist Voraussetzung zur Therapie

– bei frühkindlichen zerebralen Bewegungsstörungen, bei sonstigen Dysfunktionssyndromen oder nach Hirntraumen zur Hemmung pathologischer Bewegungsmuster und Bahnung normaler Funktionen. Insbesondere ist es eine beschäftigungstherapeutische Aufgabe, Kindern zu helfen, die so erworbenen Fähigkeiten – es sind dies vor allem die manuellen, feinmotorischen und graphomotorischen Fähigkeiten – in alltägliche Handlungen umzusetzen und in Alltagstätigkeiten sinnvoll einzubeziehen (210).

Zur Durchführung einer Behandlung nach spezifischen Methoden wie BOBATH, DOMAN-DELACTO, KIPHARD, PREKOP oder AYRES (vergleiche die entsprechenden Kapitel dieses Buches) ist eine zusätzliche berufliche Qualifikation (Weiterbildung) erforderlich, und die Befunderhebung umfaßt dann zusätzliche Kriterien.

Ergotherapie in der Entwicklungsrehabilitation

Als besondere beschäftigungstherapeutische Form soll hier der ergotherapeutische Ansatz des Münchener Kinderzentrums, einer Einrichtung der Sozialpädiatrie zur Entwicklungsrehabilitation, erwähnt werden. Nach HELLBRÜGGE sieht er eine ganzheitliche Förderung vor für das mehrfach, körperlich, geistig oder seelisch behinderte Kind, das in einzelnen oder mehreren Funktionsbereichen retardiert ist.

Die Therapie basiert auf einer umfassenden *medizinisch-psychologischen Diagnostik* und wird aufgrund einer *speziellen Analyse durch die Beschäftigungstherapeutin*, die eng mit der krankengymnastischen Befunderhebung verbunden ist, aufgebaut und durchgeführt.

Sie wird als spezielle *Entwicklungstherapie* für das Säuglings- und Kleinkindalter (bei schwerbehinderten Kindern bis zum Schulalter), als Feinmotorik- und Perzeptionsbehandlung bei Kindern mit Teilleistungsstörungen und visuomotorischen Problemen, als klinische Ergotherapie vorwiegend nach verhaltenstherapeutischen Prinzipien oder als schulische Ergotherapie bei Konzentrations-, Wahrnehmungs-, fein- und grobmotorischen Störungen und bei Dyspraxie verstanden und durchgeführt.

Basierend auf der „*Münchener Funktionellen Entwicklungsdiagnostik*" (Beschreibung unter II 7.3.4.1: „Entwicklungs(früh)diagnostische Verfahren zur sensomotorischen Förderung"), wird sie in enger Zusammenarbeit mit Psychologen und *Montessori-Pädagogen* praktiziert und strebt über ein gezieltes spielerisches Angebot und den Aufbau einzelner Funktionen eine Gesamtentwicklungsförderung an. Neben variablem Material (Spielzeug, Gegenstände aus dem Alltagsbereich, spezielle Hilfsmittel und Materialien im Bereich des Selbsthilfetrainings, Montessori-Material und gestalterischen Materialien) wird vor allem Gewicht auf psychomotorische Übungen und Übungen aus der sensorischen Integrationstherapie in spielerischer Form, auf taktile Sensibilisierung und Entspannungsübungen gelegt.

In der Befunderhebung zur Förderung der Feinmotorik im Umgang mit verschiedenen Werkmaterialien sollen zugleich Handlungsplanung und -ausführung ermittelt, festgelegt und angebahnt werden (vgl. 79; 75).

2.3.1 Aufbau des ergotherapeutischen Befundes

Die fachtherapeutische Befunderhebung in der Beschäftigungstherapie erfolgt auf ärztliche Verordnung hin und setzt, sehr parallel zu den Grundlagenkenntnissen zur krankengymnastischen Befundaufnahme, fachkompetentes Wissen aus dem eigenen Fachgebiet, aber auch Vorkenntnisse aus verwandten Disziplinen voraus.

Als Schwerpunkte sind hierbei folgende Wissensvoraussetzungen zu nennen, die für die Arbeit mit Kindern besonders bedeutsam sind:
– Kenntnis der Beziehungen zwischen motorischer und sensorischer Entwicklung unter besonderer Berücksichtigung der taktil-kinästhetischen Entwicklungsvorgänge, der Wahrnehmungs- und Perzeptionsentwicklung und im Zusammenhang damit über die Entwicklung intellektueller Fähigkeiten,
– Kenntnis über manuelle, feinmotorische und koordinative Entwicklungsgesetzmäßigkeiten,
– Kenntnis über die Entwicklung der Selbständigkeit und der Fertigkeiten zur Bewältigung von Alltagsverrichtungen,
– Kenntnis der Greifentwicklung, der Entwicklung der Lateralität und der graphomotorischen Fähigkeiten,
– Kenntnis der kindlichen Spielentwicklung, psychologische Grundkenntnisse z. B. über Nachahmungs- und Lernprozesse; entwicklungspsychologische Grundlagen (Entwicklungsmodell nach PIAGET u. a.),
– Kenntnisse über orthopädische Hilfsmittelversorgung,
– Beherrschung handwerklich-praktischer Fertigkeiten.

Auch die ergotherapeutische Befunderhebung folgt einer Systematik und wird mit einer umfassenden Information über ärztliche und andere fachtherapeutische, gegebenenfalls pädagogische und psychologische Befunde, eingeleitet.

Der erste Befund als Grundlage zur Erstellung eines Behandlungsplanes entsteht dann aus den vorliegenden Ergebnissen, aus den elterlichen Angaben, Berichten und Erzählungen, aus den Eindrücken in einer gezielten Verhaltens- und Spielbeobachtung und aus den Ergebnissen einer exakten Funktionsdiagnose. Dabei ist die Einbeziehung entwicklungsdiagnostischer Testverfahren möglich.

Das kindliche Spielen

Der vorrangige Stellenwert einer intensiven und besonderen Beobachtung des kindlichen Spielens beim Aufbau des Befundes entspricht der „beschäftigungs"-spezifischen Aufgabenstellung: Es werden jedoch nicht nur manuelle und feinmotorische Fähigkeiten „spielerisch" untersucht, sondern es wird auch eine Beurteilung der Entwicklung des Kindes in den verschiedenen Entwicklungsbereichen (taktil-kinästhetisch, visuell und akustisch, Vorstellungs- und Begriffsvermögen) mit Hilfe der Gestaltungsmöglichkeiten ausgewählter Spielmaterialien eingeleitet.

Schwerpunkte sind dabei
- Anregung zum natürlichen Spiel,
- Üben und Einschleifen bestimmter Bewegungsmuster und komplexer Bewegungsvorgänge,
- Selbsthilfetraining,
- Erarbeiten von Körpervorstellung, Begriffen und Umweltbeziehung,
- Herstellen von kleineren Hilfsmitteln und der Umgang damit.

Das zur Befunderhebung verwendete Material ist vielfältig und variabel und umfaßt pädagogische Spiel- und Übungsmaterialien, handelsübliche Spiele, Bewegungsspiele, handwerkliches oder gestalterisches Material und vieles mehr.

Auch die ergotherapeutische Befundaufnahme orientiert sich mit den beim Kind zu erwartenden phasengerechten Qualitäten einer perzeptiven Leistung am Aufbau und Ablauf der allgemeinen motorischen und sensomotorischen Entwicklung (210; 82; 156).

2.3.2 Methodik der Befunderhebung bei sensomotorischen und feinmotorischen Störungen

Die beschäftigungstherapeutische Untersuchung eines sensomotorisch gestörten Kindes ist zunächst auf die Angaben der Eltern angewiesen, denn sie sind es, die alltäglich mit ihrem Kind umgehen. Sie soll alle motorischen Fähigkeiten und Fehlleistungen erfassen, auch Erhebungen über Fähigkeiten und Probleme zum praktischen Alltag beinhalten, und zwar unter besonderer Berücksichtigung der *feinmotorischen (handmotorischen) Fähigkeiten* und der kindlichen *Wahrnehmungsentwicklung*.

Es müssen insbesondere folgende Beobachtungen in den Befund aufgenommen werden (vgl. RATHKE und KNUPFER [156]):

1. Beobachtung und Beurteilung der motorischen Funktionen, möglichst in Verbindung mit der krankengymnastischen Befunderhebung. Sie umfassen auch die Fähigkeiten zu Verrichtungen an sich selbst und die Auswirkungen auf die Alltagsgestaltung. Wichtig sind
   - die Beurteilung der Kopfkontrolle und die Beobachtung, unter welchen Bedingungen diese vielleicht schwierig wird oder verlorengeht,
   - die Überprüfung der Sitzfähigkeiten. Hier geht es im besonderen um die Frage, ob und in welcher Position das Kind frei oder mit Hilfe sitzen kann.

2. Erfassung der möglichen Ausgangsstellungen für Bewegungsfähigkeiten (Positionen) unter besonderer Berücksichtigung der Greifentwicklung. Beobachtet werden

- mögliche Greifqualitäten unter Beachtung der motorischen Entwicklungsphasen,
- das Greifen nach dargebotenen Gegenständen (in Rücken-, Bauch-, Seitenlage, Sitzhaltung usw. – welche Ausgangsstellung ist günstig für das Greifen, welche unmöglich?),
- das Wahrnehmen und Verfolgen mit den Augen,
- die Hand-Augen-Koordination, Hand-Augen-Mund-Koordination,
- Wechsel der Blickrichtung, Ausdehnung der Bewegungsexkursionen von Armen und Händen, Prüfung von Ergreifen, Festhalten und Loslassen, von Wechseln des Spielzeugs von einer Hand in die andere,
- Beugung und Streckung der Langfinger, Pronation und Supination des Unterarmes; Fähigkeit des Daumens zum Loslassen und Zugreifen, Oppositionsfähigkeit des Daumens.

3. Fähigkeit richtiger Armbewegungen, dabei besonders
   - die Prüfung der Bewegungen im Schultergelenk, Ellbogen- und Handgelenk,
   - die Prüfung eventueller pathologischer (oder reflexhafter) Bewegungsabläufe an Hand und Arm.

4. Manuelle Reifung (die Stützfunktion auf den Ellbogen bedeutet eine phasengleiche Parallele zur Arm- und Handfunktion).
   Schwerpunkte hierbei sind
   - die Prüfung der Fähigkeit, sich auf die Ellbogen abzustützen,
   - die Prüfung der Stützfunktionen in Pronations- und Supinationsstellung der Arme,
   - die Prüfung eventueller unkoordinierter Mitbewegungen des Kopfes, der Extremitäten, des Rumpfes.

5. Stützfunktion auf den Händen (sie gibt wesentliche indirekte Hinweise für den Entwicklungsstand und die Ausreifung von manuellen Leistungen). Hierzu gehören
   - die Prüfung sicherer ausgereifter Stützfunktionen auf den Händen, auch gegen Widerstand (Unterscheidung eines Entwicklungsrückstandes oder pathologischer Reaktionen bei unsicherem Abstützen),
   - die Beurteilung der Belastungsfähigkeit der ulnaren Handseite und der Dorsalflexion der Hände (Beobachtung eines eventuellen störenden Einflusses bei spastischer Pronation),
   - die Beobachtung der Sicherheit der Körperhaltung des Kindes bei Arm- und Handbewegungen.

6. Greifqualitäten: Der Entwicklungsgrad der Greifqualitäten ist besonders zu prüfen (phasengleicher Drang zum Hantieren und die Entwick-

lung differenzierter Greiffunktionen gehören zur gesunden motorischen Entwicklung), vor allem
- Pronation und Supination des Unterarmes und der Hand,
- manuelle Tätigkeiten (Fehlhaltung im Handgelenk),
- altersgemäßer Griff (entsprechend den Phasen der kindlichen Greifentwicklung).

7. Überprüfung der Lateralitätsentwicklung unter besonderer Berücksichtigung der Händigkeitsentwicklung (sichere Feststellung der Händigkeit nach dem 30. bis 36. Lebensmonat) mittels
   - Fragen nach der Händigkeit der Familienmitglieder,
   - Beobachtung der Verhaltensgewohnheiten des Kindes (Beanspruchung der Hand beim Essen oder Daumenlutschen),
   - Fragen nach den Eßgewohnheiten des Kindes (Essen mit Hilfe, selbständiges Essen),
   - Beobachtung der Handbenutzung beim Malen, Kritzeln, Schreiben, der Fingerfertigkeiten, der allgemeinen Geschicklichkeit, des Erfassens eines Gegenstandes (rechts, links), der Vollendung einer Bewegung, des Auffangens eines Balles, der täglichen Handgriffe usw.

8. Beobachtung und Beurteilung der Wahrnehmungs- und Perzeptionsentwicklung in allen Bereichen, insbesondere des Tastvermögens und der Hör- und Sehfähigkeit.

9. Überprüfung der visuell-motorischen Entwicklung (Beachtung möglicher visuell-motorischer Störungen [z. B. der Dyslexie] und struktureller Perzeptionsstörungen).

10. Prüfung sprachlicher und mundmotorischer Fähigkeiten, analog oder in Verbindung mit der logopädischen Befunderhebung.

11. Das Verhalten und die Fertigkeiten des Kindes beim Spielen. Hierbei geht es um
    - die Feststellung sensomotorischer Probleme beim Spielen,
    - Spielgestaltung, Geschicklichkeit, Vorstellungskraft und Kommunikation beim Spielen,
    - Begutachtung und Auswahl geeigneter Spielgeräte.

Auch in der beschäftigungstherapeutischen Befunderhebung können Entwicklungstabellen und entwicklungs(früh)diagnostische Verfahren (screenings) benutzt werden.

Häufig angewandte Verfahren – je nach Indikation – sind
- die Münchener Funktionelle Entwicklungsdiagnostik nach HELLBRÜGGE,

- die DENVER-Entwicklungsskalen,
- der MPE-Test nach HOLLE,
- der förderdiagnostische Ansatz zur basalen Stimulation nach FRÖHLICH (Beschreibung unter II 7.3.4: „Die Anwendung heilpädagogischer und pädagogisch-therapeutischer Konzeptionen"),
- der SCSIT (Beschreibung siehe II 5: „Diagnostik sensorischer Integrationsstörungen"),
- der FROSTIG-Entwicklungstest FEW (Beschreibung unter II 2.3.4: „Wahrnehmungs- und Perzeptionsdiagnostik nach FROSTIG"),
- Verfahren zur Handgeschicklichkeit und Wahrnehmungsdiagnostik (vgl. II 3.3: „Motoriktests").

In der ergotherapeutischen Kinderarbeit nimmt seit mehr als 20 Jahren die visuelle Wahrnehmungsförderung nach Marianne FROSTIG einen besonderen Raum ein; in jüngerer Zeit gewann die Betrachtung perzeptiver Lernprozesse nach dem Entwicklungsmodell von AFFOLTER an Bedeutung.

Wegen ihrer Relevanz gerade auch für die Heilpädagogik werden die damit verbundenen diagnostischen Ansätze im folgenden vorgestellt.

2.3.3 Untersuchung der Wahrnehmungsvoraussetzungen nach Affolter

Im AFFOLTER-Konzept der Wahrnehmungsverarbeitung, welchem der Austausch zwischen Umgebung und Individuum als Voraussetzung für Entwicklung und Lernen zugrunde liegt, stellen die *Informationsverarbeitungsprozesse* (Perzeption) einen Schlüsselpunkt dar.

Perzeption umfaßt danach alle Mechanismen, die bei der Weiterleitung von äußeren Eindrücken eingesetzt werden. Verschiedenste sensorische Einflüsse, höhere Organisations- bzw. Speichersysteme und „Wiedererkennungsvorgänge" sind dabei einbezogen (vgl. 5; 3). Ergotherapeutische Möglichkeiten nach dem AFFOLTER-Modell gründen sich auf den entwicklungsentsprechenden Aufbau der Wahrnehmungsleistungen, über die „modale" Stufe (isolierte Betätigung der einzelnen Perzeptionsstufen) und „intermodale" Stufe (Verknüpfung von zwei Perzeptionsbereichen) bis zur höchsten Stufe, der „Serialstufe". Die jeweils untergeordnete Entwicklungsstufe muß sich jedoch ausreichend entwickelt haben, damit sich auch die darauf aufbauende Stufe uneingeschränkt entfalten kann. Kinder bewältigen hinsichtlich der zugrunde liegenden Perzeptionsprozesse solche Aufgaben, die einen bestimmten Entwicklungsstand widerspiegeln. Die Aufgaben im einzelnen entsprechen auch dem PIAGETschen Entwicklungsmodell und sind nach AFFOLTER (5, S. 3 u. 4):

– Lokalisation,
– Objekthandhabung,
– Erkennen funktioneller Signale,
– Erkennen und Nachvollziehen von Ereignissen.

Die Untersuchung von Wahrnehmungsvoraussetzungen nach AFFOLTER geht von einem Verständnis „problemlösender Geschehnisse" als Wurzel der Entwicklung aus und versteht die aufgrund der Befunderhebung eingeleitete Therapie als Informationsvermittlung im Sinne von „Spürinformationen", immer dann, wenn zusammen mit einem Kind ein alltägliches Problem gelöst werden soll, als Ursachen- und nicht Symptombehandlung (4, S. 182–189).

Vergleich und Beobachtung von Kindern

Die *Befunderhebung* basiert auf der Beobachtung gesunder Kinder und dem Vergleich und der Beobachtung von Kindern mit unterschiedlichen Wahrnehmungsstörungen. Es wird nun davon ausgegangen, daß die Ursachen einer Wahrnehmungssymptomatik auch bei seh-, hör- und sprachgestörten Kinder in *fehlenden Perzeptionsvoraussetzungen* zu finden sind.

AFFOLTER betont, daß es sich nicht um ein „Reifungsproblem", nicht um eine Entwicklungsverzögerung handelt, sondern um ein eindeutig „anderes" Verhalten der Kinder (4, S. 185).

Diese „Andersartigkeit" von wahrnehmungsgestörten Kindern (darunter Kinder mit einer Störung der taktil-kinästhetischen Informationsaufnahme, mit einer Störung in der Verbindung von Informationen verschiedener Sinnesbereiche oder mit einer Störung der zeitlich-sukzessiven Information) drückt sich in *drei Bereichen der Entwicklung* aus, die gezielt *zu beobachten* und *zu überprüfen* sind:

– Auffälligkeiten in der Entwicklung von Wahrnehmungsleistungen (Lokalisationsprobleme aufgrund einer unmöglichen Verbindung zwischen Gehörtem und Gesehenem, fehlende taktile Formerkennung, fehlende sukzessive Mustererkennung),

– Unterschiedliche Reihenfolge von Wahrnehmungsleistungen (bei wahrnehmungsgestörten Kindern muß damit gerechnet werden, daß ihre Entwicklungsleistungen nicht in derselben Folge erscheinen wie bei gesunden Kindern – z. B. Nachahmungsleistungen, Sprachentwicklung, Entwicklung von Darstellungen, z. B. beim Zeichnen),

– andersartiges „problemlösendes" Verhalten (betonter Mangel an Aktivitäten zur Informationsgewinnung, zur Hypothesen-Bildung, zum Feedback-Auswerten, Folgerungen-Aufstellen, Entscheidungen-Treffen).

Die Befunderhebung sprachgestörter oder sprachentwicklungsauffälliger Kinder nach AFFOLTER basiert auf der Beobachtung von Zusammenhängen zwischen „sensomotorischen" und Sprachleistungen und der Erkenntnis, daß die Fähigkeit, funktionelle Signale zu erkennen und später dann auch Handlungsabläufe zu erkennen, als Voraussetzung für den Erwerb des Sprechens, insbesondere des Sprachverständnisses angesehen werden muß. Die entsprechende Befunderhebung umfaßt daher folgende *Beobachtungsschwerpunkte* (5, S. 7):

– Manipulation von Gegenständen,
– Erkennen funktioneller Signale,
– Erkennen von Handlungsabläufen,
– Wiederholen von funktionellen Signalen,
– Hilfsmittelgebrauch,
– Durchführung von Handlungsabläufen mit Gegenständen in der Wahrnehmungsreichweite des Kindes,
– Imitieren von Bewegungen,
– Vollführen von Handlungen mit Gegenständen außerhalb der Wahrnehmungsreichweite,
– schöpferische Durchführung von Handlungsabläufen.

2.3.4 Wahrnehmungs- und Perzeptionsdiagnostik nach Frostig

Das im Marianne Frostig Center of Educational Therapie, Los Angeles, entwickelte und erstmals 1964 veröffentlichte *Test- und Therapieprogramm* ist fester Bestandteil beschäftigungstherapeutischer, aber auch heil- und frühpädagogischer Arbeit mit Kindern.

In seinem Mittelpunkt stehen eine differenzierte Diagnostik und eine umfassende Therapie von hirngeschädigten, entwicklungsgestörten, sprachgestörten, emotional gestörten Kindern mit visuellen Perzeptionsstörungen (211, S. 4). Visuelle Perzeptionsstörungen können erfaßt und dann mit Hilfe eines systematisch aufgebauten Programms gezielt behandelt und gefördert werden.

Die gezielte Schulung der visuellen Perzeptionsfähigkeit umfaßt – aufbauend auf der Grundlage des Frostigtests – fünf Einzelbereiche. Grobmotorische Übungen und Übungen zur Schulung der taktilen Perzeption sind als wichtige Ergänzung in das Programm einbezogen. Im einzelnen umfaßt die Förderung (visuelle Wahrnehmungsförderung nach der Übungs- und Beobachtungsfolge von FROSTIG/REINARTZ) Übungen zu Körperwahrnehmung, Körperimago, Körperbegriff und Körperschema, Übungen zur visuomotorischen Koordination, zur Figur-Grund-Wahrnehmung, zur Wahrnehmungskonstanz, Wahrnehmung der Raumlage und zur Wahrnehmung räumlicher Beziehungen (211; 62; 63).

Der FROSTIG-Entwicklungstest der visuellen Wahrnehmung FEW

Der von M. FROSTIG et al. 1961 veröffentliche „Developmental Test of Visual Perception" wurde 1974 von LOCKOWANDT (120) für deutsche Verhältnisse überarbeitet.

In seiner jetzigen Form ist der FROSTIG-Entwicklungstest der visuellen Wahrnehmung für Kinder zwischen vier und acht Jahren genormt, kann aber auch schon für Dreijährige angewendet werden. Er ist das im deutschen Sprachraum bekannteste Diagnoseverfahren zur Ermittlung der visuellen Wahrnehmungsfähigkeit. Besondere Bedeutung kommt ihm vor allem deshalb zu, weil er, durch seine Unterteilung in fünf Subtests, eine differenzierte diagnostische Aussage ermöglicht.

Der FEW prüft

– die visuomotorische Koordination (VM),
– die Figur-Grund-Wahrnehmung (FG),
– die Wahrnehmungskonstanz (WK),
– die Wahrnehmung der Raumlage (RL),
– die Wahrnehmung der räumlichen Beziehungen (RB).

Der Test erhebt nicht den Anspruch, den Gesamtprozeß der visuellen Wahrnehmung zu erfassen. Vielmehr hat M. FROSTIG versucht, jene perzeptiven Funktionen zur Überprüfung in den Test aufzunehmen, die eine besondere Bedeutung für künftige Schulleistungen haben. Dabei betont sie, daß die fünf Subtests isolierte Wahrnehmungsbereiche diagnostizieren, die sich nur geringfügig überschneiden.

Beschreibung der Subtests:

1. Visuomotorische Koordination

Es handelt sich um eine Überprüfung der Augen-Hand-Koordination mit der Fähigkeit, kontinuierliche gerade, kurvige oder winklige Linien zwischen zwei Begrenzungen von unterschiedlicher Weite führen zu können oder Linien von Punkt zu Punkt ohne Leitlinien ziehen zu können.

2. Figur-Grund-Wahrnehmung

Hier wird die Fähigkeit untersucht, Figuren von einem Hintergrund herausheben zu können. Figuren sollen von einem zunehmend komplex gestalteten Hintergrund optisch isoliert werden können, wobei sich überschneidende und „versteckte" geometrische Formen verwendet werden.

3. Wahrnehmungskonstanz

In diesem Subtest wird die Fähigkeit überprüft, eine bestimmte Form (z. B. Quadrate und Kreise) trotz unterschiedlicher Größe, Schattierung und räumlicher Stellung wiederzuerkennen und sie von ähnlichen geometrischen Formen zu unterscheiden.

4. Wahrnehmung der Raumlage

Dieser Test untersucht das Unterscheidungsvermögen für Umkehrung, Lageveränderung und Drehung von Figuren, die in Reihen dargestellt sind. Dabei werden schematische Zeichnungen verwendet, die bekannte Objekte darstellen.

5. Wahrnehmung von räumlichen Beziehungen

Im letzten Untertest wird die Fähigkeit zum Erkennen und Kopieren von Formen und Mustern geprüft, die anhand von Leit- und Orientierungspunkten in ein zweites Feld übertragen werden. Es geht dabei um die Fähigkeit zur Analyse von einfachen Formen und Mustern. Beim Kopieren von Linien in unterschiedlicher Länge und Winkelbildung dienen Punkte dabei als Leitpunkte.

Für jeden Subtest lassen sich gesonderte Rohwerte, Entwicklungsalter und Wertpunkte errechnen. Aus der Addition aller Punkte kann ein Prozentrang ermittelt werden, der die relative Position eines Kindes innerhalb der Rangreihe der Vergleichsgruppe angibt. Die Wertpunkte können in einem Perzeptionsquotienten zusammengefaßt werden (PQ). Der Vergleich von PQ und Intelligenzquotient (IQ) sowie die Analyse der einzelnen Wertpunkte erbringen brauchbare Hinweise über das Ausmaß einer vorliegenden visuellen Perzeptionsstörung; auffällige Abweichungen von IQ und PQ gelten als differentialdiagnostisch besonders beachtenswert.

Neben dem Entwicklungstest können in der beschäftigungstherapeutischen Befunderhebung und Therapie auch ein besonderes Individualprogramm zum Wahrnehmungstraining (63) und eine Übungs- und Beobachtungsfolge für den Elementar- und Primarbereich (64; 160) angewendet werden.

3. Motodiagnostik

Im Rahmen kinderpsychiatrischer Arbeit entwickelte sich in den 60er Jahren die „psychomotorische Bewegung", die in der Bundesrepublik ihren Ausgang von einer von E. J. KIPHARD und H. HÜNNEKENS entwickelten Therapieform, der „psychomotorischen Übungsbehandlung", nahm (vgl. 99; 102; 103; 90).

Nach SCHILLING bestanden (und bestehen noch) ihre wesentlichsten Ziele darin, „gehemmten, erziehungsschwierigen, motorisch und psychisch gestörten Kindern zu geordneter Selbständigkeit, zu Selbstsicherheit und zu einer harmonischen Persönlichkeitsentwicklung zu verhelfen" (172, S. 21).

Es entstanden aus der psychomotorischen Übungsbehandlung die Anwendungsfelder der *Motodiagnostik, Motopädagogik* und *Motherapie*, durch welche mit und durch Bewegung psychische Vorgänge beeinflußt werden und Störungen von Erleben, Wahrnehmen und Handeln gebessert und beseitigt werden sollen (138, S. 27).

Für die Arbeit mit Kindern sind in langsamer, aber kontinuierlicher Entwicklung motodiagnostische Verfahren zur Erfassung des Entwicklungsstandes der Wahrnehmungs- und Bewegungsfunktionen und des psychomotorischen Verhaltens gesunder und entwicklungsgestörter Kinder entstanden. In den 70er Jahren kam es zu einem interdisziplinären Zusammenschluß medizinisch, psychologisch, therapeutisch und pädagogisch-heilpädagogisch orientierter Fachleute im „Aktionskreis Psychomotorik e.V." und in der Folge zur Weiterentwicklung der Psychomotorik und einer wissenschaftlichen Grundlegung.

Die Grundlage zum wissenschaftstheoretischen Ansatz bildet ein Modell der Persönlichkeitsentwicklung, bei dem als ganzheitliches Konzept des Lernens durch Aufnahme neuer Informationen und Modifikation des erworbenen Erfahrungsgutes die sich entwickelnde Persönlichkeit zu mehr Ich-, Sach- und Sozialkompetenz geführt wird (Erwerb von Qualifikationen im Wahrnehmungsbereich, im Bewegungsbereich und im emotional-sozialen Bereich).

NEUHÄUSER nennt als Indikationen für Motodiagnostik, Motopädagogik und Motherapie „körperliche, psychische und psychosomatische Symptome, bei denen der enge Zusammenhang mit einer Beeinträchtigung des psychomotorischen Verhaltens deutlich ist" (138, S. 27), entsprechende Reaktionen werden als Abweichungen im Bewegungsvollzug oder -ausdruck deutlich. In der mototherapeutischen Arbeit gewinnt die Förderung sogenannter „MCD-Kinder" (Kinder mit minimalen zerebralen Dysfunktionen) und die Förderung der Kinder mit „hyperkinetischem Syndrom" zunehmend an Bedeutung.

Mit der Weiterentwicklung der Psychomotorik zu einem neuen Lehr- und Forschungsgebiet „Motologie" (die Lehre von der menschlichen Bewegung) entstanden die neuen Berufsbilder des *Motopäden, Mototherapeuten* und des *Diplom-Motologen*. Die motopädagogisch oder mototherapeutisch tätigen Fachkräfte bemühen sich derzeit um staatliche Anerkennung und Abrechnungszulassung durch die gesetzlichen Krankenkassen.

Einige ihrer Aufgaben haben Berührungspunkte mit dem beruflichen Selbstverständnis der Krankengymnasten, auch der Gymnastiklehrerin, ihre wesentlichen Arbeitsschwerpunkte sind aber doch abgrenzbar.

3.1 Aspekte der Motodiagnostik

Zu einer multidisziplinären Diagnose, die medizinische, psychologische und soziale Bedingungsfaktoren berücksichtigt als Voraussetzung für motopädagogisches und mototherapeutisches Vorgehen, gehört die Anwendung motodiagnostischer Verfahrensweisen, deren Schwerpunkt die Erfassung motorischer Verhaltens- und Leistungsphänomene ist.

Motodiagnostik ist in diesem Sinne zu definieren als ein Teil „angewandter Motologie" mit dem Ziel der Erfassung von Daten der Biographie, der Persönlichkeitsstruktur über Bewegen, Ausdruck, Leistung und Handeln „unter Berücksichtigung theoretischer Annahmen" (Berufsverband der Diplom-Motologinnen und Diplom-Motologen e.V. [21]).

Gegenstand der Motodiagnostik ist die menschliche Motorik. Das diagnostische Vorgehen bezieht sich auf das Bewegungsgesamt des Menschen, und motodiagnostische Befunderhebung wird dementsprechend nach SCHILLING als Anwendung von *Methoden zur quantitativen* (die Leistung betreffend) und *qualitativen Erfassung* (das Verhalten betreffend) *menschlicher Motorik* beschrieben (172). Motorik ist somit Ausdruck der Individualität jedes einzelnen Menschen mit allen denjenigen Bewegungsvollzügen, welche die Auseinandersetzung mit sich selbst, ebenso aber mit der materialen und sozialen Umwelt ermöglichen (22).

Die Motodiagnose hat das Ziel der Veränderung und Beeinflussung im motorischen Verhaltensbereich. Innerhalb der Motologie beschreibt BIELEFELD sie als das Bindeglied „zwischen der Grundlagenebene der Motogenese und Motopathogenese bzw. Motopathologie, von deren Erkenntnissen sie ausgeht, und der Anwendungsebene der Motopädagogik und Mototherapie, auf deren Vollzug sie abzielt" (22, S. 225).

Neben der Beurteilung motorischen Verhaltens durch eine mehr oder weniger strukturierte *Bewegungsbeobachtung* oder verbunden mit ihr können die methodischen Möglichkeiten zum Teil standardisierter und statistisch gesicherter motopädagogischer Erfassung als

- *motometrische* (messende),
- *motoskopische* (das Gesehene beschreibende) und kategorisierende (in einer Checkliste erfassende) und
- *motographische* (fotografische und Videotechniken, pneumatische und elektrische Registrierverfahren)

Untersuchungen oder Verfahren kategorisiert werden (vgl. 172, S. 224; 100, S. 26).

KIPHARD faßt zusammen, daß alle anzuwendenden Verfahren „der Erkennung von Normabweichungen oder Störungen von bestimmten Bewegungsmustern bzw. in bestimmten motorischen Situationen, an denen sich der Proband motorisch anzupassen hat" dienen und im Kindesalter zur „Feststellung leistungsmäßiger (quantitativer) oder verhaltensmäßiger (qualitativer) Rückstände in der sensomotorischen Entwicklung, gemessen am Altersdurchschnitt" angewendet werden (100, S. 26).

Förderungsorientierte Motodiagnostik

Auch in der Motodiagnostik finden derzeit Veränderungen in den grundlegenden Konzepten statt. Während in der Praxis häufig *motometrische* Verfahren verwendet werden, sind diese in den Grundlagen und in ihren Anwendungen unter dem Aspekt der *Förderdiagnostik* in die Kritik geraten.

Für die Auswahl der verschiedenen Methoden zur Feststellung des motorischen Entwicklungsstandes und der Erfassung von Auffälligkeiten und Störungen im Bewegungsverhalten wird der *Prozeßcharakter* der Motodiagnostik und die Notwendigkeit einer *therapiebegleitenden Diagnostik* hervorgehoben.

Neben dem Aufdecken motorischer Defizite und Schwächen sollen auch Hinweise zu deren Behebung gegeben werden: Im Sinne einer *förderungsorientierten Motodiagnostik* sollten motometrische *und* motoskopische Vorgehensweisen ineinandergreifen.

3.2 Motodiagnostische Beobachtung

Die Bewegungsbeobachtung – als eine ursprüngliche Methode der psychologischen, schwerpunktmäßig auch der klinisch-psychologischen und neurologisch-psychiatrischen Diagnostik (vgl. II 4.3: „Verhaltens- und Spielbeobachtung") – hat in der Motodiagnostik das Ziel, den motorischen

Leistungs- und Entwicklungsstand eines Kindes zu ermitteln und auch Bewegungsäußerungen als normal, auffällig oder pathologisch einzuschätzen, um entsprechende qualitative oder quantitative Aussagen machen zu können, die dann als „beobachtetes Verhalten" festgehalten und beschrieben werden können.

Fachlich fundierte Bewegungsbeobachtung – im Kindesalter sehr häufig mit der *Spielbeobachtung* gleichgesetzt oder eng verbunden – setzt daher spezifische Kenntnisse über den zu beobachtenden Menschen (Entwicklung der Individualgenese) und theoretische und praktische Kenntnisse über die normale motorische Entwicklung, über Formen und Symptome der Abweichung und über mit motorischen Veränderungen einhergehende Krankheitsbilder voraus.

Bis heute steht nur eine geringe Zahl nicht immer befriedigender Beobachtungsverfahren zur Verfügung, obgleich die Bedeutung der Beobachtung für die Motodiagnostik inzwischen unumstritten ist. IRMISCHER führt Gründe für deren zögernde Entwicklung an: In der Bewegungsbeobachtung läuft der zu beobachtende Verhaltensstrom oft sehr schnell ab; er hat eine erhebliche Ereignisdichte und soll doch kleinste Details sichtbar machen; die Beobachtung der Bewegung ist oft über lange Zeitstrecken notwendig und ist überaus komplex; manche Beobachtungsanteile (visuell, auditiv) entziehen sich dem Beobachter (91, S. 203).

Im folgenden sind die wichtigsten Formen der Bewegungsbeobachtung, wie sie auch im frühen Kindesalter angewendet werden können, beschrieben:

Die freie (ungebundene) Bewegungsbeobachtung

Mit der freien, auch als „unwissenschaftlich" bezeichneten Beobachtung versucht der Beobachter einen Eindruck vom motorischen Verhalten des Kindes (oder einer Kindergruppe) zu erhalten. Er ist bemüht, Bewegungsmöglichkeiten, -fähigkeiten und -fertigkeiten im Kontext des gesamten psychomotorischen Verhaltens zu sehen und einzuschätzen.

Bei dieser Form der sehr offenen Bewegungsbeobachtung sind Systematisierung und Kontrollierbarkeit des beobachteten Verhaltens begrenzt, und die Gefahr von Beobachtungs- und Beurteilungsfehlern ist immer gegeben. Eine praktische motodiagnostische Hilfe sind audiovisuelle Aufzeichnungen des Gesehenen; mit der schriftlichen Festhaltung durch die Methode der Verhaltensbeschreibung können gewonnene Eindrücke notiert oder in sogenannten *Beobachtungsprotokollbögen* und *Schätzskalen* fixiert werden.

Zu dieser – wegen seiner wissenschaftlichen und praktischen Ungenauigkeit immer wieder kritisierten – Vorgehensweise werden hier zwei Beispiele genannt, die für das Schulalter und in der Verwendung zu Unterrichtszwecken konzipiert wurden, den motodiagnostischen Ansatz aber verdeutlichen und in modifizierter Form (einige ausgewählte Items) auch für das Kleinkind- und Vorschulalter denkbar sind:

Protokollbogen der Bewegungsbeobachtung nach IRMISCHER

In diesem Protokollbogen ist das motorische Gesamtverhalten in drei Bereiche mit jeweils sechs Items unterteilt. Jeder Bereich ist definiert, damit eine Zuordnung des Verhaltens möglich wird und gewonnene Eindrücke als „positive" oder „negative" Ereignisse in einer dafür vorgesehenen Spalte „beobachtetes Verhalten" durch den Beobachter eingetragen werden. Die Beobachtung soll möglichst urteils- und wertfrei beschrieben werden und kann zu einem späteren Zeitpunkt wiederholt werden.

Der 1. Bereich
– Sozialverhalten
 sieht als „Verhaltensereignisse" Interaktionsfähigkeit, Anpassungsfähigkeit, Kommunikationsfähigkeit, Kritikfähigkeit, Verläßlichkeit und soziale Stellung vor.

Der 2. Bereich
– Leistungsverhalten
 sieht die Items Aufgabenverständnis, Konzentration (Ausdauer), Selbständigkeit, Produktivität, Verläßlichkeit, Leistungsbereitschaft vor.

Der 3. Bereich
– Bewegungsverhalten
 sieht die „Verhaltensereignisse" Bewegungsantrieb, Bewegungsplanung, Bewegungsqualität in der Gesamtkörperkoordination, Bewegungsqualität in der Handgeschicklichkeit, Bewegungsquantität in der Gesamtkörperkoordination und Bewegungsquantität in der Handgeschicklichkeit vor (91, S. 206).

Checkliste motorischer Verhaltensweisen (CMV) nach SCHILLING

Mit Hilfe dieser Schätzskala (anwendbar für Kinder zwischen sechs und elf Jahren) soll das gesamte Bewegungsverhalten und das Ausmaß oder einzelne Aspekte kindlicher Motorik eingeschätzt werden.

Vorgesehen ist die Einstufung mit Hilfe einer Beurteilungsskala, die aus einer Zusammenstellung von 78 das psychomotorische Verhalten beschreibenden Eigenschaften besteht (z. B. gewandt – tolpatschig, unharmonisch – geschmeidig, anmutig – schwerfällig, zappelig, plump, tapsig, fahrig, hastig, elegant, zerfahren, federnd, unbeherrscht . . .).

KIPHARD gibt dazu an, daß jedes dieser „nach dem Zufall angeordneten guten und schlechten Bewegungsmerkmale" als „zutreffend oder nicht zutreffend" angekreuzt werden muß. Unter Einsatz einer transparenten Schablone können bewegungsauffällige Kinder erfaßt und aufgrund einer sichtbar gewordenen Symptomatik einem bestimmten Erscheinungsbild psychomotorischer Störung zugeordnet werden (100, S. 45). Die Benutzung der Schätzskala setzt voraus, daß das zu beurteilende Kind schon längere Zeit (in seinem Spiel- und Bewegungsverhalten) beobachtet wurde und soll dann der spezifischen Beurteilung des Verhaltens in ausgewählten Situationen dienen. Die Schätzskala umfaßt acht Dimensionen, denen die durch Beobachtung gewonnenen „Eigenschaften" zuzuordnen sind (174; vgl. 100, S. 45–48; 91, S. 212–215):

– freudige Spontanmotorik,
– beherrschte Motorik,
– anmutige Motorik,
– schwerfällige Motorik,
– enthemmte Motorik,
– gehemmte Motorik,
– überschießende Motorik,
– eckige Motorik.

Checkliste motorischer Schulfähigkeit

Als Hilfe zur Ermittlung der „Schulfähigkeit" eines Kindes hat KIPHARD eine Checkliste vorgeschlagen, „die weniger als diagnostisches Instrumentarium für den Schularzt gedacht ist, sondern vielmehr als eine Bewegungsbestandsaufnahme zur Handhabe in Elternhaus und Kindergarten" (100, S. 38). Mit einem ausgewählten Übungsprogramm, das eine Reihe von Bewegungsaufgaben zu den Bereichen

– Kraft, Schnelligkeit und Gewandtheit,
– Gleichgewicht,
– Werfen und Fangen,
– Hand- und Fingergeschick

umfaßt, ist ein gezieltes Trainingsprogramm zur Förderung der Schulreife möglich, vor allem kann es als *„Bewegungsbestandsaufnahme"* verstanden werden, das in Elternhaus und Kindergarten anzuwenden ist.

KIPHARD weist besonders auf die Möglichkeit der vorbeugenden Maßnahme und der Erfassung bewegungsauffälliger und bewegungsrückständiger Kinder im Vorschulalter hin (100, S. 37–42).

Die strukturierte Bewegungsbeobachtung

Beobachtungsverfahren mit dem Ziel, das zu beobachtende motorische Verhalten besser zu strukturieren, auch besser zu kategorisieren, können als sogenannte „strukturierte" Bewegungsbeobachtung – übernommen aus klinisch-psychologischen Ansätzen – kindliche Verhaltensweisen vergleichbar machen:

In der *Zeitstichprobe* werden genau definierte Verhaltensweisen zu einem festgelegten Zeitpunkt und bei festgelegter Dauer beobachtet. Dadurch, daß der Diagnostiker so auch mittels Stichproben vergleichen kann, kann er einen Überblick über die Häufigkeit und die Art und Weise auffälliger kindlicher Reaktionen gewinnen (z. B. zur Diagnostik pathologischer Bewegungsmuster).

In der *Ereignisstichprobe* sind ausgewählte Situationen vorgegeben, in denen ein bestimmtes motorisches Verhalten des Kindes erwartet wird. Das Situationsangebot kann ungebunden sein (das Kind kann sich beispielsweise mit ihm angebotenem, ausgewähltem Spielzeug so, wie es das gerne möchte, beschäftigen). Bei einem gebundenen Situationsangebot sind die jeweilige Situation und die gewünschte (zu erwartende) Aktion genau vorgegeben.

IRMISCHER führt dazu aus, daß sich ein ungebundenes Situationsangebot vor allem zur Beobachtung motorischen Verhaltens eignet, genau vorgegebenes Situationsangebot indessen besonders zur Beurteilung motorischer Funktionsabläufe (91, S. 208).

Für die motodiagnostische Praxis mit ihrem Auftrag der Erstellung eines motopädagogischen Erziehungs- oder mototherapeutischen Behandlungsplanes schlägt IRMISCHER die Beachtung folgender Fragen vor:

– Welche Materialien motivieren das Kind zum Umgang damit?
– Wie lange geht ein Kind mit bestimmten Materialien um?
– Welche Kontakte nimmt das Kind zu anderen Kindern auf? (91, S. 208).

3.3 Motoriktests

Für die motodiagnostische Kinderpraxis wurde eine nicht geringe Anzahl von motometrischen Methoden und Testverfahren zur Erfassung des motorischen und psychomotorischen Entwicklungsstandes eines Kindes entwickelt.

Sie lassen sich in

– entwicklungsfrühdiagnostische Verfahren,

– motorische Leistungs- und Fähigkeitstests für das Vorschul- und Schulalter (vorwiegend Gesamtmotorik und Koordination betreffend),
– Handgeschicklichkeitstests und
– wahrnehmungsdiagnostische Verfahren
gliedern (vgl. 100, S. 27–68).

Entwicklungsfrühdiagnostische Verfahren zur motorischen und sensomotorischen Befunderhebung im Säuglings- und Kleinkindalter werden schwerpunktmäßig in der pädagogischen Frühförderung angewendet und dort nicht nur von Mototherapeuten, sondern mehr noch von Therapeuten, Psychologen, Früherziehern und Heilpädagogen. Diese Verfahren sind daher in anderen Kapiteln, vorwiegend unter II 4.4: „Psychologische Testverfahren" und unter II 7.3.4.1: „Entwicklungs(früh)diagnostische Verfahren zur sensomotorischen Förderung", beschrieben.

Unter den *Motoriktests für das Vorschul- und Schulalter* sind die nachfolgend aufgeführten Verfahren in der Praxis der Bewegungserziehung und -förderung und in der motopädagogischen und mototherapeutischen Förderung und Behandlung bekannt und verbreitet.

Die Lincoln-Oseretzky-Skala – Kurzform: LOS KF 18

Als eines der ersten und als das vielleicht bekannteste der wenigen zur Verfügung stehenden standardisierten Verfahren zur Messung des motorischen Entwicklungsstandes entwickelte OSERETZKY (1931) die motorische Stufenleiter zur Untersuchung der motorischen Begabung von Kindern und Jugendlichen zur Ermittlung des quantitativen motorischen Entwicklungsstandes. Mit dieser motometrischen Skala sollten anhand von 85 Einzelaufgaben die motorischen Fähigkeiten von Kindern erfaßt und das motorische Alter errechnet werden. Mit der Modifikation des Verfahrens wurde eine Skala aus 36 Bewegungsaufgaben gebildet (die Teil der Testbatterie für geistig behinderte Kinder TBGB ist), später von EGGERT eine aus 18 Aufgaben bestehende Kurzform entwickelt, die in etwa 20 bis 30 Minuten durchzuführen ist (19, S. 63).

Mit der LOS KF 18 sollen motorische Entwicklungsgrade und motorische Auffälligkeiten bei Kindern im Alter zwischen fünf und dreizehn Jahren erfaßt werden; sie enthält Normtabellen für normalentwickelte, lernbehinderte und geistig behinderte Kinder. Nach KIPHARD ist die LOS KF 18 ein Diagnoseinstrument, das „objektiv, zuverlässig und gültig" den „globalen motorischen Entwicklungsstand" eines Kindes erfaßt, und eignet sich aufgrund der Unterschiede zwischen den verschiedenen Behinderungsgruppen besonders auch zur Feststellung von Entwicklungsverzögerungen im Bewegungsbereich (100, S. 62). Eine Faktorenanalyse der 18 Aufgaben zusammen mit anderen Motoriktests ergab, daß die einzelnen Aufgaben im wesentlichen die Faktoren Kraft, Geschwindigkeit, Gleichgewichterhaltung, Augen-Hand- bzw. Augen-Fuß-Koordination und Doppelkoordination erfassen.

Von vielen Bewegungspädagogen wird dieser Test jedoch als veraltet und unzeitgemäß angesehen. ZIMMER verweist auf ihre eigenen Erfahrungen damit und betont, daß die LOS-Skala „vorwiegend alltagsferne, gekünstelt wirkende Aufgaben beinhaltet und hinsichtlich ihrer Validität keine befriedigenden Ergebnisse aufweist", keinerlei Aufforderungscharakter für Kinder hat, für das Vorschulalter nicht brauchbar ist und auch für fünf- und sechsjährige Kinder zu schwierig erscheint (227, S. 234).

Der Körperkoordinationstest für Kinder: KTK
Der KTK, von KIPHARD und HÜNNEKENS konzipiert, von SCHILLING neubearbeitet und als endgültige Testfassung 1974 veröffentlicht (173), dient zur Messung des Entwicklungsstandes der Gesamtkörperbeherrschung und -kontrolle von normalen und behinderten Kindern und wird vor allem im klinischen und im heilpädagogischen Bereich eingesetzt. Der Test ist konstruiert für Kinder von fünf bis vierzehn Jahren; Altersnormen in Form von MQ-Werten (= Motorikquotient) liegen für verschiedene Altersstufen, für lernbehinderte, auch verhaltensgestörte und hirngeschädigte Kinder vor. Der KTK enthält nur vier Bewegungsaufgaben, und jedem Kind werden in jeder Altersstufe die gleichen Aufgaben vorgegeben, um im Vorgehen mit zunehmenden Schwierigkeitsgraden die individuelle Leistungsgrenze des Kindes zu ermitteln.

Mit den vier Aufgaben (es ist ein vorgeschriebendes Testmaterial nötig)

– Aufgabe 1: Balancieren rückwärts (BR),
– Aufgabe 2: Monopedales Überhüpfen (MÜ),
– Aufgabe 3: Seitliches Hin- und Herspringen (SH),
– Aufgabe 4: Seitliches Umsetzen (SU)

wird immer das Merkmal „Gesamtkörperkoordination" gemessen. Damit wird eine genau definierte Dimension der motorischen Entwicklung des Kindes überprüft, und motorische Defizite nach frühkindlichen Hirnschäden sollen sichtbar werden.

KIPHARD gibt dazu an, daß mit dem KTK „Entwicklungsrückstände in der Bewegungskoordination, wie sie bei den verschiedenen Behinderungsformen vorkommen, herausgefunden werden", daß der Test Koordinationsstörungen im Sinne des Vorliegens pathologischer Bewegungsmuster aufdecken kann und eine wertvolle Hilfe für die Hirnschadendiagnostik sein kann (100, S. 50).

Kritisch räumt ZIMMER ein, daß der Test für die unteren Altersgruppen nur bedingt brauchbar sei, die notwendigen Wiederholungen der einzelnen Aufgaben die Kinder ermüden und ihre Motivation sinken lassen. Sie verweist auch auf den hohen Materialbedarf (die Testgeräte müssen speziell für die Testdurchführung beschafft werden). Dieser Umstand schränke die Verwendungsmöglichkeit ein, so daß er z. B. im Kindergarten noch wenig eingesetzt werde (227, S. 235).

Screening-Test für den motorischen Bereich bei der Einschulung

Der Screening-Test nach SCHILLING zur Erfassung der Körperkoordination bei vier- bis sechsjährigen Kindern soll dem mit der Einschulungsuntersuchung beauftragten Arzt eine grobmotorische Untersuchung ermöglichen, die nur wenige Minuten in Anspruch nimmt und eine Grobauslese körperkoordinativer Störungen erlaubt (176). Der Test ist leicht durchführbar, benötigt wenige Materialien und eignet sich nach Schilling auch für eine Voruntersuchung bei vierjährigen Kindern. Es wurden Trennwerte für motorische Auffälligkeiten und motorische Störungen angegeben. SCHILLING konnte mit einer eigenen Untersuchung an hirngeschädigten Kindern den Faktor Körperkoordination als „besten Indikator des allgemeinen motorischen Entwicklungsstandes" nachweisen (176, S. 292).

Mit nur drei Testaufgaben

– seitliches Hin- und Herspringen,
– Einbeinstand und
– Weitsprung

sollen aus drei unterschiedlichen Bereichen der Körperkoordination (die im Vorschulalter allerdings noch wenig differenziert sind) Einzelaspekte aus Sprungkraft, Gleichgewicht und Koordination von Teilbewegungen gesehen werden können (176).

Trampolin-Körperkoordinationstest: TKT

Das große Luftkissen (Air-Tramp) und das federnde Sprungtuch eignen sich nicht nur zur Förderung der Körperwahrnehmung und des Bewegungsverhaltens auf beweglichem Untergrund, sondern auch zur Diagnose bei Bewegungsauffälligkeiten.

Von HÜNNEKENS und KIPHARD wurde das Trampolin als bewegungsdiagnostische Möglichkeit beschrieben. Nach KIPHARD ist das Trampolin besonders geeignet, pathologische Bewegungsmuster erkennen zu können.

KIPAHRD hat für den Test „pathologische Beobachtungsmerkmale" formuliert, die eine Auslese pädagogisch förderungsbedürftiger Kinder ermöglichen, aber auch motorische Störungen aufdecken können, die eine „differenzierte" und „motodiagnostische" Untersuchung im „klinisch-heilpädagogischen Bereich" notwendig machen (100, S. 59; vgl. 99).

Motoriktest für vier- bis sechsjährige Kinder: MOT 4–6

Beim MOT 4–6 von ZIMMER und VOLKAMER handelt es sich um einen mehrdimensionalen Motoriktest, der sich für das Vorschulalter eignet, komplex ist und den Bewegungsbedürfnissen der Kinder entspricht. Die Testaufgaben haben einen mehr spielerischen Charakter, erfüllen nach ZIMMER aber dennoch die testtheoretischen Anforderungen (227, S. 236). Der Test erfordert wenig (und kindgerechtes) Material aus dem spielerischen Bewegungsbereich, einen geringen Zeitaufwand und ist leicht durchzuführen. Der Vergleich des Ergebnisses eines Kindes (in der Regel wird der Test zur Einzeluntersuchung angewendet) ermöglicht eine Aussage darüber, „ob sein motorischer Entwicklungsstand als normal, überdurchschnittlich oder unterdurchschnittlich bezeichnet werden kann" (227, S. 279). Der MOT 4–6 enthält 18 Items bzw. Einzelaufgaben, die folgende Dimensionen der Motorik beinhalten und – im Gegensatz zur LOS KF 18 – mit Hilfe von Übungsgeräten ausgeführt werden, die Kindern bekannt und die bei ihnen beliebt sind (19, S. 61).

Diagnostik der manuellen Koordination

Handgeschicklichkeits- und Wahrnehmungsdiagnostik sind in ihrer Aufgabenstellung eng miteinander verbunden. Die Entwicklung der Handgeschicklichkeit eines Kindes verläuft in einem Ausdifferenzierungs- und Spezialisierungsprozeß, der von taktiler Sensibilisierung bis zu gezielten Fertigkeiten reicht. Diese Entwicklung ist von der altersspezifischen Lernreife abhängig. Handgeschicklichkeitsdiagnostik muß die Altersstreuung in der Entwicklung des Handgeschicks berücksichtigen, auf Entwicklungsdimensionen eingehen und die möglichen Störungsbereiche kennen und berücksichtigen.

KIPHARD (103, S. 190) hat dazu wichtige Dimensionen der Handgeschicklichkeit (wie z. B. Fingerbeweglichkeit, Zielgenauigkeit und Daumen-Finger-Kooperation) und mögliche Störungen (wie Steifheit der Fingergelenke, Auge-Hand-Koordinationsstörung oder feinmotorisches Ungeschick) in einer Liste gegenübergestellt. Items und Übungen zur Feinmotorik, Fingerfertigkeit und Geschicklichkeit sind in den meisten motorischen Testbatterien zur Erfassung grobmotorischer und koordinativer Leistungen enthalten (z. B. in der LOS KF 18). Die Überprüfung sensorischer und perzeptiver Leistungen ist immer auch Bestandteil der entwicklungsfrühdiagnostischen Verfahren und der sensorischen Integrationsdiagnostik.

Die *visuelle* Wahrnehmungsdiagnostik ist Mittelpunkt der Wahrnehmungs- und Perzeptionsdiagnostik nach FROSTIG.

KIPHARD verweist auf die Handgeschicklichkeits-Testbatterie von SCHILLING und BAEDKE und nennt in diesem Zusammenhang auch

– den Kamel-Nachfahrtest,
– den Labyrinth-Test und
– das Zielpunktieren (100, S. 64).

Die *graphomotorische* Testbatterie (Autor: H. RUDOLF) gibt Hinweise auf die altersgemäße graphomotorische Entwicklung und ermöglicht Aussagen über den Entwicklungsstand vier- bis sechsjähriger Kinder.

Auch Erfassungstechniken und Methoden zur *Lateralitätsbestimmung* (Bestimmung von Rechts-Links-Dominanz für die Bereiche der Präferenzdominanz und der Leistungsdominanz der Hände) stehen in einem geringen Umfang (vgl. SCHILLING [175]) zur Verfügung.

4. Psychologische Diagnostik

Die medizinische Frühdiagnostik mit ihren somatisch-diagnostischen Schwerpunkten und die fachtherapeutische Befunderhebung können durch die Einbeziehung einer *fachpsychologischen Diagnostik* ergänzt und erweitert werden.

Dazu betont PECHSTEIN, daß Störungen, deren Verursachung in der geistig-seelischen Entwicklung vermutet werden, wesentlich schwieriger zu erfassen sind als senso- und psychomotorische Entwicklungsprobleme aufgrund schwerpunktmäßig motorischer Störungen und anderer körperlich erkennbarer Schädigungen (148).

Handlungsansätze in der Arbeit mit Kindern haben auch stets zu berücksichtigen, daß die Eltern eines entwicklungsgestörten Kindes krisenhafte Konfliktsituationen erleben und durchlaufen, in denen sie dringend gezielter psychologischer oder psychotherapeutischer Hilfen bedürfen.

Wenn auch die bereits beschriebenen diagnostischen Vorgehensweisen stets psychologische Elemente enthalten, so erfordern doch die neuropsychologische, entwicklungs-, verhaltens- und sozialpsychologische Beurteilung psychomotorischer Funktionen, etwa der visuellen und auditorischen Wahrnehmungsfähigkeit, der psychischen Entwicklungs- und Leistungsfähigkeit, der Sprachentwicklung und des Sozialverhaltens im Sinne einer umfassenden Beurteilung der Gesamtpersönlichkeit des Kindes, seiner Familiensituation und seines sozialen Umfeldes, die Beachtung differenzierter psychologischer Dimensionen, und zwar unter Mitwirkung dafür qualifizierter *(Diplom-)Psychologen*.

Pädagogische Psychologie

In der besonderen Erziehung eines auffälligen Kindes sind *Lernen* und *Lernmöglichkeiten* ein zentrales Thema unserer heilpädagogischen Hilfen. Dies im diagnostischen Ansatz zu berücksichtigen, ist im wesentlichen Aufgabe der *pädagogischen Psychologie* mit ihrer Zielsetzung der Einbeziehung psychologischer Forschungsergebnisse in pädagogische Aufgabenstellungen und deren Umsetzung in erzieherisches Handeln.

Im einzelnen ist die Umsetzung dann darin zu sehen, solche Sachverhalte unter psychologischer Fragestellung zu erforschen, die für die Erziehung und Bildung eines Kindes relevant sind (vgl. 126).

Die Erfassung senso- und psychomotorischer Auffälligkeiten im Kindesalter erfordert daher auch eine *fachpsychologische Diagnostik*, die so gestaltet wird, daß sie sehr vielfältigen Aufgabenstellungen gerecht werden kann. Folgt sie einem *ganzheitlichen* Ansatz, berücksichtigt ihr Vorgehen sehr verschiedene psychologische Aspekte und fügt so Grundlagen und Erkenntnisse aus einzelnen psychologischen Teilgebieten zu einem Ganzen zusammen:

Auf *lernpsychologischer* Grundlage wird sie erfolgen, wenn es darum geht, kindliches Verhalten zu erfassen, um Ansätze zu einer Verhaltensmodifikation zu finden.

Immer wird sie *entwicklungspsychologisch* begründet sein, um kindliche Entwicklungsmerkmale und deren Veränderungen zu erkennen und Entwicklungsbedingungen zu ermitteln, damit Entwicklungsziele benannt und Interventionsmaßnahmen geplant werden können (vgl. 142).

Aspekte *klinischer Psychologie* und *sozialpsychologischer* Ansätze werden das psychologisch-diagnostische Vorgehen dann prägen, wenn es darum geht, die Entstehung von Krankheiten, psychischen Störungen und Verhaltensauffälligkeiten samt ihren sozialen Bedingungen und Auswirkungen zu erforschen, Störungen zu erkennen, zu beschreiben und einzuordnen und in einem präventivem Sinne auch Fehlentwicklungen zu verhindern (vgl. 186).

Das Erstellen einer Diagnose ist immer ein schrittweises Vorgehen, und die psychologische Diagnostik zieht für ihre Urteilsbildung unterschiedlichste Kriterien heran.

Nach BAUMHAUER (17, S. 455) wird der „Prozeß der Urteilsbildung" in Gang gesetzt durch die Analyse eines beobachteten kindlichen Verhaltens und enthält – in seiner Wechselbeziehung mit pädagogischen Maßnahmen, auch als Vorbereitung der Auswahl geeigneter therapeutischer Interventionen – drei psychologisch und pädagogisch bedeutsame Aspekte: „Er dient der Analyse von Wirkungszusammenhängen, der Prognose von Störungen und der Beurteilung der sozialen Relevanz der gesamten Problematik" (S. 458).

Die einzelnen Aspekte sind bei ihm näher ausgeführt:

– Der *analytische* Aspekt der Diagnostik dient der Erfassung von Bedingungen und Konsequenzen des kindlichen Problemverhaltens und damit der Zuordnung zu bestimmten Krankheitsbildern bzw. Syndromen.

– Der *prognostische* Aspekt dient der Prognose eines Verhaltens, d. h., mit der Feststellung eines kindlichen Verhaltens hängt die Erwartung zusammen, daß das eben diagnostizierte Verhalten des Kindes auch zukünftig auftreten wird.

– Der Aspekt *der Beurteilung der sozialen Relevanz* des Verhaltensproblems beinhaltet, daß „einzelne Beurteilungen, Verhaltensmuster und biographische Elemente" des Kindes „sich in einer funktionalen Analyse des sozialen Umfeldes zusammenfügen und das Symptomgeschehen als ökologischen Prozeß verständlich machen . . .".

Die soziale Relevanz des Verhaltens, die zunächst von der Mutter mit Begriffen wie ‚störend', ‚pathologisch', ‚abnorm' usw. beschrieben und vom Therapeuten ‚diagnostiziert' wird, muß auch aus der Sicht des Kindes verstanden und interpretiert werden. „In der Folge stellt sich die Frage, ob das betreffende Verhalten überhaupt gestört ist oder nicht vielmehr eine wichtige, vielleicht das psychische Gleichgewicht erhaltende Funktion für das Kind besitzt" (17, S. 459 u. 460).

4.1 Entwicklungspsychologische Aspekte und Psychodiagnostik

Die entwicklungspsychologischen Fragestellungen in der Kinderpsychologie haben in den letzten Jahrzehnten fortlaufende Veränderungen erfahren. Die Ergebnisse langjähriger Forschungen sind von der Praxis immer mehr aufgegriffen und im Rahmen einer *angewandten Entwicklungspsychologie* als *Psychodiagnostik* Gegenstand auch gerade frühdiagnostischer Überlegungen geworden.

Angewandte Entwicklungspsychologie

Psychologische Diagnostik im Sinne einer angewandten Entwicklungspsychologie beschäftigt sich mit Veränderungen im kindlichen Lebenslauf (in Abhängigkeit vom Lebensalter) und besonders mit denjenigen Ereignissen, die eingetreten sind oder noch eintreten können. Sie fragt auch nach Faktoren, die diese Veränderungen bewirkt haben oder bewirken (vgl. 142, S. 3–117).

Will sie auch abweichendes Verhalten beobachten, muß sie dabei in der Frühpädagogik die gesunde Entwicklung eines Kindes gut kennen. Traditionell geht sie von einem bestimmten „Normverhalten" des Kindes aus und orientiert sich an vorher festgelegten und möglichst klar definierten *Entwicklungsnormen*, gemessen an der sogenannten kindlichen Normalentwicklung.

Aktuelle Sichtweisen jedoch beschäftigen sich mit der Überlegung, ob die Erstellung von Entwicklungsnormen aus der Betrachtung emotional-affektiver Entwicklungsvorgänge und der Interaktions- und Rückkoppelungsprozesse heraus überhaupt eine methodisch vertretbare und vom Standpunkt heilpädagogischer Anthropologie aus legitime Entscheidungshilfe in der Förderung eines – in Anlehnung an eine Norm – „auffälligen" Kindes sein kann.

Für die Einschätzung des frühkindlichen Verhaltens ist es unerläßlich, neben den Risikofaktoren zur somatischen Entwicklung vor allen Dingen *Risikofaktoren zur psychischen Entwicklung* zu kennen, sie zu erfassen und in ihrer Bedeutung für den Entwicklungsverlauf, seine Veränderungen und möglichen Störfaktoren unter psychologischen Gesichtspunkten einzuordnen und einzuschätzen.

Damit soll es im Sinne präventiver Aufgaben auch unter psychologischen Aspekten möglich werden, einer drohenden Behinderung vorzubeugen.

Im einzelnen hat dann das diagnostische Vorgehen nicht nur die Aufgabe, solche Veränderungen *zu beschreiben*, sondern möglichst auch *zu erklären*, damit sie im Sinne einer pädagogisch-psychologischen Zielsetzung dann auch zu *modifizieren* sind.

Der psychologisch Untersuchende mißt dabei der *Beobachtung intraindividueller* Veränderungen eine besondere Bedeutung bei und benutzt dazu ausgewählte und fachspezifische Strategien. Nach OERTER/MONTADA (142, S. 791) interessiert er sich

– für Veränderung im Sinne von *quantitativem* Wachstum und allgemeinen quantitativen Veränderungen einer Variablen (z. B. Intelligenzwachstumskurve, Längenwachstumskurve),

– für Veränderung im Sinne *qualitativer* Veränderung (z. B. Ausdifferenzierung motorischer Fähigkeiten),

– für Veränderung im Sinne komplexer Aufbauprozesse (z. B. Leistungsmotivation),

– für Veränderung im Sinne der Veränderung von Zusammenhängen zwischen mehreren Variablen bei einem Kind (z. B. Sozialentwicklung im Kleinstkindalter).

Psychodiagnostik

Die *Psychodiagnostik,* als eine besondere Diagnostik auf psychologischem Gebiet entwickelt und zu verstehen, unterscheidet sich von der medizinischen Diagnosestellung dadurch, daß es ihr weniger um die Feststellung eines momentanen Zustandes geht, sondern daß sie allgemeine *überdauernde* Eigenschaften bestimmen will. Daher ist Psychodiagnostik weitgehend nicht nur Diagnose, sondern vor allem auch *Prognose.*

Ihr traditionelles Vorgehen in der Phase der frühkindlichen Entwicklung ist primär auf das Erkunden der individuellen psychischen Struktur, auf ein Verstehen der dem Kind zugrunde liegenden Persönlichkeitsmerkmale und Eigenschaften ausgerichtet, um auf diesem Wege Verhalten vorherzusagen und mit den individuellen Lebenszusammenhängen des Kindes und seines sozialen Umfeldes in Korrelation zu setzen.

Aus diesem Auftrag heraus hat sie viele Berührungspunkte auch mit dem medizinischen Diagnosemodell, erwächst aber auch vor allem der unmittelbare Bezug zu pädagogischen und heilpädagogischen Diagnose- und Förderungsansätzen.

In der psychodiagnostischen Vorgehensweise können die verschiedensten Methoden aus der (zunächst theoretischen) Entwicklungspsychologie herangezogen werden. Bei OERTER/MONTADA (142) sind die einzelnen Möglichkeiten herausgestellt:

– Datenerhebungsstrategien für die Erfassung und Gewinnung von Entwicklungsnormen (Längsschnittuntersuchung, Querschnittuntersuchung),
– experimentelle Ansätze,
– Einzelfallstudien,
– korrelationsstatistische Verfahren,
– Beobachtungsmethoden,
– Befragungen,
– Entwicklungstests,
– Erstellung von Entwicklungsskalen.

Die senso- und psychomotorische Entwicklungsdiagnostik

In der Entwicklungsdiagnostik und -förderung des frühen Kindesalters stellt die Arbeit des Psychologen vielmals eine Parallele und Ergänzung der medizinischen Untersuchung dar und eröffnet Ansatzpunkte und Möglichkeiten zu einer heilpädagogisch angezeigten Hilfe.

SPECK formuliert relevante Bezugspunkte, nach welchen die medizinische Frühdiagnostik sensomotorischer Auffälligkeiten ergänzt wird „durch eine entwicklungspsychologische Diagnostik, durch die u. a. ein Entwicklungsprofil für das einzelne Kind erstellt wird . . . Diese im engeren Sinn psychologische Diagnostik kann entweder vom medizinischen Therapieansatz bestimmt oder unmittelbar am pädagogischen Handeln orientiert sein . . . In der psychologisch-diagnostischen Praxis werden neben dem nach wie vor wichtigen unmittelbaren Beobachten des Kindes verschiedene Testverfahren verwendet, in erster Linie Entwicklungsskalen" (187, S. 33 u. 34).

Die Anwendung eines jeden psychodiagnostischen Verfahrens muß differenziert erfolgen und der jeweils vorliegenden Problematik angepaßt sein. BUNDSCHUH nennt einzelne Schritte: Diagnostiziert wird

a) aufgrund einer *Anamnese*. Ihre Zweckbestimmung ist im Gegensatz zur medizinischen Anamnese, die mehr der Ermittlung einer Krankengeschichte dient, der psychologische Aspekt. Er liegt schwerpunktmäßig im Erkennen und Sichtbarmachen des Lebenslaufes im Hinblick auf eine Störung, in der Ermittlung der Lebensgeschichte des Kindes und seiner Familie. Dazu gehört auch die Erhebung objektiver Daten über alle Vorgänge um das Entwicklungsgeschehen;

b) durch die sogenannte *Exploration*. Darunter wird das Aufsuchen, Erforschen oder Erfragen psychischer oder physischer Besonderheiten verstanden, heute mehr in Form von Gesprächen und in der gängigen psychologischen Praxis begleitend zur Anamneseerhebung durchgeführt;

c) durch die *Verhaltensbeobachtung*, die als ein separates methodisches Vorgehen zur systematischen Informationsgewinnung eingesetzt wird, in aller Regel aber den gesamten Diagnose- und Förderprozeß durch mehr oder weniger direkte oder indirekte geplante und gezielte, aber auch zufällige Beobachtungen begleitet. Innerhalb der kindlichen Verhaltensbeobachtung nimmt die Beobachtung des kindlichen Spiels und Spielens als *Spielbeobachtung* einen besonders wichtigen Raum ein;

d) durch den Einsatz *psychologischer Testverfahren*. Wir verstehen unter „Test" ein spezifisches Persönlichkeitsexperiment zur Untersuchung eines oder mehrerer empirisch abgrenzbarer Persönlichkeitsmerkmale mit dem Ziel einer möglichst quantitativen oder auch objektiven Aussage über den Grad einer individuellen Persönlichkeitsausprägung, das wissenschaftlich begründet sein muß.

Grundsätzlich gibt es zwei verschiedene Formen solcher Experimente:
1. *psychometrische Testverfahren* (Tests mit fester Normskala, deren Sicherheit auf einer Eichung beruht und möglichst objektive Ergebnisse bringen soll), 2. *projektive Verfahren* (36, S. 26 ff.).

4.2 Anamnese und Exploration

Die psychologische Anamneseerhebung ist in der frühpädagogischen Arbeit eine wichtige Informationsquelle nicht nur für diagnostische Aufgaben, sondern auch schon für die zu planenden Fördermaßnahmen. Die Anamnese ist, sofern sie sich auf die Lebensdaten eines Kindes bezieht, objektiv.

Die Psychologie unterscheidet zwei grundsätzliche Anamneseformen, die *Eigenanamnese* (Mitteilungen eines Probanden) und die *Fremdanamnese* (das Gespräch mit wesentlichen Bezugspersonen des Kindes).

Nach SCHRAML erstreckt sich die Anamneseerhebung auf das „Insgesamt der Mitteilungen eines Probanden oder einer wesentlichen Beziehungsperson über seine Persönlichkeit, Lebensgeschichte, sozialen Bezüge, Erlebnisse, Handlungen, Einstellungen und Wünsche im Allgemeinen oder in speziellen Bereichen" (182, S. 868).

In der Diagnostik senso- und psychomotorischer Auffälligkeiten des frühen Kindesalters wird der Untersuchende vor allem durch die Fremdanamnese einen ersten Eindruck über das Kind erhalten können und gewinnt dabei grundlegende Vorinformationen, von BUNDSCHUH wie folgt formuliert: „Es wird zunächst erfahren, welche besondere Problem- oder Fragestellung vorliegt, welche Fördermaßnahmen bisher (frühe Kindheit – Vorschule – Schule) ergriffen wurden und welchen Erfolg solche Initiativen mit sich brachten, wie die Entwicklung verlief" (36, S. 104).

Bedeutsam ist dabei die Eröffnung eines Gesprächs mit den Eltern, bei dessen Gestaltung der Psychologe auf spezielle Techniken der *Gesprächsführung* zurückgreifen kann. Ein solches anamnestisches Gespräch wird dann über eine *objektive* Datenerhebung hinausgehen und gerade bei gefährdeten oder auffälligen Kindern intensiv auf die Lebensumstände von Kind und Familie, auf das Verhalten des Kindes und seinen damit in Zusammenhang stehenden Entwicklungsverlauf, insgesamt auf das soziale Umfeld (Sozialanamnese) eingehen (vgl. 36).

Anamneseschemata

Für die psychologische Diagnostik werden verschiedene *Anamneseschemata* vorgeschlagen; einzelne von ihnen können nach den vorgegebenen Aufgabenstellungen ausgewählt werden und sind auf bestimmte kindliche Altersstufen oder auf die Handhabung in unterschiedlichen psychologischen und pädagogischen Institutionen zugeschnitten, müssen aber fast immer noch – unter der Berücksichtigung der jeweiligen besonderen Problemstellung – modifiziert werden.

Als Anamneseschemata werden in frühpädagogischen Einrichtungen auch Fragebögen verwendet, die von den Eltern nur durch Ankreuzen ausgefüllt werden. Sie haben den Vorteil, daß wichtige Daten nicht vergessen werden, können aber keinesfalls das individuelle Gespräch ersetzen.

Als hilfreich und nützlich hat sich das selbständige Erstellen von Orientierungsschemata (spezielle Bögen) durch die jeweiligen psychologischen Fachkräfte erwiesen.

Die Anamnese orientiert sich weitgehend an den biographischen, entwicklungsrelevanten Daten, die wichtige Informationen etwa zu Ursachen von

Entwicklungs- und Verhaltensauffälligkeiten liefern, vor allem aber auch Zusammenhänge zwischen sozioökonomischen Faktoren, konflikt- und probleminduzierenden Familienkonstellationen und vielleicht daraus resultierenden Störungen und Schwierigkeiten für die kindliche Entwicklung verdeutlichen können.

Für die Diagnostik senso- und psychomotorischer Auffälligkeiten aus psychologischer Sicht sollte jede Anamneseerhebung folgende Punkte und zu erhebende Hauptbereiche enthalten (in Anlehnung an BUNDSCHUH [36, S. 104–110]):

- Grund der Vorstellung,
- Wohnort und äußerer Lebensrahmen,
- Krankheiten und Besonderheiten, derzeitige Therapien,
- Schwangerschaft und Geburt, bisherige Biographie,
- Wahrnehmungs-, Bewegungs- und Spielverhalten,
- Sozialverhalten,
- Tagesablauf des Kindes,
- besondere Ereignisse,
- besondere Belastungen,
- Familiensituation und Umweltbeziehungen,
- Erziehungshaltung der Bezugspersonen,
- Familienanamnese.
- familiäre Einflüsse, Geschwisterbeziehungen.

Wenn besondere Frage- oder Problemstellungen vorliegen, sich vielleicht auch nur andeuten oder sich aufgrund vorgegebener Fakten oder Eindrücke vermuten lassen, wird die anamnestische Erhebung spezifischer thematisiert und um zusätzliche Fragenkomplexe erweitert.

Die Exploration

Ein solches, ausführlicher als die „strenge" Anamneseerhebung gestaltetes Informationsgespräch wird in der psychologischen Diagnostik als *Exploration* bezeichnet.

Sie wird in der frühpädagogischen Diagnostik mit der Anamnese verbunden sein, aber auch in den wiederkehrenden Gesprächen mit den Eltern, in den vielen Begegnungen des gesamten heilpädagogischen Förderprozesses, also in jeder Phase des diagnostischen Vorgehens zur Anwendung kommen. „Erkundungsgespräche" und „förderdiagnostische Untersuchungsgespräche" sind nach BUNDSCHUH (36, S. 178) Begegnungen, in deren Verlauf der psychologische Gesprächsleiter bestimmte Zielvorstellungen verfolgt. Die Exploration versteht sich immer als ein systematisches und methodisch exakt festgelegtes psychologisch-diagnostisches Instrumentarium. Sie kann „als Gespräch, Interview, als Form der Stellungnahme der betroffenen Personen (Proband, Eltern, sonstige Bezugspersonen) oder auch zur Überprüfung von Ergebnissen angesehen werden" (S. 179).

Wenn es gelingt, ein Informationsgespräch „zwanglos zu halten" und „trotz klarer Zielvorstellung situationsadäquat einzusetzen" (S. 179), ergibt sich mit der Exploration der Anfang zu einer vertrauensvollen Kontaktaufnahme.

Es kann daraus dann der erste Ansatz erwachsen zu einer positiven gegenseitigen Beziehung, durch die heilpädagogische Hilfe erst wirksam werden kann.

4.3 Verhaltens- und Spielbeobachtung

Die Beobachtung des kindlichen Verhaltens durchzieht den gesamten Diagnose- und Förderungsprozeß. Senso- und psychomotorische Auffälligkeiten und Störungen zeigen sich Eltern und Erziehern in kindlichen Aktivitäten, in dem, wie ein Kind sich bewegt, und in seinem Tun, Gestalten und Schaffen, in seinem „Zeitvertreib", der immer als mehr oder weniger vielgestaltiges und koordiniertes Zusammenspielen der Fähigkeiten aus den verschiedenen Wahrnehmungs- und Bewegungsbereichen beobachtet werden kann.

HELLBRÜGGE (77, S. 28) verweist auf die Grundlagen der auf beobachtbarem Verhalten beruhenden Entwicklungsdiagnostik. Sie liegen in wissenschaftlich ausgewerteten Berichten, die Väter als Tagebuchaufzeichnungen über ihre eigenen Kinder verfaßt haben.

Seit Psychologen diese mehr oder weniger systematischen Beobachtungstechniken als Gegenstand empirischer Forschungen angewendet haben und kindliche Entwicklung durch Darstellung von Verhaltensweisen festgehalten worden ist (PREYER, veröffentlicht 1892, W. u. C. STERN 1914, PIAGET 1936 u. a.), wurden solche Beobachtungen für die Psychologie der frühkindlichen Entwicklung und eine sich daraus konzipierende Entwicklungsdiagnostik bedeutsam und können als Vorläufer für spezielle Testverfahren genannt werden (vgl. 77).

Für die Einschätzung des frühkindlichen Verhaltens zieht die psychologische Diagnostik neben dem freien Beobachten eines Kindes die Methode der systematischen *Verhaltensbeobachtung* heran; für die hier vorgegebene Problemstellung sind als Schwerpunktuntersuchungen insbesondere eine die motorische Entwicklung beachtende *Bewegungsbeobachtung* und, damit verbunden oder auch als gesonderte Aufgabenstellung, die dem kindgemäßen Verhalten entsprechende *Spielbeobachtung* herauszuheben.

4.3.1 Die Verhaltensbeobachtung

In der Psychologie wird unter einer systematischen *Verhaltensbeobachtung* die methodisch kontrollierte Wahrnehmung des Verhaltens einer oder mehrerer Personen, auch in ausgewählten Situationen oder mit vorgegebenen Aufgaben, verstanden.

Es handelt sich dabei um keine zufällige, sondern um eine genau geplante und gezielte Wahrnehmung mit der Absicht, etwas Individuelles und Charakteristisches über die beobachtete Person oder die Personen zu erfahren (36).

Beobachtet werden sollen möglichst solche Verhaltensweisen, häufig ein vorher eindeutig definiertes Verhalten, die dann auch beschrieben werden können (Verhaltensbeschreibung) und die nach BUNDSCHUH „exakt beobachtbar, überprüfbar und damit objektivierbar sind" (36, S. 111).

Nach PETERMANN sind die Ziele der Verhaltensbeobachtung „eine hohe Beobachterübereinstimmung, eine Orientierung der Datenerhebung an sichtbaren, konkreten Verhaltensweisen und eine Vermeidung vorschneller Verhaltensinterpretationen" (151, S. 50).

Es gibt eine Reihe von Beobachtungskategoriesystemen mit unterschiedlichen Graden der Standardisierung. Eine Zusammenstellung der vier wichtigsten Formen der Verhaltensbeobachtung weist folgende Systeme aus:

– Merkmalsysteme (zur Ereigniserhebung),
– Kategoriensysteme (zur Registrierung in vorab formulierten Kategorien),
– Schätzskalen,
– Verhaltensprotokolle (151, S. 50).

Psychologische Untersucher räumen aber ein, daß es gerade im Rahmen eines Erziehungsprozesses und besonders dann, wenn er die Diagnostik senso- und psychomotorischen Verhaltens innerhab der „speziellen" Erziehung zum Inhalt hat, sehr schwer ist, die gewünschte *Objektivität* zu erreichen (vor allem, wenn es sich nur um einen Beobachter handelt), und daß es eine Reihe von Fehlerquellen gibt, durch die eine Verhaltensbeobachtung und -beurteilung beeinträchtigt werden kann.

Die Fachliteratur nennt viele Faktoren, die als eventuelle Fehlerquellen angesehen werden können (wie z. B. Identifizierung, Projektion, Fixierung, Selektion, die psychisch-physische Befindlichkeit des Beurteilers, Normvorstellungen, Kritikfähigkeit, Motivation des Beurteilers u. a.), so daß „objektive" Ergebnisse aus unserer heilpädagogischen Sicht immer unter dem Gesichtspunkt einer Irrtumswahrscheinlichkeit der Aussagen gesehen werden müssen.

Insgesamt sind für die psychologische Diagnostik in den letzten Jahren zahlreiche Beobachtungsmethoden und Registriertechniken zur Erfassung und Beurteilung von Verhaltensweisen in den verschiedenen kindlichen Entwicklungsbereichen entstanden.

Zu den in der Kinderpsychologie benutzten Vorrichtungen zur Beobachtung gehören der spezielle Beobachtungsraum (oft mit Einwegscheibe) und die Videoanlage. Die Techniken zur Registrierung reichen von Strichlisten und kumulativen Notenskalen bis zu einer Vielzahl von Apparaten zur Verhaltensregistrierung (wie Video und Kassettenrecorder) und mehr oder weniger komplizierten und aufwendigen technischen Geräten zur Verhaltensanalyse (wie Stoppuhr und Spezialgeräte beispielsweise zur Myographie). Sie alle werden – mehr oder weniger favorisiert – neben dem „freien" Beobachten eines Kindes in der psychologischen Praxis angewendet (vgl. 36, S. 113; 29, S. 102–105).

4.3.2 Die Bewegungsbeobachtung

Unter *Bewegungsbeobachtung* verstehen wir nach IRMISCHER das „Registrieren" des motorischen Verhaltens der Menschen untereinander (91, S. 202).

Zur Erfassung von Auffälligkeiten im frühen Kindesalter hat sie das Ziel, den motorischen Entwicklungs- und Leistungsstand eines Kindes zu ermitteln und *quantitative* und *qualitative* Abweichungen als „beobachtetes Verhalten" festzuhalten und zu beschreiben.

Verschiedene Formen der Bewegungsbeobachtung werden vorwiegend in der klinisch-psychologischen Diagnostik, in Verbindung mit der neurologisch-psychiatrischen Diagnostik, angewendet. Vorwiegend in jüngerer Zeit entstandene und neuentwickelte Formen gehören heute mehr zu den *motodiagnostischen* Verfahrensweisen innerhalb der jungen – der Psychologie verwandten – wissenschaftlichen und anwendungsbezogenen Disziplin, *der Motologie*. Sie sind im entsprechenden Kapitel (II 3.2: „Motodiagnostische Beobachtung") beschrieben.

4.3.3 Die Spielbeobachtung

Die kindgemäße Tätigkeit ist sein Spiel. Es drücken sich darin sensomotorische Fertigkeiten ebenso aus wie Schwierigkeiten, die auf Probleme in der Wahrnehmungs- und Bewegungsentwicklung zurückzuführen sind.

C. M. VON OY und A. SAGI haben sich mit der Bedeutung des kindlichen Spielens aus heilpädagogischer Sicht beschäftigt und bezeichnen als Spiel im weitesten Sinne jede unabhängige Tätigkeit, die weder Leistungsanforderung noch Erfolgszwang enthält: „Spiel ist spontanes, angeborenes Verhalten", und „für das Spiel des Kindes scheint es charakteristisch zu sein, daß es ihm als Tätigkeit Freude bereitet, sei es unmittelbar im Erlebnis neugewonnener Funktionen – z. B. im motorischen oder sozialen Bereich – oder mittelbar . . ." (147, S. 72 u. 73).

So sind in der Heilpädagogik das kindliche Spielen und ausgewählte Spielmittel längst als bedeutendstes Medium für Förderungsansätze anerkannt.

In der Früherziehung entwicklungsauffälliger und -gestörter Kinder bezieht sich die Förderung im Spiel und durch das Spiel auf die motorischen, sensomotorischen, sozialen, emotionalen und intellektuellen Fähigkeiten des Kindes zur Erschließung vielfältiger Erfahrungs- und Handlungsmöglichkeiten auf der Grundlage medizinischer und pädagogischer Kenntnisse und ebenso aufgrund von Erkenntnissen vor allem der Entwicklungs- und Lernpsychologie.

Deshalb geht gerade auch die psychologische Diagnostik davon aus, daß die *Beobachtung spontaner Aktivität im Spiel* eine große Aussagekraft haben kann.

Die psychologisch durchgeführte Spielbeobachtung im frühen Kindesalter dient daher der Beobachtung und Einschätzung senso- und psychomotorischer Funktionen und ist sehr gut damit zu begründen, daß das kleine Kind, wie C. M. VON OY und A. SAGI es ausdrücken, „die Funktionen, die nacheinander auftauchen", in Bewegung bringt: „Es spielt Saugen, Betrachten, Befühlen, später spielt es Gehen, Laufen. Zunächst sind es die motorischen und sensomotorischen Tätigkeiten, die vom Kleinkind unermüdlich wiederholt und vervollkommnet werden" (147, S. 74 u. 75).

HETZER und andere Entwicklungspsychologen haben sich mit der Bedeutung des Spiels und mit der Systematik der Spielentwicklung auseinandergesetzt (84; 85).

So hat beispielsweise HETZER die sich beim Kind nacheinander entwikkelnden Spielformen im Sinne von altersgerechten Entwicklungsreihen beschrieben. Sie hat vor allem auch diagnostische Aspekte erarbeitet und diagnostische Instrumentarien entwickelt, die bekannt geworden sind, andere Psychologen haben weitere spieltheoretische Aspekte und Vorlagen in die Kinderpsychologie eingebracht und zur Umsetzung in die diagnostische Praxis beigetragen.

Spielbeobachtung in freier Situation

Eine Spielbeobachtung *in freier Situation* ist so zu gestalten, daß das Kind in einer natürlichen Situation – möglichst in seinem Alltag – in seinem individuellen Tun und Spielen allein, zusammen mit anderen Kindern oder in seinem Umgang mit Eltern und Bezugspersonen beobachtet werden kann. Nach HETZER ist sie nicht zwingend strukturiert, und die „Bedingungen", unter welchen eine solche Beobachtung sich vollzieht, bestimmt das Kind weitgehend selbst: „Spontane Aktivitäten, so auch das Spielen, haben den Vorzug, daß der Handelnde sich weitestgehend frei von irgendwelchen Zwängen äußern und selbstbestimmend zwischen verschiedenen Möglichkeiten wählen kann" (85, S. 88).

Der Beobachter hat dann die Aufgabe, ihm aufgefallenes positives oder negatives Verhalten – hier die sensomotorischen Aktivitäten betreffend – zu erkennen und in der Folge – zunächst möglichst urteils- oder wertfrei – zu beschreiben.

Aus heilpädagogischer Sicht hat nach BIENE diese Form der Beobachtung den Vorteil, daß ein Kind sich freier und ungehemmter verhalten kann als in einer vorgeschriebenen Situation, in der sich ein Kind erfahrungsgemäß – vor allem, wenn die Situation neu und fremd ist – mit noch unüberschaubaren Bedingungen oft anders zeigt, als das erwartet werden könnte (23, S. 33).

Spielbeobachtung in gelenkter Situation

In der psychologischen Diagnostik erwartet der Untersucher mittels seiner Spielbeobachtung auch Aufschlüsse im Hinblick auf gezielte Fragestellungen in ausgewählten oder eigens gestalteten Situationen unter Bedingungen, die er selbst herstellen und variieren kann.

Diese *strukturierte* oder auch *kategorisierte* Spielbeobachtung unter exakter Einhaltung konstanter Beobachtungsbedingungen, wie Situation, Zeit, Spielmaterial, Spielpartner, Spielformen, verstärkt die gewünschte Objektivität von Beobachtungseindrücken, vor allem auch dann, wenn mehrere unabhängige Beobachter zu ähnlichen Ergebnissen kommen können.

Eine Sonderform der *Spielbeobachtung* stellt die Spieldiagnostik dar. Auf sie und im Zusammenhang damit auf einige in der Kinderpsychologie bedeutende spieldiagnostische Verfahren wird in einem eigenen Kapitel (II 4.4.4: „Spieldiagnostik") eingegangen.

4.4 Psychologische Testverfahren

Innerhalb der psychologischen Diagnostik sollen die *psychologischen Testverfahren* die Exaktheit diagnostischer Ergebnisse verbessern und deren Nachvollziehbarkeit – als eine wesentliche Gundlage für pädagogische Entscheidungen – konkretisieren.

Mit einem psychometrischen Testverfahren werden in der Regel ein oder mehrere empirisch abgrenzbare Merkmale einer Person erfaßt. Ziel dabei ist es, den relativen Grad der individuellen Merkmalsausprägung zu bestimmen.

Es kann eine Untersuchung nur dann als „Test" gelten, wenn sie wissenschaftlich begründet ist. Nach BUNDSCHUH soll der Ausdruck „wissenschaftlich" hier bedeuten, „daß der Test auf dem Wege der empirischen Überprüfung und Erprobung zustande gekommen ist und in seinem Aufbau Gesetzen der Logik nicht widersprechen darf" (36, S. 51).

Eine Testkonstruktion bedarf daher testtheoretischer Voraussetzungen, die einen mathematisch-statistischen Aufbau beinhalten, deren Grundlage die *Standardisierung* ist.

In der Früherkennung bedeutet „Standard" nach OHRENBERG-ANTONY/ NEUHÄUSER (144) eine genaue Formulierung des „wofür, wann, wie genau, in welcher Reihenfolge, in welcher Intensität und mit welcher Bewertung" (S. 4).

Für den psychometrischen Test gibt es eine Wert- und Normenskala, die mittels Berechnung zu einer Bewertung führt.

Das *Messen* (Quantifizieren) stellt das wesentlichste Anliegen der Testdiagnostik dar, und ein Test wird als ein systematisches Verfahren zur Messung einer Stichprobe von Verhaltensweisen begriffen; die Verhaltensstichprobe erfaßt einen Verhaltensausschnitt eines Teilbereiches einer Persönlichkeit. Die Quantifizierung läßt sich vor dem Hintergrund bekannter *Gütekriterien* bewerten. Relevante Gütekriterien sind

– Objektivität,
– Zuverlässigkeit (Reliabilität),
– Gültigkeit (Validität).

In der Untersuchung von Kindern liegt Objektivität dann vor, wenn verschiedene Untersucher bei demselben Kind zu identischen Ergebnissen kommen. Soll eine hohe Objektivität erreicht werden, müssen Untersuchungsablauf und Befundauswertung genau beschrieben sein. Wenn bei mehr als einmaliger Anwendung eines Verfahrens beim selben Kind und unter den gleichen Bedingungen übereinstimmende Ergebnisse erzielt werden, ist eine hohe Reliabilität gegeben. Objektivität und Standardisierung sind die Voraussetzungen dafür.

Als Validität oder Gültigkeit wird das Maß der Übereinstimmung zwischen dem Testergebnis und dem Sachverhalt, den ein Verfahren zu messen angibt, bezeichnet. Es setzt eine genaue Normierung (Standardisierung) der Verfahrensinhalte, -durchführung und -bewertung voraus (144, S. 4).

So spielen auch die sogenannten *Nebenkriterien* bei der Beurteilung und Abwägung der Qualität eines Testverfahrens eine wichtige Rolle, etwa dann, wenn die Auswahl aus einer Reihe funktionsgleicher Verfahren erleichtert werden soll.

Folgende Kriterien zur Güte und Brauchbarkeit eines Tests werden als solche angesehen:

– Normierung,
– Vergleichbarkeit,
– Ökonomie,
– Nützlichkeit (vgl. 150; 36).

Quantifizierte Informationen gestatten auf nachvollziehbare Weise Vorhersagen auf zukünftige Zustände. Auch diese Vorhersagen lassen sich wiederum empirisch auf ihre *Treffsicherheit* (Genauigkeit) überprüfen, wobei bei der Interpretation von Testergebnissen bestimmte *Standardabweichungen* berücksichtigt werden. Im Test ist deshalb ein durchschnittlicher Fehlerbereich (Vertrauensbereich) angegeben, d. h., daß der „Standardmeßfehler" eine Schwankungsbreite gemessener Testwerte – eine zulässige und eingeräumte Abweichung nach oben oder unten – angibt (vgl. BUNDSCHUH [36], LIENERT [17], PETERMANN [150; 151]).

Nach BUNDSCHUH sollen über einen Test Angaben verfügbar sein, „die eine Einordnung des individuellen Testergebnisses in ein größeres Bezugssystem ermöglichen, nämlich Normen" (36, S. 71). Daher wird die *Normierung* als bedeutsames Gütekriterium eingeschätzt. Das bedeutet, daß es durch die Gewinnung von Normdaten, die „Eichung", möglich werden soll, die Normierung eines Tests auf eine bestimmte Vergleichsgruppe zu erreichen. In der psychologischen Praxis ist daher im Zusammenhang mit der Testdiagnostik die Verwendung von Normskalen sehr gebräuchlich.

Alle Instruktionen während einer Testanwendung sollen möglichst „standardisiert" sein, d. h., alle Personen, die den Test bearbeiten, sollen die gleiche Anweisung und Behandlung erhalten. Es kann deshalb auch von einer routinemäßigen Testdurchführung gesprochen werden, einer Durchführung unter *Standardbedingungen*.

BUNDSCHUH (36, S. 52) faßt die wesentlichsten Anteile eines psychologischen Testverfahrens beschreibend zusammen:

1. Ein Test ist ein Beobachtungs- oder Prüfsystem,

2. mit einer Verhaltensstichprobe soll möglichst exakt ein Teilbereich der Persönlichkeit erfaßt werden, ein Ausschnitt, den der Test „mißt",

3. eine Person wird innerhalb einer Gruppe klassifiziert oder auf einer Skala eingestuft,
4. mit Hilfe eines Tests sollen Aussagen über zukünftiges Verhalten gemacht werden.

Psychometrische Tests und projektive Verfahren

Psychologisch-diagnostische Testverfahren konzentrierten sich lange Zeit auf die Untersuchung der Intelligenz. Die Forschungen BINETs (1857–1911) beschäftigten sich mit Fragen des „Intelligenzvorsprungs" und eines „Intelligenzrückstandes" von Kindern und setzten diese Daten eines *Intelligenzalters* und des *Lebensalters* miteinander in Beziehung mit der Aufgabe, diese beiden Daten miteinander zu vergleichen, als Ansatz für eine Messung (Abschätzung) der Intelligenz.

BINET und Mitarbeiter erfanden eine Art Staffelsystem (Staffel- oder Stufenprinzip), das als Berechnungsgrundlage für jede Altersstufe geeignete Aufgaben vorsah.

Dieses System wurde weiterentwickelt und die Basis der meisten psychologischen Entwicklungstests. 1911 führte STERN den Begriff des *Intelligenzquotienten (IQ)* ein, mit dem es möglich wurde, den Entwicklungsvorsprung bzw. -rückstand eines Kindes aus Intelligenz- und Lebensalter zu berechnen.

Später wurde analog zum Intelligenzquotienten durch BÜHLER und HETZER (1932) der Begriff *Entwicklungsquotient (EQ)*, mit welchem eine Berechnung auch anderer kindlicher Entwicklungsbereiche möglich gemacht wurde, eingeführt; seit der Entwicklung, Modifizierung und Verbreitung motometrischer Testverfahren (vor allem durch SCHILLING [173]) werden als Normen auch *Motorikquotienten (MQ)* verwendet (vgl. 36; 77; 172; 173).

Die testdiagnostischen Methoden wurden um die Entwicklung

– analytischer Testverfahren,
– sprachunabhängiger Tests (non-verbale Verfahren),
– Gruppentestverfahren

und die für die Diagnostik sensomotorischer Auffälligkeiten im besonderen verwendeten

– Entwicklungstests (Einbeziehung des Vorschulkindes, des Kleinkindes und des Säuglings)

erweitert.

BUNDSCHUH (36, S. 95) nennt verschiedene Klassifikationsaspekte, wie die Einteilungsmöglichkeit in *Individual- und Gruppentests*, und gibt auch eine Zweiteilung in „Fähigkeitstests" und „Persönlichkeitstests" an, die hier zum Zwecke eines groben Überblicks aufgeführt werden soll:

Zur Gruppe der „Fähigkeitstests" (es handelt sich hierbei im allgemeinen um *psychometrische Testverfahren*, in welchen eine Leistung oder ein Verhalten gemessen und im Rahmen einer einheitlichen Bewertungsskala bewertet wird), die auch in der Diagnostik des frühen Kindesalters angewendet werden können, zählen

– Intelligenztests,
– allgemeine Leistungstests (z. B. zur Prüfung spezieller Fähigkeiten wie Gesichtssinn, Gehörsinn, Konzentration),
– Schultests (wie z. B. Schulleistungstests),
– Entwicklungstests (wie z. B. Verfahren zur Überprüfung der Motorik).

Zur Gruppe der „Persönlichkeitstests" zählen zumeist die projektiven Verfahren, die nicht mit den Maßstäben der klassischen Testtheorie zu messen sind, sondern weitgehend auf tiefenpsychologischen Annahmen beruhen. Den projektiven Verfahren liegen „qualitative Einordnungsskalen" zugrunde, „in welche die Ergebnisse einzuordnen sind" (36, S. 99).

Projektive Verfahren in der Kinderdiagnostik

Projektive Verfahren, die in der Diagnostik des frühen Kindesalters eingesetzt werden, sind als diagnostische Mittel zu verstehen, die Einblicke in die Persönlichkeit des Kindes geben können.

Von „Projektion" kann dabei gesprochen werden, wenn ein Kind Verhalten manifestiert, das auf emotionale Bedürfnisse und psychische Probleme des Kindes hinweist (es zeigen sich Gefühle, Konflikte, Wünsche, Sehnsüchte, Entbehrungen, Enttäuschungen) und das sich in der sensomotorischen Entwicklunsphase eines Kindes mehr oder weniger deutlich in seinem Wahrnehmungs- und Bewegungsverhalten zeigen kann. Zu einem solchen Mechanismus gehört nach psychologischem Verständnis die Projektion innerer Wahrnehmungen nach außen. Dieser Projektion unterliegen auch die Sinneswahrnehmungen. Auch dieses Phänomen kann sich sehr wohl im frühkindlichen sensomotorischen Verhalten ausdrücken.

In einem projektiven Verfahren können die Antworten eines Kindes – im Gegensatz zum psychometrischen Test – jeweils ganz verschieden ausfallen, unter Umständen auch unterbleiben. Ein solcher „Aufforderungscharakter" projektiver Verfahren wird z. B. durch das Aufbauen von Szenen, das Erstellen von Zeichnungen, das Hantieren mit Spielmaterial und bestimmten Figuren, das Vorlegen von Bildern und andere „Aktivitäten" in Gang gesetzt, das heißt, es werden kindliche Aktivitäten, wie Erzählen einer Geschichte, die lebendige Gestaltung in einer Spielhandlung, erwartet. Diese

„Aktivitäten" – genauso aber auch passives Verhalten des Kindes – kann der geschulte psychologische Untersucher deuten, analysieren und auswerten (vgl. 36; 28).

4.4.1 Entwicklungstests

Innerhalb der beschreibenden Entwicklungspsychologie in der psychologischen Arbeit mit Kindern dienen Entwicklungstests in erster Linie der Beurteilung eines individuellen frühkindlichen und kindlichen Entwicklungsverlaufes, von SARIMSKI wie folgt beschrieben: „Die dabei beobachtete Testleistung gibt Aufschluß darüber, ob das Entwicklungstempo eines Kindes bis zum Zeitpunkt der Untersuchung durchschnittlich war oder ob dieses in allen oder einzelnen Entwicklungsbereichen nicht altersgemäße Variationsbereiche zeigt" (168, S. 7).

Ausgewählte Entwicklungstests können natürlich auch zum Bestandteil der ärztlichen Früherkennungsuntersuchungen und der heilpädagogisch-therapeutischen Diagnostik zählen und werden dort auch insbesondere als Screening-Verfahren angewendet.

Aus der Vielzahl der gängigen Entwicklungstests sollen nachfolgend einige, insbesonders für das früheste und frühe Kindesalter geeignete Verfahren vorgestellt werden, die schwerpunktmäßig senso- und psychomotorisches Verhalten beobachten.

Im übrigen wird an dieser Stelle auf die relevante Fachliteratur zur psychologischen Diagnostik mit ihren Testverfahren für das Kindesalter verwiesen, insbesondere auf RENNEN-ALLHOFF, B., und P. ALLHOFF: Entwicklungstests für das Säuglings-, Kleinkind- und Vorschulalter. Berlin, Heidelberg, New York (Springer) 1987, und BRACK, U. B. (Hrsg.): Frühdiagnostik und Frühtherapie. München/Weinheim 1986.

So wie SARIMSKI diese zum Zwecke der Beurteilung des kindlichen Entwicklungsverlaufes angewendeten Verfahren als „Orientierungshilfe für die Diagnose von Störungen und die Wahl von Zielen psychologischer Interventionen" bezeichnet (168, S. 7), dienen Entwicklungstests dementsprechend auch dazu, retardierte oder regressive Entwicklungsverläufe auszumachen.

Nach PETERMANN wird mittels eines Entwicklungstestverfahrens ein „mit Hilfe von Testaufgaben erfaßtes Ist-Verhalten mit dem Soll-Verhalten, das sich aufgrund empirisch gefundener Entwicklungsnormen ergibt", in Beziehung gesetzt (149, S. 816). Damit wird eine Einordnung der Einzelperson in eine für sie typische Population ermöglicht.

Für die Beurteilung senso- und psychomotorischen Verhaltens im frühesten und frühen Kindesalter sind folgende Fragen von Interesse:

1. Wie ist die bisherige Entwicklung verlaufen?
2. Wie wird die Entwicklung wohl in Zukunft verlaufen?
3. Was ist der Grund dafür, daß sich ein Kind gerade an einer bestimmten (vielleicht nicht erwarteten) Stelle des Entwicklungskontinuums befindet?

Die Beanwortung dieser drei Fragetypen geschieht in der psychologischen Praxis nicht unabhängig voneinander, sondern in einem engen Kontext.

Im allgemeinen können auf diese Weise folgende Entwicklungsbereiche diagnostiziert werden:

– die allgemeine Entwicklung,
– die motorische Entwicklung,
– die Wahrnehmungsentwicklung,
– die Intelligenzentwicklung,
– die soziale Entwicklung,
– die schulische Entwicklung (vgl. 149, S. 817).

Entwicklungsfrühdiagnostische Verfahren für Säuglinge und Kleinkinder

Die im Säuglings- und Kleinkindalter angewendeten entwicklungsdiagnostischen Verfahren haben das Ziel, mit dem Ergebnis ihrer Überprüfung ein Gesamtentwicklungsmaß zu erhalten, das sehr oft mit dem „Entwicklungsalter" oder durch die Berechnung eines „Entwicklungsquotienten" dargestellt ist.

Bei den Einzelaufgaben geht es darum, eine möglichst repräsentative Auswahl von Fähigkeiten aus verschiedenen – nach Möglichkeit die gesamte frühkindliche Entwicklung umfassenden – Entwicklungsbereichen zu erhalten, um sensomotorische Fähigkeiten nicht nur „ausschnittweise", sondern „ganzheitlich" erfassen und einschätzen zu können. Es ist dabei von Bedeutung, daß Testergebnisse keine bloße Momentaufnahme der Entwicklung sind, sondern auch bei einer Wiederholung des Verfahrens ihre Gültigkeit behalten sollen. Es ist deshalb – gerade im Umgang mit Säuglingen und Kleinkindern – notwendig, daß ohne Zeitdruck gearbeitet wird, wenn nötig unterbrochen und auch – mitunter mehrmals – wiederholt wird (vgl. 28, S. 59–65). Zu den erforderlichen Voraussetzungen gehört auch die kindgerechte Ausstattung des Raumes, die Beachtung des Wohlbefindens des kleinen Kindes, die vorherige Kontaktaufnahme mit ihm und das Einbeziehen der nächsten Bezugsperson, in aller Regel der Mutter.

Entwicklungsskalen

Entwicklungsskalen werden zur anschaulichen Einordung kindlicher Fähigkeiten herangezogen, um eine Aussage über den derzeitigen „Standort" des Kindes hinsichtlich einer zu erwartenden Entwicklungsdimension, des „Entwicklungsstandes", etwa des erreichten motorischen „Entwicklungsniveaus" zu erhalten. Die zu messenden Fähigkeiten des Kindes sind auf einem konstruierten Entwicklungskontinuum zu lokalisieren.

PETERMANN (149) erläutert in diesem Zusammenhang anschaulich, daß mit Hilfe von Querschnittsdaten, die den abzubildenden Entwicklungsverlauf „in kleine Intervalle aufspalten", ein zusammengesetztes Entwicklungsmaß entsteht, das zur Kennzeichnung des Entwicklungsstandes geeignet sein soll.

Entwicklungsscreenings

Als „*Screeningverfahren*" werden Entwicklungstests bezeichnet, deren Schwerpunkt eine erste „Auslese" von Kindern darstellt, dann angewendet, wenn bei einem Kind ein Verdacht auf eine Entwicklungsverzögerung oder ein Rückstand in der sensomotorischen Entwicklung in einem oder auch mehreren Entwicklungsbereichen vorliegt (Retardierung). Es wird eine Reihe von Aufgaben (Items) vorgegeben, die den relevanten Entwicklungsbereichen zugeordnet sind. „Screenings" orientieren sich an solchen Normen, die den Untersuchenden erkennen lassen, in welchem Alter die Aufgaben von gesunden Kindern (im DENVER-Screeningverfahren beispielsweise aufgegliedert in 25, 50, 75 und 90 Prozent der Gleichaltrigen) bewältigt und gekonnt werden. Wenn ein Kind eine bestimmte „Mindestnorm" nicht erfüllt, ist dann die Einleitung weiterer Untersuchungen – eventuell mit einem differenzierten Entwicklungstest – vorgesehen.

Präsentiert sich dem psychologischen Untersucher ein *unterdurchschnittliches Entwicklungsprofil*, kann er auf eine „Retardierung" schließen. Sie ist als *allgemeiner Entwicklungsrückstand* zu kennzeichnen, solange sie eine Aussage auf Auffälligkeiten, Rückstände oder Defizite zuläßt, die sich zunächst auf alle Funktionen erstreckt und noch keine „Störung" in einem bestimmten Bereich erkennen läßt (vgl. 28).

4.4.2 Diagnostik der motorischen Funktionen

Zur psychologischen Einschätzung des motorischen Entwicklungsniveaus ist es grundlegend, die motorische Entwicklung in ihrer engen Wechselwirkung mit Wahrnehmungs- und Reizverarbeitungsvorgängen zu begreifen und das Zusammenspiel sensomotorischer Funktionen zu beachten. In der gesunden frühkindlichen Entwicklung lassen sich Bewegungs- und Wahrnehmungsfunktionen nur schwer voneinander trennen und müssen als eine Einheit gesehen werden. Auch in der motorisch gestörten frühkindlichen Entwicklung werden immer negative Auswirkungen auf alle anderen

Entwicklungsbereiche zu erwarten sein, wenn therapeutische Interventionen unzureichend oder nicht rechtzeitig erfolgen (sekundäre Störungen).

Es kann sich aber auch bei einer typischen motorischen Störung, wenn sie zerebral bedingt ist, primär eine retardierte oder gestörte Motorik mit persistierenden frühkindlichen oder pathologischen Bewegungsmustern zeigen – bei einer altersgemäßen perzeptiven Entwicklung und *ohne* Auffälligkeiten der Entwicklung der darauf aufbauenden Funktionen (vgl. 205).

Verfahren zur Überprüfung des frühkindlichen motorischen und kindlichen psychomotorischen Verhaltens, die auch von Psychologen benutzt werden, finden sich schwerpunktmäßig als ein Aufgabengebiet der *Motologie*.

Als *Motodiagnostik* sind daher Untersuchungsverfahren zur Diagnostik der motorischen Funktionen des Kleinkind- und Vorschulalters im entsprechenden Kapitel (II 3.3: „Motoriktests") vorgestellt.

4.4.3 Prüfung sensomotorischer und kognitiver Funktionen

Viele frühdiagnostische Verfahren nahmen ihren Ursprung im Bewußtsein der Bedeutung der Wahrnehmung auf der Grundlage entwicklungspsychologischer Erkenntnisse durch PIAGET. Er hat die Entwicklung der *sensomotorischen Intelligenz* als Reifungsprozeß beschrieben und in der Entwicklung von sechs Phasen in den ersten beiden Lebensjahren des Kindes die Verbindung zwischen Sinnesleistungen (Wahrnehmung) und Handlung (motorische Leistung, Umgang mit Gegenständen) als bedeutsam für die Entwicklung der sogenannten „praktischen Intelligenz" herausgestellt (153).

Seine „typischen Phasen in der Entwicklung des Objektbegriffs" haben die psychologisch orientierte Entwicklungsfrühdiagnostik entscheidend beeinflußt und bis heute einen besonderen Stellenwert behalten. Beobachtungskriterien zur frühkindlichen Intelligenzentwicklung, in der die Entwicklung des *Objektbegriffs* nach der Lehre PIAGETs eine bedeutende Rolle spielt, beziehen sich auf die Entwicklung typischer *Verhaltensschemata* und Fertigkeiten in den ersten beiden Lebensjahren des Kindes.

Diagnostik sensomotorischer Funktionen

Nach PIAGET richtet sich die Aufmerksamkeit des Kindes in den ersten Stadien, Stadium I (0–1 Lebensmonat), Stadium II (1–4 Lebensmonate), Stadium III (4–9 Lebensmonate), auf funktionale (greifbare) Erwartungen und den Gebrauch von Verhaltensschemata. Neue Beobachtungen werden von Gewohnheiten beherrscht, das Verhalten ist konservativ, auf Wiederholung ausgerichtet und vorwiegend *assimilatorisch*, d. h., es zeigt sich die Tendenz, „Verhaltensweisen wieder zu vollziehen und sie an immer neuen äußeren Gegenständen ablaufen zu lassen". Dieser Vorgang wird *Assimilation* genannt (153, S. 52).

In den darauffolgenden Stadien, Stadium IV (9–12 Monate), Stadium V (12–18 Monate), Stadium VI (18–24 Monate), richtet sich die kindliche Aufmerksamkeit auf die beabsichtigte Differenzierung von Schemata in bezug auf Objekte; die Gewohnheiten werden von neuen Beobachtungen beherrscht, und das kindliche Verhalten ist vorwiegend *akkommodatorisch*, d. h., es gelingt nach PIAGET zunehmend die „Anwendung bekannter Handlungsschemata auf neue Situationen" (153, S. 266). Das Kind erfindet zunehmend neue Mittel und erprobt sie und gelangt über das äußere Experimentieren allmählich zu geistigen Kombinationen (vgl. 153; 7).

Überblick über die Stufen der sensomotorischen Entwicklung nach PIAGET (170, Manual, S. 9)

Alter	**Stufenbezeichnung**	**Merkmale**
0–1	Übung angeborener Reflexmechanismen	Konsolidierung und erste Differenzierung des angeborenen Verhaltensrepertoires
1–4	primäre Kreisreaktionen	Differenzierung von Handlungen aus Funktionslust
4–8	sekundäre Kreisreaktionen	Differenzierung zwischen Mittel und Zweck
8–12	Koordination sekundärer Schemata und Anwendung auf neue Situationen	differenzierte Exploration und intentionale Handlungen
12–18	tertiäre Kreisreaktionen	Entdeckung neuer Handlungsschemata durch aktives Experimentieren
18–24	Übergang zur symbolischen Repräsentation	Verinnerlichung von Handlungen, Sprache, symbolisches Spiel und verzögerte Imitation

Die Gesell-Entwicklungsskalen

Die Gesell-Skalen (Developmental Scales) nach A. GESELL haben die Entwicklungsfrühdiagnostik entscheidend beeinflußt. Sie wurden erstmals 1925 veröffentlicht, zählten zu den am häufigsten angewendeten Entwicklungstests, gelten heute allerdings nur noch als „Vorreiter" später entstandener Verfahren (vgl. 65).

Nach HELLBRÜGGE (77, S. 33) beschreiben sie „das Reifungsniveau der wichtigsten Bereiche des kindlichen Verhaltens", umfassen Verhaltensmerkmale, die aufgrund umfassender entwicklungsdiagnostischer Untersuchungen unter Einbeziehung somatischer und physiologischer Kriterien erarbeitet wurden, und können bei Säuglingen und Kleinkindern zwischen vier Wochen und sechs Jahren angewendet werden.

Es werden vier Kategorien als Hauptfelder des Verhaltens berücksichtigt:

a) motorisches Verhalten (mit Grob- und Feinmotorik),
b) adaptives Verhalten (sensomotorische Anpassung an Objekte),
c) sprachliches Verhalten (lautliche Sprache einschl. mimische und gestische Äußerungen),
d) soziales Verhalten.

Von den Verhaltensformen des Kindes wird auf seinen Reifegrad geschlossen und dieser mit der Berechnung eines Entwicklungsquotienten ausgedrückt (77, S. 32–36; vgl. 65).

Die Bühler-Hetzer-Kleinkindertests

Die „Kleinkindertests" von BÜHLER und HETZER (32) umfassen 17 Testreihen, die nach bestimmten Altersabschnitten gegliedert sind (von der Geburt bis zum sechsten Lebensjahr), und überprüfen sensomotorische und auch kognitive Funktionen. Sie sind diejenigen entwicklungsdiagnostischen Testreihen, die seit 1932 die bekanntesten geworden sind, auch heute noch mancherorts angewendet werden. Die Auswertung ist relativ aufwendig.

BÜHLER und HETZER führten analog dem Intelligenzquotienten den Begriff des Entwicklungsquotienten ein, der die Höhe der Gesamtentwicklung des Kindes angeben soll. Der Test soll Aussagen über den allgemeinen individuellen Entwicklungsstand und über die individuelle Entwicklungsstruktur (dargestellt in einzelnen Profilen) machen. Er orientiert sich am normalen Entwicklungsgang eines Kindes und geht dabei von einer Stufenentwicklung aus. Er unterscheidet sechs Grundrichtungen des menschlichen Verhaltens. Je nach Alter des Kindes sind Aufgaben in den einzelnen Testreihen vorgeschrieben.

Die sechs Grundrichtungen menschlichen Verhaltens:

A Sinnliche Rezeption	– Nahrungsreaktion, Sinnesreaktion, Dingauffassung
B Körperbewegungen	– Hinzubewegen und Greifen, Hindernisüberwindung, Körperbeherrschung
C Soziales Verhalten	– Kontakt, Aufforderung, Sprache
D Lernen	– praktisches und sprachliches Gedächtnis, Nachahmung
E Betätigen an Material	– Materialbearbeitung, Betätigung beharrlich durchführen
F Geistige Produktion	– Werkzeug benützen, Sinn- und Gestaltzusammenhänge auffassen

Die Denver-Entwicklungsskalen

Mit dieser Screening-Methode steht ein frühdiagnostisches Sieb- oder Suchverfahren zur Verfügung (218), das in die kinderärztliche Praxis Eingang gefunden hat, vor allem aber auch in der heilpädagogisch-therapeutischen Untersuchungspraxis zur Anwendung kommt und daher in diesem Kapitel (II 7.3.4: „Die Anwendung heilpädagogischer und pädagogisch-therapeutischer Konzeptionen") näher beschrieben ist.

Die Ordinalskalen zur sensomotorischen Entwicklung

Auch die Ordinalskalen, die als deutsche Bearbeitung der „Infant Psychological Development Scales" von UZGIRIS/HUNT (1975) durch SARIMSKI entstanden und 1986 vorgelegt worden sind (170), wurden auf der Grundlage der Beobachtungen und theoretischen Erkenntnisse PIAGETs für das sensomotorische Entwicklungsstadium entwickelt. Sie sind geeignet für Kinder im Alter bis zu vierundzwanzig Monaten, aber auch bis zu einem dementsprechenden Entwicklungsalter, auch geeignet für Kinder mit geistiger Behinderung. Von den herkömmlichen Entwicklungsgittern unterscheiden sie sich, da es in diesem Verfahren nicht um die Erhebung eines quantitativen Maßes des Entwicklungsstandes geht, um es mit anderen Kindern seiner Altersgruppe zu vergleichen. Die Entwicklungsdiagnose mit den Ordinalskalen zur sensomotorischen Entwicklung „erlaubt statt dessen aufgrund ihrer entwicklungstheoretischen Fundierung und der Homogenität der Aufgabengruppen in sieben Bereichen eine qualitative Aussage über die kognitiven Verarbeitungsfähigkeiten eines Kindes. Daraus lassen sich für die Planung therapeutischer Übungsprogramme unmittelbar Schlußfolgerungen ziehen" (19, S. 68).

Es werden sieben Teilfunktionen unterschieden, die sich bei normal verlaufender sensomotorischer Entwicklung eines Kindes in den ersten beiden

Lebensjahren parallel entwickeln:

- Objektpermanenz (Entwicklung des Objektbegriffs),
- Wahrnehmung von Mittel-Zweck-Beziehungen (Entwicklung der instrumentellen Intelligenz),
- Lautimitation (Entwicklung der Imitationsfähigkeit für Laute und Gesten),
- Wahrnehmung kausaler Zusammenhänge (Entwicklung der Wahrnehmung von Ursache-Wirkungs-Beziehungen),
- Wahrnehmung von räumlichen Beziehungen,
- Entwicklung von Schemata im Umgang mit Gegenständen.

Die Ordinalskalen sind ein sehr differenziertes diagnostisches Verfahren mit aufwendiger und komplizierter praktischer Anwendung. Sie sollten als ausschließlich psychologisches Spezifikum verstanden werden (19; 170; 223).

Die „Bayley-Scales of Infant Development"

Die Bayley-Scales sind ein in den USA entwickeltes und auch heute noch vorzüglich dort eingesetztes Verfahren (Autor: N. BAYLEY) und beziehen sich auf die ersten drei Lebensjahre eines Kindes (alle Altersstufen von der Geburt bis zu 30 Monaten). Sie haben das Ziel, das intellektuelle und motorische Leistungsniveau des Kindes festzustellen und eventuelle Abweichungen von der Normalentwicklung zu erfassen. Sie werden auch in der (vorwiegend in der amerikanischen) kinderärztlichen Praxis angewendet und umfassen insgesamt 163 Einzelaufgaben in drei sich ergänzenden Teilen. Für die Auswertung des Tests steht eine Tabelle zur Verfügung, in der die Prozentsätze der beobachteten Verhaltensweise in der Standardisierungsstichprobe aufgeführt sind. Es ist dann darin zu erkennen, ob bei dem untersuchten Kind ein normales oder ein atypisches Verhalten vorliegt. Die drei sich ergänzenden Teile gliedern sich wie folgt: a) Mental Scale (Skala zur Diagnostik intellektueller Fähigkeiten, es kann ein mentaler Entwicklungsquotient errechnet werden), b) Motor Scale (Skala zur Diagnostik motorischer Fähigkeiten, es wird ein psychomotorischer Entwicklungsquotient errechnet), c) Infant Behavior Record (das kindliche Verhaltensinventar). Auch dieses standardisierte diagnostische Verfahren ist der engeren psychologischen Diagnostik zuzurechnen (77, S. 37–39; 18).

Die Griffiths-Entwicklungsskalen (GES)

Der Griffiths-Test in ein in englischsprachigen Ländern und in Skandinavien bevorzugter Entwicklungstest für die ersten beiden Lebensjahre des Kindes. Die Skalen wurden 1982 durch die Bearbeitung von BRANDT deutschen Verhältnissen angepaßt (19). Es läßt sich das Entwicklungsalter des Kindes feststellen und mit der Division durch das Lebensalter ein

Entwicklungsquotient errechnen. Der Test dient auch der Frühdiagnose geistiger Behinderung oder Retardierung durch die mögliche Beurteilung des Entwicklungsmusters gesunder Säuglinge und Kleinkinder.

Der Test ist zur Differenzierung der Leistung eines Kindes (oder seiner Behinderung) in fünf Unter-Skalen von etwa gleichem Schwierigkeitsgrad gegliedert, von denen jeder einzelne (insbesondere aber Unterskala C) als eigenständiger Test angewendet werden kann.

Für jede der Unterskalen

A: Motorik
B: Persönlich-Sozial
C: Hören und Sprechen
D: Auge und Hand
E: Leistungen

ist ein gesonderter Entwicklungsquotient zu berechnen. Das sich daraus ergebende Entwicklungsprofil kann im Einzelfall auch zur Differentialdiagnose von Behinderungen benutzt werden (19, 162).

Diagnostik kognitiver Funktionen

Neben den Entwicklungsskalen für die ersten Lebensmonate und -jahre eines Kindes werden psychologische Testverfahren für das Vorschulalter eingesetzt, um „Stärken und Schwächen eines Kindes" zu beschreiben.

Nach SARIMSKI prüfen die anwendbaren diagnostischen Verfahren die allgemeine Begabung, aber auch spezielle Fähigkeiten, sind demnach auch geeignet zur Erfassung intellektueller oder sprachlicher Teilleistungsstörungen. SARIMSKI gibt an, daß aus Profilbetrachtungen an möglichst vielen einzeln genormten Untertests Hypothesen für weitere Untersuchungen gewonnen werden und Hinweise für die Therapieplanung abgeleitet werden können; es kann ein Intelligenzquotient errechnet werden (168; 171).

Es steht eine große Anzahl von Testverfahren zur Verfügung, von denen hier nur einige genannt werden, die auch in der heilpädagogischen Praxis immer wieder Anwendung finden:

1. Testbatterie für entwicklungsrückständige Schulanfänger von KORN-MANN für fünf- bis siebenjährige Kinder,
2. Progressive Matrizen-Tests von RAVEN, für fünf- bis zehnjährige Kinder (Autoren: H. KRATZMEIER u. R. HORN),
3. French-Bilder-Intelligenz-Test, für vier- bis neunjährige Kinder (Autoren: G. HEBBEL u. R. HORN),
4. Hannover-Wechsler-Intelligenztest (HAWIVA), ab drei Jahren (bearbeitet von D. EGGERT u. a.).

Der ZEM-Test (Zeichne einen Menschen)

Nach KOPPITZ gilt der ZEM-Test (Zeichne einen Menschen) als Entwicklungskriterium für die kindliche Intelligenz. In ihrer Veröffentlichung „Die Menschendarstellung in Kinderzeichnungen und ihre psychologische Auswertung" gibt sie 30 Entwicklungsmerkmale für 5- bis 12jährige Kinder an, die im zeichnerischen Können des Kindes ihren Ausdruck finden (114). Die Mann-Zeichnung (z. B. Kopf, Nase, Arme, Körper) kann auch diagnostische Hinweise auf Hirnfunktionsstörungen geben, z. B. bei feinmotorischen und koordinativen Schwierigkeiten, bei Hinweisen auf Störungen des Körperschemas (vgl. auch ZILER, H.: Der Mann-Zeichen-Test. Münster[4] 1973).

4.4.4 Spieldiagnostik

Die Spieldiagnostik als Entwicklungs-, Leistungs- und Persönlichkeitsdiagnose ist eine weiterentwickelte Sonderform der Spielbeobachtung, mit welcher mittels Testaufgaben, die nicht „Prüfungs-", sondern „Spielcharakter" haben, und die sich bemühen, ihre Aufgaben dem kindlichen Spiel anzugleichen, ein Kind bei spontanen Aktivitäten beobachtet werden kann.

Diagnostik von Verhaltensstörungen und psychoreaktiv bedingten Entwicklungsstörungen

Gegenüber der *Entwicklungsstörung*, mit der vielgestaltige sensomotorische Auffälligkeiten auf organischer oder hirnorganischer (hirnorganisch vermuteter) Grundlage bezeichnet werden, beinhaltet den Begriff *Verhaltensstörung* mehr solche Auffälligkeiten, die auf Einflüsse mit einer „Lernvorgeschichte" zurückzuführen sind, also vorwiegend psychoreaktiv bedingt sind. Eine kindliche Verhaltensproblematik kann mit psychomotorischen Symptomen in Erscheinung treten und eine spieldiagnostische Vorgehensweise erfordern.

Spieldiagnostische Verfahren werden in der klinisch-psychologischen Diagnostik und als entwicklungsdiagnostische Prüfverfahren in einer Vielzahl von Variationen angewendet; in der psychoanalytischen Spieldiagnostik haben die projektiven Verfahren spielerische Elemente, wenn sie für die Untersuchung im Kindesalter eingesetzt werden (84; 85).

Zur Diagnostik senso- und psychomotorischer Auffälligkeiten können sie nur dann herangezogen werden, wenn zwischen seelischen Ursachen und motorischem bzw. sensomotorischem Verhalten ein Zusammenhang vermutet wird (psychomotorische Korrelation).

HETZER beschreibt das spieldiagnostische Vorgehen in der Klinischen Psychologie: „Als ein Spielzeug werden den Probanden kleine Modelle von Häusern, Menschen, Fahrzeugen, Tieren, Bäumen usw. angeboten, mit denen sie ihre vorgestellte Welt darstellen können." Sie weist auf die „Welt"-Technik zu diagnostischen und therapeutischen Zwecken von LOWENFELD hin, ebenso auf CH. BÜHLER, die versuchte, das sog. Weltspiel als „Weltspieltest" zu standardisieren: „Neben der Beobachtung des Verhaltens beim Spielen wird die von den Kindern aufgebaute Welt in inhaltlicher und formaler Hinsicht analysiert. Die Kinder werden zu Äußerungen über ihren Weltbau veranlaßt . . . Inhaltliche Merkmale der aufgebauten Welt (. . .) werden in diagnostischer Hinsicht als ebenso aufschlußreich angesehen wie formale Merkmale" (85, S. 89 u. 90).

Die psychoanalytische Spieldiagnostik geht im wesentlichen auf FREUD zurück und versucht, über das Spiel Zugang zu einer persönlichen Problematik zu finden, deren Behebung die wesentliche Aufgabe einer dementsprechenden Therapie ist, so daß Diagnostik und Therapie ineinandergreifen (85, S. 90).

Symbolisches Spiel und psychologische Diagnostik

PIAGETs Ausführungen über das kindliche *Symbolspiel* (152) hat das Interesse der Kinderpsychologie an diesbezüglichen diagnostischen Möglichkeiten beeinflußt. Es wurde bereits in den zwanziger Jahren in psychologischen Lehrbüchern, vorwiegend durch BÜHLER verankert.

Ein bekanntes psychoanalytisch orientiertes Verfahren ist der *Scenotest* von STAABS (193), der mit ausgewähltem Spielmaterial arbeitet. Das Kind soll Szenen aufbauen, deren Deutung dann mit Hilfe der charakteristischen Puppen (z. B. Mutter, Großvater, Baby), die vom Psychologen als Träger wichtiger Rollen angesehen werden, erfolgen soll (193).

Inzwischen sind kritische Vorbehalte gegen Verfahren ausgesprochen worden, die versuchen, das kindliche Symbolspiel als projektiven Test zu benutzen. Nach SARIMSKI werden diese Vorbehalte mit der Ansicht begründet, daß das kindliche Spiel mit Figuren „stark von der jeweiligen Untersuchungssituation abhängt und nicht die realen Erfahrungen und Motive des Kindes abbildet" (171, S. 204).

Beim derzeitigen Interesse am symbolischen Spiel des Kindes in seinen ersten Lebensjahren steht mehr das Bestreben im Vordergrund, bei Defiziten in kognitiven oder sprachlichen Funktionen, die sich in einem Entwicklungstest gezeigt haben, eine weitere Untersuchungsmöglichkeit zur Verfügung zu haben, um diese näher zu bestimmen. SARIMSKI beschreibt zwei typische Verfahren:

1. Symbolic Play Test (LOWE & COSTELLO 1976). Kinder zwischen einem und drei Jahren „erhalten Miniaturobjekte, mit denen sie Spielszenen gestalten können. Eine Puppe wird schlafen gelegt, der Tisch wird

für sie gedeckt, sie fährt mit dem Traktor. Registriert werden die einzelnen Handlungen, mit denen das Kind Objekte miteinander in Beziehung setzt. Einem Summenwert sind Altersnormen zugeordnet, die an einer Stichprobe von 214 Kindern erhoben wurden" (171, S. 205).

2. Ordinalskala zum Symbolspiel von NICOLICH (1977). Auch hier ist eine Entwicklungssequenz zugrunde gelegt, allerdings ohne Normierung, „so daß das Verfahren nur qualitative Aussagen über die Zuordnung des beobachteten Verhaltens zu einer von 5 Stufen der Symbolspielentwicklung erlaubt" (171, S. 205).

4.4.5 Verfahren der Entwicklungsrehabilitation

Perzeptionsdiagnostik

Perzeptive Leistungen umfassen das sensorische Aufnahmevermögen, die Speicherung des Aufgenommenen und seine sinnvolle Verarbeitung, durch welche dann eine Informationsabgabe in der Beantwortung der aufgenommenen Wahrnehmungseindrücke in einer den frühkindlichen Möglichkeiten angepaßten Handlung als Reaktion möglich wird (vgl. 205, S. 12).

Das diagnostische Vorgehen hat daher abzuklären, ob eine zentrale Störung der Wahrnehmungsverarbeitung vorliegt oder ob eventuell eine periphere Störung vorliegen kann.

Die gestörte Wahrnehmungsentwicklung hängt sehr eng mit motorischen Fähigkeiten zusammen; der Ausprägungsgrad von Wahrnehmungsstörungen reicht von leichten Teilleistungsstörungen, die sich vielleicht in einer Störung der visuomotorischen Koordination zeigen, bis zu vielgestaltigen und schwerwiegenden Wahrnehmungsausfällen, die oftmals in Verbindung mit einer Schädigung peripherer Organe (Ohr, Auge) zusammentreffen.

Das bedeutet für die Diagnostik im Säuglings- und Kleinkindalter, daß der frühkindlichen *Perzeptionsentwicklung* (Aufnahme, Verarbeitung von Reizen und Beantwortung von Wahrnehmungseindrücken in einer den frühkindlichen Möglichkeiten angepaßten Handlung) größtmögliche Aufmerksamkeit geschenkt werden muß, um frühkindliches Verhalten zu beurteilen. Die fachlichen Möglichkeiten sind allerdings nicht nur der psychologischen Untersuchung, sondern auch dem ergotherapeutischen Ansatz in der Entwicklungsrehabilitation zuzuordnen (vgl. auch II 2.3: „Die ergotherapeutische Befunderhebung").

Verfahren der Entwicklungsrehabilitation

Zwei im Rahmen der „Entwicklungsrehabilitation" entstandene diagnostische Verfahren zur Groberfassung von Perzeptionsstörungen (vgl. auch II 1.5 „Entwicklungsdiagnostik nach Hellbrügge") tragen in diesem Zusammenhang der Erkenntnis Rechnung, daß ein perzeptiver Entwicklungsrückstand (auch mit der Vermutung einer mentalen Störung) sich in der Zusammenschau sensomotorischer Funktionen abbildet.

Die Darstellung der beiden bekannten und zur Zeit vielerorts in der psychologischen, auch in der medizinischen, insbesondere aber in der heilpädagogisch-therapeutischen Praxis angewendeten Untersuchungsverfahren, der

1. Münchener Funktionellen Entwicklungsdiagnostik für das 1. Lebensjahr (HELLBRÜGGE et al. 1978),
2. Münchener Funktionellen Entwicklungsdiagnostik für das 2. und 3. Lebensjahr (HELLBRÜGGE et al. COULIN et al. 1971),

erfolgt wegen ihrer pädagogischen Relevanz unter II 7.3.4: „Die Anwendung heilpädagogischer und pädagogisch-therapeutischer Konzeptionen".

4.4.6 Diagnostik von Wahrnehmungs-, Sprach- und Sinnesstörungen

Taktile Wahrnehmungsstörungen

Die Untersuchung taktiler Störungen, die zentral, peripher oder deprivativ bedingt sein können, erfolgt im wesentlichen innerhalb der gebräuchlichen Entwicklungstests, wegen des engen Zusammenhangs zwischen der taktilen und der kinästhetischen Wahrnehmung oft in Verbindung mit feinmotorischen Funktionsüberprüfungen.

In der Untersuchung von Säuglingen und Kleinkindern wird der Untersucher jedoch vorwiegend auf die Beobachtung des Kindes (beim Umgang mit Spielzeug) angewiesen sein, um Aufschlüsse über taktile Wahrnehmungsfähigkeiten zu erhalten.

In jüngster Zeit steht als speziell auf die Diagnostik taktil-kinästhetischer Wahrnehmung eingehendes Verfahren der Southern California Integration Test von AYRES zur Verfügung. Er ist unter II 5: „Diagnostik sensorischer Integrationsstörungen" vorgestellt.

Visuelle Wahrnehmungsstörungen

Für die Frühdiagnostik stehen – neben der Verhaltensbeobachtung – mehrere psychologische Testverfahren für Kinder ab dem 3. Lebensjahr zur Verfügung (vgl. 28; 162).

Für die Testuntersuchung im Säuglingsalter kann lediglich auf die Münchener Funktionelle Entwicklungsdiagnostik zurückgegriffen werden.

Auch in diesem Entwicklungsbereich ist eine Trennung visueller und motorischer Leistungen kaum möglich; daher werden in der psychologischen

Praxis immer wieder auch motodiagnostische Verfahren (Untertests und Teile daraus) benutzt.

Eine differenzierte Diagnostik drei- bis sechsjähriger Kinder ermöglicht der bekannte und sehr verbreitete FROSTIG-Entwicklungstest der visuellen Wahrnehmung (FEW), nicht nur ein fachpsychologisches, sondern auch ein beschäftigungstherapeutisches und heilpädagogisches Instrumentarium im Vorfeld eines speziellen Förderungsprogramms zur visuellen Wahrnehmungsförderung. Er ist unter II 2.3.4: „Wahrnehmungs- und Perzeptionsdiagnostik nach Frostig" vorgestellt.

Auditive Wahrnehmungsstörungen

Auch in diesem Störungsbereich ist die Abgrenzung des rein auditiven Anteils schwierig, und eine Retardierung der auditiven Wahrnehmung zieht unbehandelt immer eine Störung der Sprachentwicklung, des Sprechens und des Sprachverständnisses nach sich. Neben der Überprüfung des allgemeinen Entwicklungsstandes stehen einige spezielle Verfahren zur Verfügung (vgl. 28; 162).

Sprachliche Retardierung

Sprachentwicklungsstörungen sind sehr häufig in Verbindung mit einem allgemeinen Entwicklungsrückstand des Kindes zu sehen und werden in der Regel durch die gängigen Entwicklungstests erfaßt.

Sprachliche Einzelausfälle

Um Störungen sprachlicher Einzelfunktionen zu erfassen, steht eine Reihe ausgewählter Verfahren zur Verfügung, die größtenteils auch in der logopädischen und sprachheilpädagogischen Befunderhebung angesiedelt sind (vgl. II 2.2: „Die logopädische Befunderhebung" und II 7.3.4.4: „Sprachheilpädagogische Frühdiagnostik").

Diagnostik von Sinnesschädigungen

Zur Untersuchung hörgeschädigter und gehörloser Kinder steht die *pädaudiologische* Diagnostik zur Verfügung, die in Zusammenarbeit von Psychologen, Audiologen und Sprachheilpädagogen erfolgen wird.

Zur Überprüfung der Intelligenzentwicklung wird in der psychologischen Diagnostik auf Entwicklungs-, Intelligenz- und Vorschultests (sprachfreie Verfahren) zurückgegriffen. Diese Verfahren können jedoch in der *Diagnostik sehgeschädigter* und blinder Kinder nicht benutzt werden, da die meisten Aufgabenstellungen Sehfähigkeit voraussetzen; vielmehr ist dann eine psychologische Diagnostik erforderlich, die sich auf augenärztliche Befunde gründet und im einzelnen nur in Fachinstitutionen möglich ist (vgl. 28).

4.4.7 Diagnostik auf neuropsychologischer Grundlage

Mit neuropsychologischen Methoden soll der Zusammenhang der Funktionsweise des menschlichen Gehirns mit dem Verhalten des Menschen untersucht werden.

Neuropsychologische Fragestellungen im Kindesalter haben sich mit der Frage nach Hirnfunktionsstörungen zu beschäftigen.

Nach BURGMAYER (38) haben Testverfahren die Aufgabe, „zwischen Personen *mit* einer Hirnschädigung und Personen *ohne* Hirnschädigung zuverlässig zu unterscheiden" (S. 220). Die derzeit vorhandenen Testverfahren für das Kindesalter werden in der klinisch-psychologischen Praxis unter Beteiligung fachmedizinischer und klinisch-psychologischer Disziplinen verwendet. Viele der vorliegenden Verfahren werden lediglich im Rahmen der Forschung eingesetzt (38).

4.5 Kritik an der Testdiagnostik

Entwicklungs-, Intelligenz- und andere Testverfahren beanspruchen, als wissenschaftlich fundierte, objektive Instrumente angesehen zu werden, mit welchen es möglich ist, Eigenschaften, Entwicklungsschritte und Fähigkeiten eines Kindes mit einer hohen Treffsicherheit herauszufinden.

In jüngster Zeit werden die gängigen Verfahren zunehmend kritischer beleuchtet, und es wird innerhalb der wissenschaftlichen und fachspezifischen Diskussion auf einige Problempunkte aufmerksam gemacht:

AUS DER SCHMITTEN merkt kritisch an, „daß bei der Präsentation der Testergebnisse und in den Aussagen, die über ein Kind getroffen werden, nicht mehr sichtbar ist, was beim Vorgang des Testens selbst passiert" (179, S. 28). Er und andere Fachpsychologen machen auf die „Tücken der Statistik" aufmerksam, betonen insbesondere

- nicht zutreffende bzw. in vielen Fällen unzureichende Standardisierung,
- unglaubwürdige Kriteriensammlung bei der Normierung,
- unwägbare Gültigkeit des definierten Standardmeßfehlers eines Tests,
- die fragwürdige Aussagekraft der Gesamtziffer EQ oder IQ,
- unspezifische projektive Verfahren als Kleinkindertests,
- Überinterpretation von Testergebnissen (179; vgl. auch 150).

AUS DER SCHMITTEN (179, S. 30) formuliert die folgenden Kritikpunkte, die in der Arbeit mit Kindern berücksichtigt werden sollten:

1. Die Normalverteilung der Testwerte ist nicht eine Folge „in natura" normalverteilter menschlicher Fähigkeiten, die durch eine Testanwendung herausgefunden werden kann, sondern sie ist die Voraussetzung, ohne die bestimmte Teststatistiken in der klassischen Form gar nicht möglich wären.
2. Psychometrische Tests dürfen nicht für den Einzelfall herangezogen werden, sondern lassen bestenfalls gruppenspezifische Aussagen zu.
3. Testverfahren werden trotz (oder gerade wegen) mangelnder Erfahrung der Anwender häufig angewendet.

AUS DER SCHMITTEN spricht sich, wie derzeit viele seiner Fachkollegen, dagegen aus, sich als Untersucher den quantifizierenden Methoden gänzlich auszuliefern, weniger jedoch dagegen, „sich von Teilen der traditionellen Tests anregen zu lassen bei der Erarbeitung eigener variantenreicher Methoden beim Spiel mit den Kindern und ihrer Beobachtung". Er könnte sich als hilfreich für die psychologische Diagnostik vorstellen, wenn sie *halbstandardisierte* Verfahren zur Verfügung hätte, die entsprechend den Möglichkeiten und Bedürfnissen eines Kindes variiert werden könnten, und weist in diesem Zusammenhang darauf hin, daß Psychologen „bei der Wahl ihrer Diagnosemethoden von den Erfahrungen der Therapeuten" lernen könnten (179, S. 30).

PETERMANN (150, S. 44) beleuchtet die möglichen Perspektiven der Testdiagnostik, die aus einer „kritischen Distanz" zum bisherigen Entwicklungsstand diagnostischer Verfahren gesehen werden sollten. Zur notwendigen Neuentwicklung benennt er einige Ansätze, die beachtet werden sollten:

– grundlagenorientierte Fundierung der diagnostischen Urteilsbildung (der Prozeß des Diagnostizierens sollte explizit prüfbar gemacht werden),
– situationsorientierte Diagnostik (z. B. Differenzierung des Urteils mit Hilfe von situationsbezogenen, lebensnahen Spielsituationen),
– praxisnahe Einzelfalldiagnostik.

4.6 Gesprächsführung im diagnostischen Prozeß

Das Miteinander-Sprechen ist ein wesentlicher Anteil psychologischer Diagnostik. Das Gespräch begleitet jede diagnostische Vorgehensweise, hat aber gerade auch für sich allein betrachtet einen hohen Stellenwert.

In der Untersuchung senso- und psychomotorischer Auffälligkeiten im frühen Kindesalter spielen sowohl das Gespräch mit dem Kind, das anamnestische Gespräch, die Gespräche, um sich kennenzulernen und sich gegenseitig zu informieren, genauso aber das Beratungsgespräch mit den Eltern eine diagnostisch aufschlußreiche Rolle.

Der Stellenwert des Gespräches für die Heilpädagogik ist bei TIETZE-FRITZ herausgestellt: „Jeder einzelne Schritt in der heilpädagogischen Diagnostik ist durch das Gespräch begleitet. Dem ersten Gespräch darin kommt eine besondere Bedeutung zu, denn es soll die Grundlage der zukünftigen Beziehung, das gegenseitige Vertrauen, bahnen" (205, S. 134).

Grundformen psychologischer Gesprächsführung

Der Psychologe kann sich spezifischer *Grundformen psychologischer Gesprächsführung* bedienen, die unterschiedliche psychologisch-theoretische Wissenschaftsrichtungen dokumentieren und die hier nur in Kürze angeschnitten werden sollen:

– Folgt eine Gesprächsführung tiefenpsychologischen Erklärungsansätzen nach der Lehre FREUDs zur Entstehung von Störungen, werden für die Erziehung als besonders wichtig angesehene Entwicklungsbereiche und Belastungssituationen bei Familie und Kind betrachtet und mit Hilfe diverser diagnostischer Kriterien beleuchtet (58; vgl. 50).

– Folgt eine psychologische Gesprächsführung dem von ADLER begründeten individualtheoretischen Ansatz, werden etwa Erziehungsschwierigkeiten aus der Sicht des zu diagnostizierenden „Erziehungsklimas" bewertet und (seelische) Entwicklungsstörungen beim Kind mit der Theorie der Entwicklung der menschlichen Persönlichkeit in Verbindung gebracht (2; vgl. 1).

– Folgt die Gesprächsführung lernpsychologischen Ansätzen, d. h. auch, daß bei der Wahl von zu planenden Förderungsmaßnahmen verhaltenstherapeutische Methoden angewendet werden sollen, werden diagnostische Aspekte zur Lern- und Veränderungsbereitschaft den Verlauf eines Gespräches mitbestimmen (vgl. 185).

– Folgt die Gesprächsführung kommunikationstheoretischen Grundlagen, die auch kommunikationstherapeutische Förderungsansätze in den Vordergrund rücken werden, wird die Analyse der Beziehungen (zwischen Familienmitgliedern, zwischen Eltern und Kind) Inhalt der diagnostischen Gespräche sein, den Erscheinungsformen von Mängeln in der (nonverbalen) Kommunikation und der Suche nach Bedingungsfaktoren für die Entstehung und mögliche Veränderung von Störungen wird das diagnostische Interesse gelten (216; vgl. 184).

Die klientenzentrierte Gesprächsführung

Mit der „klientenzentrierten Gesprächspsychotherapie" nach ROGERS, in deren Mittelpunkt die soziale Interaktion zwischen dem Klienten und dem

Therapeuten steht, mit dem Ziel der Problemlösung und Verminderung einer Beeinträchtigung im Erleben und Verhalten eines Menschen durch Unterstützung und Förderung dieser Entwicklung durch bestimmte Verhaltensweisen des Therapeuten, die die Selbstheilungskräfte des Klienten aktivieren sollen, wurden für die psychologische Gesprächsführung neue Akzente gesetzt.

In Anlehnung an die Ideen ROGERS haben in der Bundesrepublik A. und R. TAUSCH spezifische Trainingsverfahren entwickelt, eine spezielle „Erziehungspsychologie" herausgestellt und förderliche Haltungen und Aktivitäten von helfenden Personen in Gesprächen als „einfühlsame" hilfreiche Gespräche im alltäglichen Leben, vor allem aber auch in der psychologischen und heilpädagogischen Praxis herausgestellt (195; 196).

Gerade auch im diagnostischen Gespräch mit Eltern eines entwicklungsauffälligen Kindes werden „klientenzentrierte" Ansätze auf der Grundlage der Persönlichkeitstheorie nach ROGERS mit eingebracht; viele Psychologen arbeiten ausschließlich klientenzentriert.

Die Berücksichtigung klientenzentrierten bzw. personenorientierten Verhaltens im psychologisch-diagnostischen Gespräch erfordert ganz bestimmte Einstellungen und Verhaltensweisen des Psychologen. Als zwingend notwendige Bedingung wird angesehen, daß es der Gesprächspartner aus sich heraus erreichen kann, durch eine lebenslang wirksame und angeborene Fähigkeit, die sogenannte Aktualisierungstendenz, „alle seine Anlagen so zu entwickeln, daß er sich als Ganzes erhalten und auf größere Reife hin entwickeln kann" (20, S. 89 u. 90; vgl. 66).

Neben einigen grundlegenden Aussagen über das Wesen des Menschen hat ROGERS folgende Merkmale des Verhaltens des psychologisch Tätigen (Therapeutenverhalten) als entscheidend nicht nur für seinen therapeutischen Ansatz, sondern auch für jedes psychologisch sinnvolle Gespräch herausgestellt:

1. Uneingeschränkte Wertschätzung des Klienten,
2. Echtheit/Kongruenz des Therapeuten,
3. einfühlendes (empathisches) Verstehen des Klienten (167; vgl. 20; 66).

5. Diagnostik sensorischer Integrationsstörungen

Die Psychologin und Beschäftigungstherapeutin J. AYRES hat ein Therapiekonzept entworfen und seit ihrer ersten Fachveröffentlichung ab 1973 bekannt gemacht, das als „sensorische Integrationsbehandlung" bei sehr unterschiedlichen Auffälligkeiten und Störungen der Wahrnehmung, des Lernens und des Verhaltens bei Kindern in der Frühförderung, im Vorschul- und Schulalter angewendet wird (9; 11; vgl. 127).

Grundlage der Therapie ist eine differenzierte *Diagnosestellung*, die ohne grundlegende Kenntnisse des besonderen Behandlungskonzeptes nicht erfolgen kann: Die Behandlung basiert auf neurophysiologischen, entwicklungs- und neuropsychologischen Grundlagen und ist sowohl im psychologisch-therapeutischen als auch im pädagogisch-therapeutischen Bereich angesiedelt. Die in den USA entwickelte Therapie ist derzeit auch in der Bundesrepublik zunehmend verbreitet; für psychologische, therapeutische und heilpädagogische Fachkräfte (in erster Linie für Beschäftigungstherapeuten) werden Fortbildungslehrgänge durchgeführt, die zur Ausübung der Integrationstherapie qualifizieren.

AYRES begreift die Störungen der Lernfähigkeit insgesamt als Abweichung der Gehirnfunktion durch eine mangelnde Integrationsfähigkeit sensorischer Eindrücke. Sie geht davon aus, daß minimale Hirnfunktionsstörungen – die neurologisch oft sehr schwer oder gar nicht zu diagnostizieren sind – die Ursache für zahlreiche Auffälligkeiten sein können, für *Integrationsstörungen* als funktionelle oder strukturelle hirnorganische Störungen, die das Zusammenarbeiten der Nervenzellen erschweren. Dem ZNS gelingt es deshalb nicht, die Fülle der über die einzelnen Sinneskanäle einströmenden Informationen in ausreichendem Maße zu ordnen oder zu koordinieren, mit bereits vorhandenen Daten zu vergleichen und daraus eine adaptive Reaktion zu organisieren. Es kommt nicht zu einer sinnvollen, exakten, effektiven und dem Reiz angemessenen Reaktion. Integrationsstörungen äußern sich in einer Vielzahl von Auffälligkeiten und Störungsbildern im Bereich von Wahrnehmung und Motorik sowie im emotionalen und sozialen Bereich.

Als die wesentlichsten Auffälligkeiten bei einer sensorischen Integrationsstörung nennt AYRES (11, S. 79–95)

– Überaktivität und Ablenkbarkeit,
– Verhaltensprobleme,
– Störungen in Muskeltonus und Koordination,
– Auffälligkeiten in der Sprachentwicklung,
– Lernstörungen.

Es sind vor allem die folgenden Syndrome, die für eine Integrationsproblematik verantwortlich sind:

– Störungen, die das Gleichgewichtssystem (vestibuläres System) betreffen,
– Störungen, die den Haltungs- und Muskelapparat und die Körpersymmetrie betreffen,
– Dyspraxie (Ungeschicktheit vor allem in der Bewegungsplanung, Störungen der Raumwahrnehmung und der Motorik),
– taktile Abwehrstörungen,
– Störungen der visuellen Wahrnehmung, des Hörens und der Sprache,
– Störungen der Lateralität.

Leitprinzip der Behandlung ist die Verbesserung der Integration von Sinneseindrücken. In der Therapie sind nach AYRES (11) „Sinneseinwirkungen zu schaffen und richtig zu dosieren, und zwar besonders Sinneseinwirkungen seitens des Gleichgewichtssystems, der Muskeln und Gelenke – also der Tiefensibilität – und der Haut – also des Tastsinnes –, und zwar in einer solchen Weise, daß das Kind spontan Anpassungsreaktionen an diese Reize bildet, die zu einer Integration der dabei erlebten Empfindungen in das Nervensystem führen" (S. 195 u. 196).

Durch diese direkte Anwendung von Reizeinwirkungen als *sensorischer Input* sollen letztendlich durch eine Verbesserung der sensorischen Integration auf niedrigen Gehirnebenen auch die kortikalen Hirnleistungen gebessert werden.

Der systematische Aufbau der Förderung orientiert sich am Entwicklungsverlauf des Kindes und besteht aus einer Basistherapie und drei darauf aufbauenden Förderstufen. Die Förderung setzt dann nach erfolgter Basistherapie – unter Benutzung speziell entwickelter Übungsgeräte – auf derjenigen Förderstufe ein, die der kindlichen Entwicklung entspricht (vgl. 11; 30).

5.1 Der diagnostische Ansatz nach Ayres

Das diagnostische Vorgehen wird als Gewinnung von Informationen verstanden, die für die Behandlung notwendig ist. Es dient der Beurteilung der Leistungsfähigkeit der Verarbeitung von Sinneseindrücken beim Kind und ist kein einmaliges Vorgehen, sondern begleitet als *Prozeßdiagnostik* den gesamten Therapieverlauf.

Die Befunderhebung macht eine intensive Zusammenarbeit zwischen psychologischen, therapeutischen und pädagogischen Fachkräften notwendig und kann durch klinische Untersuchungsmethoden ergänzt werden.

Nach erfolgter *Anamnese*, die wichtige Informationen zur Einschätzung der vorliegenden Störung, auch zur Differentialdiagnostik liefern soll, sind mit Hilfe von gängigen standardisierten Meßverfahren und Erhebungsmethoden insbesondere

– das motorische Verhalten,
– die Lateralität (insbesondere zur Händigkeit, Präferenz- und Leistungsdominanz) und
– die Wahrnehmung und die kognitive Entwicklung zu beobachten und zu beurteilen (30, S. 74–80).

Zur Einschätzung und Bewertung der Leistungsfähigkeit der Verarbeitung von Sinneseindrücken bei einem Kind im Alter von vier bis neun Jahren wird von den meisten Therapeuten neben der eigenen Beobachtung des Kindes ein von AYRES und Mitarbeitern entwickeltes Testverfahren benutzt, *die Southern California Sensory Integration Tests (SCSIT)*.

5.1.1 Beobachtungen

Neben der Verwendung standardisierter Testverfahren und diese begleitend, ist es nach AYRES notwendig, durch gezielte *Beobachtung* die Symptome einer sensorisch-integrativen Dysfunktion zu erkennen. „Bevor wir ein Kind behandeln, müssen wir sein Problem erkennen", meint AYRES (11) und mißt dem fachgerechten Beobachten eine besondere Bedeutung bei.

So können
– die Beobachtung der kindlichen Lagereaktionen auf eventuelle abnorme Lagereflexe aufmerksam machen,
– die Beobachtung des Muskeltonus eine eventuelle Muskelspastizität aufdecken,
– die Beobachtung der Augenbewegung (extraokuläre Muskeln) Auskunft über den Zustand des Zentralnervensystems geben,
– die Beobachtung des Kindes bei Tätigkeiten, die den „optischen Stellreflex" ausschalten, wie Laufen auf einem Brett, Auskunft über den Zustand des vestibulären Systems geben.

In Anlehnung an AYRES können sich nach BRAND et al. (30), FRÖHLICH (61) u. a. aus *allgemeinen Beobachtungen* einzelne Störungsbereiche der sensorischen Integration ergeben, denen sich die einzelnen Beobachtungen zuordnen lassen.

Werden verschiedene Symptomauffälligkeiten, auch aus verschiedenen Bereichen, beobachtet, sollte sich eine gezielte *klinische Beobachtung* anschließen, die bei festgelegten Kriterien in einer gestellten Situation detaillierte Auskunft über einen auffälligen Bereich geben kann (30, S. 107–116; vgl. 61; 127).

5.1.2 Die Southern California Sensory Integration Tests (SCSIT)

Mit der nach langjähriger Forschung und intensiven klinischen Untersuchungen 1980 von AYRES (10) veröffentlichten Anwendung der SCSIT können Integrationsstörungen diagnostiziert werden. „Der Test zeigt, wie weit die Integration von Reizeindrücken des Gleichgewichtssinnes, der optischen und der Berührungsempfindungen sowie der Eigenwahrnehmung entwickelt ist, in welchem Ausmaße das Kind seine Bewegungsplanung treffen kann, wie ausgeprägt die Augen-Hand-Kontrolle ist und ob es Haltungs-, Augenmuskelnreaktionen in der richtigen Weise durchführen kann" (11, S. 197).

Nach AYRES (11) kann der Untersucher die Reaktionen der Sinnessysteme beurteilen und die auditive und visuelle Wahrnehmung (insbesondere das kindliche Sehvermögen) überprüfen. Darüber hinaus ist es wichtig herauszufinden, „ob ein Kind eine normale Seitenbevorzugung seiner Handaktionen mit einer entsprechenden Seite (Lateralität) von Hirnfunktionen entwickelt hat" (S. 197).

Die SCSIT umfassen 17 Subtests mit je einer genau formulierten mehr oder weniger komplizierten Aufgabe. Sie sind so konstruiert, daß sie vom Kind ohne sprachliche Äußerungen bearbeitet werden können. Insgesamt werden für die Testdurchführung zwei bis vier Stunden benötigt; allerdings müssen nicht alle Subtests in einer Untersuchung durchgeführt werden, sondern können je nach individueller Befindlichkeit des Kindes in mehrere Abschnitte aufgeteilt werden. Die Tests sind grob in vier Bereiche zu unterteilen:

– Tests zur visuellen Wahrnehmung (drei Subtests),
– feinmotorische Tests (zwei Subtests),
– taktil-kinästhetische Tests (sechs Subtests),
– Tests zum Körperschema (sechs Subtests) (30, S. 85).

Im einzelnen werden die Fähigkeiten des Kindes in den folgenden Untersuchungsbereichen überprüft (vgl. 10; 30, S. 85–95; 61, S. 53–58):

1. Räumliche Wahrnehmung
Es werden das räumliche Vorstellungsvermögen, die Raumorientierung und die Schnelligkeit der Perzeption gemessen.

2. Figur-Grund-Wahrnehmung
Die Fähigkeit, Figuren vom Hintergrund zu differenzieren, wird zusammen mit der Wahrnehmungsschnelligkeit und -genauigkeit überprüft.

3. Stellung im Raum
Visuelles Gedächtnis, Wahrnehmung der Lage im Raum und Wahrnehmungsschnelligkeit werden derart getestet, daß eine gleiche graphische

Gestalt in verschiedenen räumlichen Lagen und unter anderen ähnlichen Formen wiedererkannt wird.

4. Muster nachzeichnen
Es sollen das visuelle Gedächtnis, das Erkennen räumlicher Beziehungen und das motorische Planen untersucht werden.

5. Kinästhetische Wahrnehmung
Das Bewegungsgefühl und die Wahrnehmung von Gelenkbewegungen und -stellungen werden überprüft.

6. Formwahrnehmung durch die Hände
In Verbindung mit der Beobachtung der Wahrnehmungsschnelligkeit wird die Fähigkeit gemessen, taktile Wahrnehmungen mit visueller Wahrnehmung zu integrieren.

7. Fingerunterscheidung
Es wird untersucht, ob das Kind die Stellung eines Fingers in der Beziehung zum anderen erkennt, eine Fähigkeit der taktilen Wahrnehmung und des Körperschemas.

8. Graphische Wahrnehmung
Taktile Wahrnehmung von Form und Raumlage werden durch Nachzeichnen eines auf den Handrücken des Kindes gezeichneten Musters überprüft.

9. Berührungs-Lokalisierung
Das Kind muß Berührungen wahrnehmen können.

10. Gleichzeitige Tasterkennung
Das Kind muß gleichzeitig zwei taktile Reize lokalisieren können.

11. Nachahmung
Unter Beobachtung von Schnelligkeit und Genauigkeit wird die Fähigkeit überprüft, ungewohnte und schwierige Bewegungen zu planen und koordiniert ausgeführt nachzuahmen.

12. Überqueren der Körpermittellinie
Die Körpermittellinie muß überquert werden können, d. h., die Hände müssen auf der jeweils gegenüberliegenden Körperseite tätig werden können.

13. Bilaterale motorische Koordination
Mit der Fähigkeit, einen Rhythmus mit symmetrischem oder asymmetrischem Einsatz beider Hände nachzuahmen, wird die Koordination beider Körperhälften überprüft.

14. Rechts-Links-Unterscheidung
Überprüfung des Körperschemas.

15. Einbeinstand mit offenen Augen
Die Balance wird ohne Ausschaltung der visuellen Wahrnehmung überprüft.

16. Einbeinstand mit geschlossenen Augen
Die Balance wird mit Ausschaltung der visuellen Wahrnehmung überprüft.

17. Motorische Genauigkeit
Mit diesem Test wird die Augen-Hand-Koordination für die rechte und die linke Hand überprüft.

Mit Hilfe eines Auswertungsbogens ist es durch statistischen Vergleich und graphische Darstellung möglich, das derzeitige sensorisch-integrative Entwicklungsniveau eines Kindes zu ermitteln; nach BRAND et al. (30, S. 101–104) ist es auch möglich, eine Zuordnung der Subtests zu den einzelnen Syndromen sensorisch-integrativer Dysfunktion (z. B. taktile Abwehr, Entwicklungsapraxie) als Voraussetzung für einen Therapieansatz vorzunehmen.

6. Befunderhebung durch Pädagogen und Sozialpädagogen

Pädagogik

Die pädagogische Diagnostik orientiert sich an ausschließlich *erzieherischen* Aufgabenstellungen und dient vor allem der Planung, Durchführung und Kontrolle von Lern-, Lehr- und Erziehungsprozessen auf den therapeutischen Grundlagen der erziehungswissenschaftlichen Disziplin.

Auch in der Entwicklungs- und Verhaltensbeurteilung durch den Fachpädagogen (vorwiegend durch *Diplompädagogen* oder *Sonderpädagogen*, in Kindergärten oder in integrativ arbeitenden Einrichtungen auch durch *Erzieher*, möglichst mit heilpädagogischer Zusatzausbildung sowie durch *Heilerzieher*) wird zunächst die Erhebung einer Anamnese (Vorgeschichte) benutzt: Durch Begegnungen und Gespräche mit Eltern des betreffenden Kindes, Familienangehörigen (Geschwister), mit Betreuern und Therapeuten, unter Einsichtnahme in Gutachten und Entwicklungsberichte, in bereits vorliegende diagnostische Ergebnisse (z. B. Arztberichte), durch gezielte Verhaltensbeobachtung sowie durch Untersuchungen zur Feststellung des Entwicklungs- und Leistungsstandes in einzelnen Bereichen, auch mit Hilfe verschiedener Beobachtungs- und Beurteilungsbögen, z. B. von „Diagnosebögen", erhält der Pädagoge einen grundlegenden Eindruck von Kind und Familie.

Soziale Arbeit

In der *sozialen Arbeit* unter Einbeziehung ihrer diagnostischen Funktionen liegt der Schwerpunkt vorwiegend in der Beobachtung derjenigen sozialen Systeme oder organisierten Strukturen der Gesellschaft, die unmittelbar oder mittelbar den sozialen Lebensprozeß mitbestimmen und für die Erziehung relevant sind. Die vielgestaltigen Aufgaben lassen sich definieren als Hilfen zur besseren Lebensbewältigung, was sich je nach Problemsituation und auslösender Lebenslage als Entwicklungs-, Erziehungs-, Reifungs- und Bildungshilfe verstehen läßt (33).

Die berufliche Handlungskompetenz durch *Diplom-Sozialpädagogen* oder *Diplom-Sozialarbeiter* wird als Konzept einer sozialwissenschaftlich orientierten kritischen Handlungswissenschaft verstanden, das sich in den letzten Jahren im Kontext der Erziehungswissenschaft herausgebildet hat. In der Frühförderung ist sie auf Beratungs- und Dienstleistungsangebote (Beratung, Erziehung, Sozialplanung) für gefährdete Kinder und die besondere Beachtung sozial bzw. gesellschaftlich bedingter Notlagen ausgerichtet.

Nach BACH (14) geht es dabei um das Herausfinden allgemeiner Notlagen als Ausgangspunkt der Überlegungen zu besonderen Hilfeleistungen und um die Erfassung von Störungen im sozialen System.

Sozialpädagogische/soziale Arbeit muß die den definierten Bedürfnis- und Mangelzuständen zugrunde liegenden Faktoren (zur Veränderung und Beeinflussung der Umwelt, der gesellschaftlichen Bedingungen und Strukturen, der realen Lebenslage der problembetroffenen und problemverursachenden Individuen und Gruppen) herausfinden. Bei der Wahl ihrer Ansatzpunkte und Mittel muß sie immer von einer genauen und gründlichen *Analyse* der Problemsituation ausgehen (33). Eine solche Zielsetzung kann auch vor allem ein *gruppendiagnostisches* Vorgehen erforderlich machen, eine Diagnostik mit dem Ziel der gesellschaftlichen Regelung sozialer Probleme (14).

6.1 Aufgaben der pädagogischen Diagnostik

Der Beitrag der pädagogischen Diagnostik zur Beurteilung frühkindlicher und kindlicher senso- und psychomotorischer Entwicklungsauffälligkeiten umfaßt nach LÖWER (121) im Rahmen der *Anamnese* „die Erhebung relevanter biographischer, sozialer und spezieller Daten zur Ätiologie und Genese des auffälligen, verzögerten, gestörten Verhaltens" (S. 34).

In jeder in diesem Buch genannten und fachlich orientierten Befunderhebung sind immer auch pädagogische Komponenten enthalten, und die Einzelerhebungen können identisch sein, vor allem dann, wenn in einem Team erhobene Fakten zu einer Gesamtdiagnose als Grundlage für die weitere mit heilpädagogischer Ausrichtung geplante Arbeit zusammengefaßt werden.

Dennoch ermöglicht die klassische *pädagogische Untersuchung* die Beachtung erzieherisch relevanter Differenzierungen und soll deshalb hier gesondert herausgestellt sein:

Ein wesentlicher diagnostischer Schwerpunkt liegt in der Beobachtung des pädagogischen Verhältnisses Mutter/Vater – Kind mit dem Ziel, dieses Verhältnis einschätzen zu können und „stabilisierende entwicklungsfördernde und -beeinträchtigende soziale, gegenständliche oder ökonomische Faktoren" (121, S. 34) herauszufinden.

LÖWER nennt für eine systematisch durchgeführte pädagogische Diagnostik im weiteren die folgenden spezifischen Kriterien (121, S. 34):

1. Die Erhebung der Verhaltensmerkmale
– Normverhalten, entwicklungsmäßige Leistungen (Verhaltensaktiva),

- Entwicklungsvorsprung (Verhaltensaktiva),
- Normverhalten, das zu häufig auftritt (Verhaltensexzeß, Verhaltensüberschuß),
- Normverhalten, das zu selten auftritt (Verhaltensdefizit),
- Normverhalten, das völlig fehlt (Verhaltensmangel).

Vorausgegangene Situationen, Bedingungen, Auslöser, Stimuli, Reize müssen dabei ermittelt werden.

2. Die Erhebung begleitender Organismus-Variablen
- Erkundung physiologischer, vegetativer, motorischer Begleitsymptome.

3. Die Feststellung der individuell als wirksam nachgewiesenen Konsequenzen
- positive Verstärkungen (Zuwendungen, Bestätigungen, angenehme Konsequenzen oder Folgen),
- negative Verstärkungen (unangenehme Situationen oder Einschränkungen fallen weg),
- positive Verstärkungen entfallen, bleiben aus,
- negative Konsequenzen, aversive Reize (unangenehme Folgen).

Auch die Kontingenz (Häufigkeit und Aufeinanderfolge) ist wegen ihrer hohen Bedeutung neben der Art der Konsequenz zu eruieren. Bei der Analyse und Systematisierung des diagnostischen Materials wird aus pädagogischer Sicht davon ausgegangen, daß „jede Diagnose ihrer Tendenz nach bereits eine Prognose einschließt" (121, S. 35).

6.2 Aufgaben der sozialpädagogischen Diagnostik

Als spezifische diagnostische Aufgaben, die Sozialpädagogen/Sozialarbeiter in der Arbeit mit Kindern und ihren Familien wahrnehmen können, nennt SPECK

a) die Kontrollfunktion,

b) die Beobachtung.

Es stehen dabei diejenigen sozialen Systeme oder organisierten Strukturen der Gesellschaft im Mittelpunkt, die unmittelbar oder mittelbar den sozialen Lebensprozeß eines (behinderten) Kindes mitbestimmen und für seine Erziehung relevant sind.

Nach diesem Verständnis ist eine sozialpädagogische Fragestellung, auch im Umgang mit Verwaltungsakten (administrative Aufgaben, Reha-Beratung, soziale Dienste) in ihrer diagnostischen Vorgehensweise darauf ausgerichtet, „die in diesen sozialen Systemen institutionalisierten Normen und Sanktionen zu erhellen, die für die Persönlichkeitsentwicklung und die soziale Partizipation . . . relevant sind" (189, S. 252).

Solche – übergreifenden – Aufgaben in der Sozialpädagogik sieht SPECK auch als sozioökonomische Aufgaben an, die sich auf das In-Funktion-Bleiben ganzer Lebensbereiche beziehen: „Es gilt, der Bedeutung der Lebensbereiche für die Erziehung eines Kindes in stärkerem Maße als bisher gerecht zu werden" (189, S. 269). Er weist darauf hin, daß es sowohl unterschiedliche Gewichtungen als auch Überschneidungen mit Aufgabenfeldern anderer Berufsgruppen geben kann, wenn es etwa um behinderungsspezifische, um lebenslaufbezogene oder methodenbezogene Aufgaben geht.

In jedem Fall aber müssen diagnostische sozialpädagogische Ansätze familienunterstützende, familienbegleitende und familienergänzende Schwerpunkte umfassen und im Rahmen heilpädagogischer Arbeit mit Kindern und ihren Familien auf die Wahrnehmung entsprechender komplexer Funktionen hinzielen (S. 269):

– auf Kooperation mit den Eltern,
– auf interdisziplinäre Kooperation,
– auf mögliche Einflußnahme auf Exosysteme (z. B. das Rechtssystem oder die Verwaltung),
– auf Reflexion bezüglich der eigenen Professionalität,
– auf Koordination der therapeutischen und erzieherischen Angebote.

7. Ganzheitliche Erfassung senso- und psychomotorischer Auffälligkeiten durch Früherzieher und Heilpädagogen

Ausgehend von den Empfehlungen des Deutschen Bildungsrates (42), ist das Feld der *Pädagogischen Frühförderung* als ein Handlungsfeld der *besonderen Erziehung* herausgestellt worden.

So skizziert SPECK die pädagogischen Bedeutsamkeiten und Intentionen der Frühförderung als „basale Bildungsförderung beim Kind" (187, S. 24) und stellt die fachliche Orientierung der frühen Entwicklungsförderung eines Kindes „am Aspekt der Erziehung" klar heraus (S. 16). Er betont die Bedeutung der Lebensphase der frühen Kindheit für die kindliche Entwicklung mit ihren in einer unmittelbaren Wechselwirkung zueinander stehenden Lern- und Erziehungsbereichen und verweist auf die Relevanz der Theorie und des Entwicklungskonzeptes von *Jean Piaget* für den Bereich der Früherziehung.

SPECK formuliert die Inhalte der Erziehung eines senso- oder psychomotorisch auffälligen, gestörten oder von einer Behinderung bedrohten kleinen Kindes: Die Vorgehensweise „verlangt nach einer Spezifizierung der erzieherischen Handlungsweisen und Einstellungen (special education)" zur Förderung in den Lern- und Erziehungsbereichen des

– Motorischen,
– Sensorischen,
– Sprachlichen,
– Sozialen und
– Emotionalen (187, S. 17).

Wenn auch der Früherziehung jede Person verpflichtet ist, „die mit dem Kinde umgeht und arbeitet" (187, S. 18), demnach alle heilpädagogisch tätigen Berufsgruppen, wie sie in diesem Buch genannt und mit ihrem jeweiligen diagnostischen Auftrag beschrieben sind, hat sich (zusammenhängend mit der Entwicklung von Frühfördereinrichtungen) ein eigenständiges *Berufsbild des Früherziehers* (Frühpädagogen) herauskristallisiert, dessen Berufsidentität auch als *Frühbetreuer* verstanden und definiert werden kann (einheitlicher Terminus, vorgeschlagen auf dem 5. Symposium Frühförderung, Marburg 1989).

Die fachspezifische Qualifikation hierin und hierfür kann in verschiedenen Ausbildungs- und Studiengängen erworben werden, vorwiegend sind ausgebildete *Heilpädagogen* (staatlich geprüft oder diplomiert), *Diplom-Sozialpädagogen* mit Studienschwerpunkt Heilpädagogik/Behindertenpädagogik/

Frühförderung bzw. *Diplom-Pädagogen* mit Studienrichtung Heil- oder Sonderpädagogik bzw. Zusatzausbildung darin als heilpädagogisch orientierte Früherzieher tätig. An einigen Studienstätten ist auch ein eigener *Studiengang* (auch als Aufbaustudium) zum *Früherzieher* möglich (Modell Schweiz) oder für die Zukunft geplant.

Die fachspezifischen Aufgaben von Früherziehern und Heilpädagogen (die Bezeichnungen werden hier der Komplexität der Qualifizierungsmöglichkeiten entsprechend und der Einfachheit halber synonym gebraucht) umfassen im wesentlichen (je nach Arbeitsfeld und spezifischen Erfordernissen) mehrere eng miteinander verbundene Aufgabenschwerpunkte.

Diese Schwerpunkte wurden auf der Arbeitstagung „Zum Selbstverständnis der Berufsgruppen in der Frühförderung: Aktuelle Beiträge zur Weiterentwicklung interdisziplinärer Frühförderung in Hessen", Fürsteneck/Bad Hersfeld 1989, veröffentlicht 1990 (82), in „drei Säulen der pädagogischen Frühförderarbeit" gegliedert:

– Entwicklungsförderung des Kindes mit den Aufgabenbereichen Diagnostik und pädagogisches Förderkonzept,
– Beratung und Begleitung der Familien,
– Zusammenarbeit mit anderen Fachkräften und Einrichtungen.

Besonders wichtig erscheinen aus der Sicht der Verfasserin im einzelnen die Anteile

– ganzheitliche Erkennung senso- und psychomotorischer Auffälligkeiten aus heil- und frühpädagogischer Sicht (unter Einbeziehung der psychosozialen Kommunikations- und Interaktionsprozesse im familialen Raum),
– Vermittlung pädagogischer und sozialer Hilfen für Kind und Familie (unter besonderer Einbeziehung der häuslichen Familiensituation),
– gezielte und systematische Durchführung einer heilpädagogischen Entwicklungsförderung (synonym: heilpädagogische/frühpädagogische Übungsbehandlung, Entwicklungsbehandlung) und die sinnvolle Integration von Therapieanteilen unter den Aspekten der Familiennähe und familiennahen Frühförderung,
– Koordinierung einzelner und verschiedener Förderungsmaßnahmen im interdisziplinären Team.

Die Aktivierung der Selbstgestaltungskräfte

Die besondere Aufgabe des Früherziehers in Diagnostik und Förderung geht über die verschiedenen Formen eines „Funktionstrainings" hinaus.

Nach KLEIN (105) setzen entscheidende Entwicklungsschritte bei einem Kind immer dann ein, wenn es beginnt, sich selbständig und aktiv mit seiner Umwelt auseinanderzusetzen. Nach diesem Verständnis formuliert KLEIN „unverzichtbare Elemente" der Frühförderung, die so ansetzen, daß „durch die Aktivierung der Selbstgestaltungskräfte" eines Kindes der Ausgangspunkt für die gesamte weitere Entwicklung zu finden ist (105, S. 119 u. 120):

„ – der Aufbau einer guten, personalen Beziehung zu einem Kind, der Aufbau eines ‚pädagogischen Bezugs' (NOHL),
– die Gewährung eines Freiraumes zu selbstbestimmtem Handeln, sei es in offenen Spielsituationen, sei es mit strukturierten Materialien (etwa im Sinne MONTESSORIs),
– die Beachtung der Thematik, die das Handeln und Erleben eines Kindes bestimmt und verständlich macht,
– die Einbeziehung des häuslichen Milieus in das pädagogische Verstehen und in begrenztem Umfange auch in das pädagogische Handeln".

Zur Wahrnehmung all dieser Aufgaben sind *diagnostische Kompetenzen* unerläßlich. Die Inhalte und Zielsetzungen des diagnostischen Ansatzes und das methodische Vorgehen einer gezielten *heilpädagogischen Befunderhebung* in der Arbeit mit dem jungen Kind entsprechen in ihrem theoretischen und praktischen Verständnis der „besonderen" Aufgabenstellung dieses pädagogischen Auftrags.

Befunderhebung in der frühpädagogischen Praxis

Zur Planung und Durchführung einer heilpädagogischen Entwicklungsförderung bei senso- und psychomotorischen Schwierigkeiten eines Kindes ist es notwendig, daß sich der Früherzieher und Heilpädagoge – aus seinem berufspraktischen Auftrag heraus – einen möglichst umfangreichen Eindruck vom Kind und dessen sozialem Umfeld verschafft.

Dies geschieht mit der ersten Kontaktaufnahme beginnend und im Verlauf der nachfolgenden Begegnungen mit dem Kind und seiner Familie.

Die diagnostischen Erhebungen unmittelbar vor Aufnahme einer Förderung und als deren Einleitung und das „Bild", das allmählich nach vielen Begegnungen und aus heilpädagogischer Sicht von den Bedürfnissen des Kindes und seiner Familiensituation entstehen kann, bilden die Basis für eine hilfreiche Beziehung und darin für die individuelle Ausgestaltung des *heilpädagogischen Erziehungsplanes* und des gemeinsamen Erfahrungsfeldes mit dem Kind, seinen Eltern und seiner Familie.

Mit diesem eigenen diagnostischen Anteil sind die Aussagen der vorgeschalteten, parallellaufenden oder nachfolgend als notwendig erachteten „klassischen" Diagnostik nicht ersetzt, sondern einbezogen, in einen besonderen Kontext dergestalt integriert, daß dieser der speziellen heilpädagogischen Kompetenz entspricht.

Frühpädagogische Befunderhebung als pädagogisch orientierte Lerndiagnostik

Auch heilpädagogische Frühdiagnostik durch Früherzieher und Heilpädagogen sucht nach Ursachen von Schwierigkeiten und Problemen, ist darauf angewiesen, Auffälligkeiten und Störungen zu erkennen und qualitative und quantitative Veränderungen im kindlichen Verhalten einem eventuellen Störungs- oder Krankheitsbild zuzuordnen. In vielen Punkten entspricht ihre Absicht den Intentionen der „klassischen" Diagnoseverfahren, die ihr vorgeschaltet sind, gleichzeitig mit ihr harmonieren oder manchmal auch erst nachfolgend eingeleitet werden.

Aber sie geht in ihrem Selbstverständnis dann über didaktisch-methodische Anliegen dieser Verfahren hinaus. Nach SPECK sind ihre zusätzlichen Mittel dann „. . . nicht so sehr Tests zu genormter Leistungsmessung als vielmehr Beobachtung im Lern- und Erziehungsversuch, zumal in der natürlichen Umgebung, nicht allein im klinischen, für das Kleinkind fremden Bereich" (187, S. 33).

SPECK bezeichnet ein solches diagnostisches Vorgehen auch als „pädagogisch orientierte Lerndiagnostik" (187). Nach WOHLFAHRT (222) gewinnt diese ihre Daten dann vorzugsweise in und aus Alltags- und Spielsituationen, „indem sie Interaktions- und Lernprozesse in ihrer Bedeutung aufzeigt, analysiert und dokumentiert. Sie trägt dabei zu einem . . . differenzierten erzieherischen Handeln bei" (S. 14).

Diagnostik, die von der Eigentätigkeit des Kindes ausgeht

Nach KAUTTER und WIEGAND (96) muß Frühdiagnostik die entwicklungspsychologischen Gegebenheiten des jungen Kindes berücksichtigen. In der Einheit mit dem pädagogischen Handeln sollte der Früherzieher versuchen, „die diagnostischen Informationen nicht aus irgendwelchen dem Kinde aufgedrängten, sondern aus den vom Kind selbst gewählten und von ihm selbst geplanten Handlungen zu gewinnen" (96, S. 208).

Sie sollte darauf bedacht sein, die psychologischen Merkmale frühkindlichen Verhaltens in ihren Ansatz einzubeziehen: „Das Kind handelt nicht mit einer ihm fremden Person und nicht in einer eigens arrangierten, vom Alltag abgehobenen diagnostischen Situation, sondern mit einem ihm vertrauten Menschen in einer ihm vertrauten Umgebung . . . Ziel und Plan seines Handelns übernimmt das Kind nicht vom Erwachsenen, sondern es bestimmt sie selbst" (96, S. 210). Auf der Suche nach einer „an der Eigentätigkeit des Kindes orientierten Diagnostik" (S. 208) müssen die gängigen

Diagnosemethoden immer wieder kritisch hinterfragt und aus frühpädagogischer Sicht nur verantwortbar eventuell begleitend mit eingesetzt werden.

KAUTTER und WIEGAND heben gegenüber der klassischen Testsituation die Beobachtung des Kindes in seinem freien Spiel hervor und sehen die Aufgabe des diagnostizierenden Frühpädagogen darin, zunächst auf die Handlungen des Kindes einzugehen, „dann aber in den Handlungsablauf kleine Probleme einzuführen, die das Kind zu verstärkter geistiger Aktivität anregen", dabei die Handlungspläne des Kindes immer wieder aufzugreifen.

Immer sollte pädagogisch orientierte Befunderhebung die Besonderheiten des kindlichen Handelns berücksichtigen,

„ – das Handeln in ganzheitlichen Bedeutungszusammenhängen,
– den Egozentrismus im Handeln und Denken,
– das Bedürfnis nach einer ‚sicheren Basis'" (96, S. 212).

7.1 Theoretische Grundlagen für Heilpädagogen

Diagnostische Kompetenzen in der frühpädagogischen Arbeit und daraus abzuleitende pädagogisch relevante Perspektiven für die Gestaltung heilpädagogischer Maßnahmen machen es erforderlich, den konkreten Handlungselementen einige theoretische Aspekte und Grundsätzlichkeiten voranzustellen.

SPECK (190) nennt zwei Ansätze einer pädagogisch orientierten Vorgehensweise, die für die Diagnostik zu nutzen sind:

1. Ansatz: der entwicklungsnormative Ansatz
2. Ansatz: der entwicklungsökologische Ansatz

Mit dem *entwicklungsnormativen Ansatz* sind die Abfolgenormen der frühen menschlichen Entwicklung Grundlage diagnostisch-pädagogischen Handelns, und der Umgang mit dem Kind richtet sich nach den Gesetzmäßigkeiten der Entwicklungsnormen. Die Befunderhebung in der frühpädagogischen Arbeit ist danach auch als Entwicklungskontrolle zu verstehen.

Mit dem *entwicklungsökologischen Ansatz* wird das Kind auch nach KAUTTER, H., KLEIN, G., LAUPHEIMER, W., und WIEGAND, H.-S. (95) als „Akteur" seiner Entwicklung gesehen, und das Wissen um die soziale Kopplung mit der Lebenswelt des Kindes wird in alle pädagogischen Überlegungen einfließen. Dem individuellen Handeln des Kindes wird eine besondere Bedeutung beigemessen und den autonomen Impulsen des Kindes und seiner Eltern eine stärkere Beachtung geschenkt.

SPECK weist darauf hin, daß es in der konkreten Praxis notwendig und sinnvoll ist, wenn die beiden Ansätze ausgewogen miteinander verbunden und kombiniert werden, in einer Weise, die methodisch den jeweiligen Gegebenheiten angepaßt ist (190).

Die jeweiligen Perspektiven bauen auf diejenigen *wissenschaftstheoretischen Grundlagen* auf, die als Basis für die einzelnen Handlungselemente konkreter frühpädagogischer Arbeit anzusehen sind und an dieser Stelle kurz formuliert werden sollen.

7.1.1 Neurophysiologische und neuropsychologische Zusammenhänge

Neurophysiologische Grundlagen

Wir wissen aus den Erkenntnissen der *Entwicklungs- und Neurophysiologie*, daß es im Säuglings- und Kleinkindalter möglich ist, Verzögerungen in der Entwicklung zu vermeiden oder Retardierungen abzubauen. Nicht nur zerebrale Bewegungs- und Entwicklungsstörungen sind in einer Vielzahl von Fällen zu bessern, manchmal ganz zu vermeiden, sondern diejenigen Auffälligkeiten, die in der Regel erst im Vorschul- und Schulalter als sensorische Integrationsstörungen oder minimale Dysfunktion (MCD) und andere hirnorganisch bedingte (oder vermutlich bedingte) Störungen sichtbar werden, sind zu bessern, in vielen Fällen auch ganz zu verhindern, wenn den ersten Auffälligkeiten einer Störung auf pädagogisch sinnvolle Weise entgegengewirkt wird.

Aus der Bedeutung des frühkindlichen Lernens wissen wir, daß einer Schädigung frühestmöglich entgegengearbeitet werden muß; wir wissen, daß es durch die Vielzahl der neuralen Erregungsabläufe und der Adaptationsfähigkeit des kindlichen Gehirns möglich werden kann, daß zentralnervöse Einheiten einander ablösen und vertreten. Die optimale Nutzung gesunder Hirngebiete, die Chancen einer Vorbeugung – Vermeidung möglicher Fehlentwicklungen und die Kompensation einer Schädigung und ihrer Auswirkungen sind *Grundprinzipien* frühdiagnostischer und -therapeutischer Handlungsansätze.

Neuropsychologische Grundlagen

Das noch junge Forschungsgebiet der *Neuropsychologie*, das den Zusammenhängen zwischen Nervensystem und Psyche nachgeht, fragt nach den Verbindungen zwischen Zentralnervensystem (ZNS) und menschlichem Handeln, auch aus Gefühlsregungen und Affekten heraus. Umwelteinflüsse, die als Sinnesstimulation und soziale Reize wirken, beeinflussen das Gehirn sowohl in seiner Struktur als auch in seinen biochemischen Reaktionen, und es wird als sicher angesehen, daß Entwicklungsprozesse in bestimmten Phasen besonders verletzbar sind.

In diesem Sinne haben neurophysiologisch u n d neuropsychologisch orientierte Forschungsergebnisse und Theorien die Heilpädagogik des frühesten und frühen Kindesalters beeinflußt und sind auch für die diagnostischen Ansätze bedeutsam. REICH (159) führt in diesem Zusammenhang insbesondere Theorien zur Beeinflussung der Entwicklung des kindlichen Gehirns durch Umweltfaktoren und Theorien über die Wiederherstellungsprozesse an.

Wir können davon ausgehen, daß sich die Entwicklung des kindlichen Gehirns, insbesondere die Differenzierung der Neuronen, am stärksten innerhalb der ersten drei Lebensjahre eines Kindes vollzieht, daß aber diese Entwicklung in einem hohen Maße von sensorischen und sozialen Umwelteinflüssen abhängig ist. Das bedeutet, daß die funktionale Entwicklung des Zentralnervensystems, die „Plastizität" des kindlichen Gehirns mit ihren Fähigkeiten der Anpassung, Umorientierung und vor allem Differenzierung, nicht nur an genetische, hormonelle, biochemische und neurophysiologische Prozesse gebunden ist, sondern von Umweltanregungen entscheidend geprägt wird.

Negative Auswirkungen eines Mangels an sensorischer, sozial-emotionaler und sprachlicher Stimulation sind durch die Hospitalismusforschung belegt worden (SPITZ, PFAUNDLER, PECHSTEIN, HELLBRÜGGE). Entbehrungen und mangelnde Bedürfnisbefriedigungen in den ersten Jahren des Kindes führen zu psychischen *und* physischen Entwicklungsrückständen.

Frühpädagogische Befunderhebung hat daher auch insbesondere die eventuellen Folgen einer mangelhaften Reizzufuhr, aber auch Auswirkungen einer Reizüberflutung auf die frühkindliche Gehirnentwicklung und damit das reflektorische und sensomotorische Verhalten eines Kindes in ihre Überlegungen einzubeziehen (159).

Für die Arbeit des Früherziehers gilt es daher, die Fragestellung verstärkt zu berücksichtigen, wie weit sich Psychisches im Motorischen abbilden kann: Nach TIETZE-FRITZ kann etwa eine fehlende Orientierungshilfe das kleine Kind überfordern und Unsicherheit oder Angst auslösen – und sichtbar werden als Störung der koordinativen Fähigkeiten im motorischen Verhalten; ein Mangel an äußerer Ordnung bedingt leicht einen Mangel an „innerer Ordnung", der sich in einer Störung der Integration der kindlichen Sinneseindrücke spiegeln kann (205, S. 62–66).

7.1.2 Psychologisch-pädagogische Grundsätze

Soziopsychologische Aspekte

Wie auch GROND ausführt, ist jede frühdiagnostische Maßnahme nur dann angezeigt, wenn sie beeinflussende Sozialisationsbedingungen berücksichtigt, die alle beabsichtigten und unbeabsichtigten Einwirkungen aus der Umwelt auf die kindliche Entwicklung umfassen (70, S. 140).

Wenn in die Diagnostik Einwirkungen und Handlungen, die auf das Kind gerichtet sind, mit eingehen sollen, muß das gesamte psychomotorische Handeln des Kindes als Reaktion auf sein Lebensumfeld verstanden werden. Der diagnostische Prozeß als Teil der Erziehung muß sich dann in Begegnungen, Kontakten, Interaktionssituationen vollziehen und kann dann nicht nur als eine „besondere", sondern – wie FEUSER das sehr treffend nennt – als eine „individualisierte" Pädagogik wirksam werden (mündlich in einem Referat).

RAUH betont die soziale Welt des Kindes als vom Aufbau sozialer Beziehungen geprägt, in dessen Mittelpunkt Interaktivitäten, vorsprachliche und sprachliche Kommunikation, die Rolle der Bezugspersonen als den primären Sozialpartnern und das Erziehungsverhalten für die emotionale und soziale Entwicklung des Kindes verantwortlich sind (157).

Entwicklungspsychologische Aspekte

Das Erlernen von entwicklungsgerechten Bewegungen und perzeptiven Handlungen wirkt nicht nur im sensomotorischen System, sondern löst in allen anderen Entwicklungsbereichen Lernprozesse aus. Deshalb bezieht jede Störung sensomotorischer Funktionen auch andere Entwicklungsbereiche ein, und wir begreifen Störung aus heilpädagogischer Sicht immer als soziale Interaktionsstörung – als Wechselwirkung zwischen Leib, Seele und Sozialem.

Frühe Entwicklungsdiagnostik hat die enge Verflechtung der sensomotorischen, sprachlichen, kognitiven und emotional-sozialen Entwicklung zu beachten, vor allem die enge Verflechtung von senso- und psychomotorischen Auffälligkeiten und späteren Lernstörungen.

Lernpsychologische Aspekte

Den Aspekt des Lernens betrachtend, müssen möglichst alle Faktoren gesehen werden, die das Lernverhalten des Kindes beeinflussen. So beschreibt GROND als Aufgaben der frühpädagogischen Diagnostik, individuelle Lernfähigkeiten und Lernstrategien sehen zu wollen und „Struktur und Dynamik der Lerneigenart immer wieder neu zu erfassen und auszuschöpfen" (70, S. 141): Der Entwicklungsrückstand eines Kindes kann als

„Ausdruck nicht gemachter Lernerfahrungen" begriffen werden, und Lernen als dynamischer Prozeß „kann allgemein als dauernde Verhaltensänderung aufgrund von verarbeiteten Umwelterfahrungen verstanden werden". Davon ausgehend, daß grundsätzlich jedes Kind lernfähig ist, muß der beurteilende Früherzieher fähig sein, „die Verhaltensänderungen, die mitunter sehr fein sein können, zu erkennen (z. B. Veränderung des Tonus, des Blicks, der Mimik, der Lautgebung" [S. 141]).

7.1.3 Entwicklungsökologische Perspektiven

Ökologie ist die Lehre von Beziehungen der Lebewesen zu ihrer Umwelt, und ein ökologisches Modell von Diagnostik ist als ein Ansatz zu fassen, in dem sich Störung als ein Ergebnis von Wechselwirkungsprozessen darstellt.

Heil- und frühpädagogische Befunderhebung, die nach Prinzipien ökologischer Betrachtungsweise kindlicher Entwicklung gestaltet wird, umfaßt auch die Beschreibung der Struktur von Kind-Umwelt-Beziehungen und erfaßt dabei die Differenzierungen dieser Struktur im Laufe der kindlichen Entwicklung.

Sie muß Zugangsrichtungen zum Kind – vom Kind sehen: das Kind erfahren in seiner tatsächlichen Situation, in der „Nahweltsituation", die wiederum gestaltet wird von einer erweiterten Umgebung, von dem Verhalten dieser Umgebung und den Einschätzungen dieser Umgebung.

Wie die Handlungskompetenz eines Kindes aussieht, hängt sehr entscheidend davon ab, ob auch eine erweiterte Umgebung positiv oder negativ bestimmend in das sensomotorische Entwicklungsgeschehen hineinwirkt: Beeinträchtigung ist dann ein Ergebnis wechselseitiger Prozesse der Gemeinschaft von Mensch und Umwelt.

Systemorientierte Diagnostik

OERTER nennt als Fundament ökologischer Sichtweise die Betrachtung individueller Entwicklung „als Wechselwirkungsprozeß innerhalb von Systemen, die ihrerseits wieder miteinander wechseln". Damit sind Kinder „nicht mehr vereinzelte Lebewesen, die miteinander in Beziehung stehen, sondern Elemente eines Systems, das Regulationsaktivität entwickelt, um sich zu erhalten bzw. weiterzuentwickeln" (141, S. 171).

Auch SPECK benutzt den Begriff des Systems und spricht sich aus der Sicht der „Systeme als Lebenswelt" für einen systemorientierten pädagogischen Ansatz aus, der sich nicht mehr primär am Kind orientiert, sondern „an den Beziehungen des Einzelnen zu seiner Lebenswelt und damit zu den Systemen, in denen er steht, und an denen er partizipiert". (189, S. 249).

Der systemorientierte diagnostische Ansatz ist dann so angelegt, daß er alle Teilsysteme einbezieht, an denen ein Kind beteiligt ist, und dabei auch die Wechselwirkungen der verschiedenen Teilsysteme sieht. „Wichtiges Kriterium für die Beurteilung ist nicht einfach die von außen her objektivierte („diagnostizierte") Realität, sondern die Umwelt, soweit sie für Verhalten und Entwicklung bedeutsam ist, d. h., wie sie vom Betroffenen, z. B. vom behinderten Kind oder seinen Eltern, wahrgenommen wird. Die subjektiv wirksamen Bedeutungen müssen also mitbeachtet werden" (189, S. 249).

Unter den genannte Prämissen sind dann Prinzipien entwicklungsfördernden Umgangs mit dem Kind zu formulieren. OERTER (141, S. 181) beschreibt für den Aufbau von Handlungsstrukturen Zugangsrichtungen durch eine „stringente Handlungs- und Entwicklungslogik, die

a) individuell und zielgerichtet zu fördern gestattet,
b) in jedem Schritt der Förderung ganzheitlich bleibt,
c) kindliche spontane Verhaltensäußerungen zum Ausgangspunkt nimmt,
d) an keiner Stelle mechanistisch wird, sondern immer Kreativität vom Kind und kompetenten Partnern verlangt und
e) dennoch so klar und einfach bleibt, daß sie nicht unbedingt Sache von hochtrainierten Spezialisten wird".

7.2 Handlungsprinzipien

Der praktische Umgang mit dem Kind und seiner Familie zur Erfassung senso- und psychomotorischer Auffälligkeiten erfordert eine spezifische inhaltliche Gestaltung: Er sollte *ganzheitlich, kindgerecht, familienorientiert* und *interdisziplinär* ausgerichtet sein.

7.2.1 Ganzheitlichkeit

Eine ganzheitliche Befunderhebung umschließt

a) das ganzheitliche Erfassen des senso- und psychomotorischen Verhaltens des Kindes und
b) das Sehen und Verbinden der Wirkungen zwischen Kind und Umwelt mit dem Ziel des Erkennens seiner individuellen Lebenswirklichkeit.

Es kommt darauf an, in der pädagogischen Arbeit nicht einzelne „Sinnesleistungen" oder „Bewegungsanteile" zu erschließen, sondern das Kind in der Komplexität der ihm eigenen natürlichen Wahrnehmungs- und Bewegungsabläufe „ganzheitlich" zu sehen und zu begreifen. Auch in „therapeutisch" und „untersuchend" angelegten Interventionen gilt es, kleinste Bewegungswünsche und Bewegungsfähigkeiten zu beobachten, aufzugreifen und auch die nur angedeuteten Aktionen des Kindes zu bemerken, zu unterstützen und, wenn nötig, zu kanalisieren. Das Kind braucht kooperative pädagogische Aktionen, in die ein diagnostisches Vorgehen sinnvoll eingebettet werden kann.

„Ganzheitliche" Pädagogik heißt aber auch, daß Diagnostik sich darum zu bemühen hat, die Wirkungen zwischen Kind und Umwelt zu beachten. Diesem Ansatz legt JETTER ein interaktionales Erziehungskonzept zugrunde, in dem die Erziehung – auch ihre diagnostischen Anteile – als ein Interaktionsvorgang gesehen wird, dessen Mittelpunkt in jeder Phase das aktiv handelnde Kind bleibt (94).

Diagnostik ereignet sich dann im Rahmen eines Entwicklungsprozesses, in dem das Erfassen der individuellen Lebenswirklichkeit möglich wird. Ganzheitlich diagnostizieren heißt dann bei WÖHLER, alle momentanen Ereignisse und Handlungen in ihren Wechselwirkungen untereinander verstehbar zu machen und miteinander in Beziehung zu setzen (220).

7.2.2 Orientierung am Kind

Frühpädagogische Diagnostik muß kindgerecht sein, hat sich am Kind zu orientieren, es in seinen Ausdrucksmöglichkeiten verstehen zu lernen und zu unterstützen. Das Kind setzt sich spielerisch mit der Umwelt auseinander. Diagnostik hat, wenn sie von Früherziehern gestaltet wird, die vom Kind benutzten Spielformen aufzugreifen und das spielerische Experimentieren in den Mittelpunkt der Erfassung sensomotorischer Aktivitäten zu rücken; Verhaltens- und Spielbeobachtung sind dann das Erleben des Kindes in seinem Spielen allein, mit Eltern und Geschwistern, aber auch in einer bedürfnisgerechten Spielgruppe, die für das entwicklungsgestörte Kind integrativen Charakters sein sollte.

In der Befunderhebung sind in Hinblick auf die Orientierung am Kind wichtige spielpädagogische und spieltherapeutische Kriterien zu beachten:

Spiel als Lebenselement des Kindes

Spielen ist das vordergründige Element des Kindes. In seinem freien Spiel übt das Kind lebensnotwendige Fähigkeiten und bedient sich dabei seines wichtigsten Spielelementes, der Bewegung. Dieser Erkenntnis Rechnung tragend, bietet die *Beobachtung des zweckfreien Spielens* innerhalb seines Spielalltages als Darstellung von Aktivität, Initiative und Nachahmung, von Bewegungsmöglichkeiten und Bewegungsformen konkrete Aussagen über kindgemäßes oder entwicklungsauffälliges Handeln.

Spiel als Übung und Lernen im Spiel

Mit Hilfe ausgewählten und gezielt eingesetzten Materials können die vom Kind benutzten Spielformen aufgegriffen werden. Damit wird die Beurteilung altersgerechten Spielens und der Umgang des Kindes mit entsprechendem Spielmaterial möglich.

Wenn das Kind dabei im diagnostischen Vorgehen gleichzeitig lernt, Entwicklungsschritte zu vollziehen oder nachzuvollziehen und damit Kenntnisse, Fertigkeiten, Funktionen oder soziale Verhaltensweisen erfährt, erhält es Anregungen zum Transfer, damit es sein Handeln mittels „Lernen im Spiel" von einer konkreten Untersuchungs- und Lernsituation auf Alltagssituationen übertragen kann.

Spieltherapeutische Kriterien

Diagnostische Ansätze aus der Spieltherapie sind vorwiegend psychologisch orientiert (vgl. hierzu II 4.4.4: „Spieldiagnostik"). Ihre Grundlagen können jedoch auch in der heilpädagogischen Befunderhebung transparent werden: Die Grundlagen psychoanalytischer Diagnoseverfahren, die auf die Erfassung und Veränderung der innerpsychischen Strukturen hinzielen, das Aufdecken unbewußter Erlebnisinhalte bei psychisch oder psychosomatisch bedingten Störungen anstreben oder Zeichnungen des Kindes interpretieren, können wertvolle diagnostische Hilfen sein.

Auch die Grundzüge solcher Verfahren, deren Ziel es ist, durch Deuten des Spielverhaltens dem Unbewußten des Kindes nahezukommen, die etwa die Suche nach dem Symbolwert des Spielverhaltens zum Inhalt haben und darauf achten, welches Spielmaterial das Kind zur Darstellung nutzt, wie es mit Material umgeht und warum es zwischen den einzelnen Spielen wechselt, können kindorientierte Bestandteile der Befundaufnahme durch den Heilpädagogen sein.

Ebenso sind Ansätze, in denen das Kind die Möglichkeit erhält, Material so wie es möchte zu verwenden, oder der klientenzentrierte Ansatz, daß Kinder ihre Bedürfnisse, ihr „Selbst" während ihres Spielens und im Spielen gut darstellen können, für heilpädagogisch-diagnostische Interpretationen aufzugreifen (205, S. 152 u. 153).

7.2.3 Familienorientiertheit

Eine familienorientierte pädagogische Frühförderung hat das Ziel der Hilfe zur Gestaltung von Alltags- und Lebenssituationen.

Zu den Aufgaben frühpädagogischer Befunderhebung gehört es, dem Kind die Chance des Entdeckens und Ausschöpfens aller ihm eigenen Fähigkeiten zu geben – in partnerschaftlicher Zusammenarbeit mit Eltern und Familie, die stets selbstbestimmend ihrer eigenen diagnostisch-pädagogischen Verantwortung verpflichtet bleiben.

Ein familiales Erziehungskonzept ist demnach auch in seinen diagnostischen Dimensionen familienunterstützend und der Familie zugewendet.

BAUMANN und WEISS benutzen den Begriff der „förderbegleitenden" Elternarbeit. Diese achtet die konfliktdynamischen Prozesse der Familie und versucht, auf sie einzugehen (16).

SPECK meint mit Familienorientiertheit das Zusammenwirken von professionellen und familiären Systemen und betont, daß Frühförderung „auf Kooperation mit den Eltern" angewiesen ist: „Die Familie stellt das primäre soziale System dar, von dem die initialen Anregungen für die Entwicklung des Kindes ausgehen und auf das sich der frühkindliche Organismus basal einstellt." Danach ist jede Familie „ein eigenes soziales System, d. h. ein System mit Eigengesetzlichkeit" (190, S. 152). Jede Familie ist deshalb anders, und heilpädagogische Arbeit hat sich auf jede Familie und jedes Elternpaar neu einzustellen.

7.2.4 Interdisziplinarität

Nicht disziplinär (auf eine oder wenige spezifische Disziplinen beschränkt), nicht multidisziplinär (mit verschiedenen Disziplinen nebeneinander), sondern interdisziplinär im Miteinander und unter Anerkennung der Kompetenz des einzelnen sollten die verschiedenen diagnostisch-pädagogisch-therapeutischen Fachkräfte in Kooperation miteinander und mit den Eltern und der Familie des Kindes das Fördergeschehen gestalten helfen.

Das Prinzip der „professionellen Kooperation"

Eine interdisziplinär gestaltete Förderung wird von SPECK als ein „Verbundsystem" beschrieben, das Disziplinen nicht aufhebt, sondern in Zusammenarbeit unter Mithilfe jeder der spezifischen Fachkräfte die Möglichkeit komplexer Förderung bietet. Die jeweils eigene „professionelle Entwicklung" ermöglicht im „Sich-Auseinandersetzen und Sich-Ergänzen unterschiedlicher Sichtweisen und Standpunkte" (190, S. 152) ein optimales Fördergeschehen. SPECK vertritt hier „die Idee oder das Prinzip der professionellen Kooperation" (189, S. 423):

Es erweist sich als notwendig, daß im Bereich der Früherkennung und Früherfassung von Gefährdungen und Störungen im frühen Kindesalter „alle Disziplinen, die Frühförderungskompetenzen einbringen können" (189, S. 351), d. h. alle in Betracht kommenden Fachkompetenzen, wie sie in diesem Buch beschrieben sind, gefragt und in den diagnostischen Prozeß einbezogen sind.

Mit der Einrichtung unterschiedlicher Typen von Institutionen zur Früherkennung und -förderung (im wesentlichen klinische Einrichtungen für Frühdiagnostik und Frühtherapie und regionale Frühförderstellen, die ambulant und im Sinne der Hausfrühförderung arbeiten) und durch die Differenzierung und Erweiterung der inhaltlichen und fachlichen Arbeit und der Bedeutung enger Kooperation haben sich mancherorts Modelle interdisziplinärer Arbeit entwickelt, deren praktische Arbeitsweisen in unterschiedlicher Gewichtung den hier genannten aktuellen Erfordernissen genügen.

Ganzheitliche Diagnoseelemente

Allein eine interdisziplinäre Diagnostik ist auch nach JAWAD die Voraussetzung, auch in der Befunderhebung durch den Früherzieher möglichst umfassend „die Aspekte der Funktionalität, der interaktionellen und interfamiliären Dynamik" (93) in einem ganzheitlichen Sinne zu berücksichtigen. Um eine „multifaktorielle Genese von Entwicklungsstörungen" aufzuspüren, ist interdisziplinärer Austausch nötig, in dem die verschiedensten fachlichen Erfahrungen und Einstellungen zusammenkommen. Dabei ist es im Rahmen der Gesamtdiagnostik mit ihren verschiedenen Anteilen je nach der im Vordergrund stehenden besonderen Auffälligkeit bei einem Kind notwendig, daß diagnostische Schwerpunkte gesetzt werden und eine spezifische Fachdisziplin, wie beispielsweise die krankengymnastische Befunderhebung, eine besondere Gewichtung erhält.

Die spezielle frühpädagogische Befunderhebung greift in jedem Fall auf interdisziplinär zusammengetragene Ergebnisse zurück und berücksichtigt in ihrem eigenen Ansatz ganzheitliche Elemente.

Von JAWAD werden, einer Modellentwicklung der Frühförderarbeit im „diagnostischen und therapeutischen Bereich" folgend, als „inhaltliche Struktur der Frühförderarbeit" einzelne Elemente als Anteile aufgezeigt, die gut auf die inhaltliche Ausgestaltung der speziellen frühpädagogischen Befunderhebung zu übertragen sind:

a) der *funktionelle* Anteil
   umfaßt Teile der neurophysiologischen, psychophysiologischen bzw. sensomotorischen Entwicklung,
b) der *interaktionelle* Anteil
   ist der interaktionelle Teil zwischen Früherzieher und Kind mit Einbezug des sozialen und speziell des interfamiliären Kontextes,
c) der *psychodynamische* Anteil
   ist der bewußte und unbewußte Prozeß im Interaktionsdreieck Kind – Früherzieher – Familie oder besser „Kind – Familie – Therapeut – Team" (93).

Erfahrungsaustausch und Reflexion

Jedes diagnostische Handeln bedarf der Reflexion. Es müssen viele Eindrücke verarbeitet und ausgewertet werden. Das eigene Tun und Erziehungsverhalten muß kritisch kontrolliert und immer wieder neu überdacht werden. Neue kindliche Verhaltensweisen und -modifikationen müssen mit früheren verglichen, aufgezeichnet und fixiert werden.

Auch die Reflexion vollzieht sich im partnerschaftlichen Meinungs- und Erfahrungsaustausch mit den Eltern und der Familie des Kindes und allen Mitgliedern des pädagogischen und therapeutischen Teams. Vom interaktional-interdisziplinären Ansatz her ist nur eine gemeinsame Reflexion von gemeinsamem Handeln sinnvoll.

7.2.5 Verlaufs-, Prozeß- und Förderdiagnostik

Förderdiagnostik

Im *förderdiagnostischen* Sinne dient die frühpädagogische Befunderhebung primär nicht einer „Selektion", sondern der Erziehungshilfe oder Förderung eines Kindes als förderungsorientierte Diagnostik (vgl. I 2: „Das Erkennen von Handlungsansätzen: heilpädagogische Diagnostik"):

Ihr Anliegen sind konkrete Veränderungsziele, die mit der pädagogischen oder therapeutischen Arbeit angestrebt werden.

GRÖSCHKE führt aus, „daß Sinn und Zweck diagnostischer Erhebungen in der heilpädagogischen Fallarbeit nicht in der objektivierenden Messung isolierter Persönlichkeitsmerkmale noch in der Erstellung einer umfassenden Persönlichkeitsdiagnose liegen, sondern in der Sicherung konkreter Entwicklungsausgangsbedingungen orthodidaktischer oder heilpädagogischer Förderungsmaßnahmen sowie in ihrer prozeßbegleitenden und evaluierenden Funktion" (69, S. 176). Unter Verweis auf MOOR hält er die „Ordnungsleistung im Umgang mit den psychodiagnostischen Daten" im Hinblick auf die heilpädagogischen Notwendigkeiten für die eigentliche Aufgabe der heilpädagogischen Förderdiagnostik, die sowohl objektivierende (erklärende) als auch subjektivierende (verstehende) Anteile enthält (S. 174–178).

Prozeßdiagnostik

Dementsprechend sollen nicht Merkmale erfaßt und festgeschrieben werden, sondern als *Prozeßdiagnostik* Veränderungsprozesse in Gang gesetzt und Lernprozesse ausgelöst werden.

BUNDSCHUH beleuchtet diese Forderung auf der Basis der Orientierung an der Erziehungswirklichkeit. Als diagnostisch relevant erweisen sich danach die Beobachtung und die Beschreibung der Lernausgangslage, die Suche nach Anknüpfungsmöglichkeiten und die Entdeckung von Lernwegen: Die diagnostische Aufgabe besteht „in der begleitenden Beobachtung der Interaktionen aller am Prozeß, speziell am Erziehungsprozeß Beteiligten", und „der gesamte Prozeß wird als Handlungsfeld aufgefaßt, in dem Menschen agieren . . ." (37, S. 221).

Es sind also immer Handlungsprozesse, in die sich der Früherzieher hineinbegibt, und es sind sehr viele Menschen, Gegenstände und Realitäten am Handlungsprozeß beteiligt.

Frühpädagogische Befunderhebung ist dann immer auch eine *Interaktionsdiagnostik*, in der gemeinsames Handeln und nonverbale und verbale Kommunikation eine große Bedeutung haben. Sie kann, als Teil dieses Prozesses, in den sie sich – sehr viel mehr subjektiv als objektiv – hineinbegibt, nicht nur kindorientiert die individuelle Ausgangslage beschreiben, sondern in Erfahrung bringen helfen, „welche Handlungsweisen der menschlichen Umwelt, welche Materialien behindernd wirken, einer Umformung bedürfen . . ." (37, S. 220).

Verlaufsdiagnostik

Die frühpädagogische Befunderhebung begleitet den Entwicklungsgang eines Kindes. Sie wird zur *Verlaufsdiagnostik*, wenn sie den (Ver)Lauf einer frühkindlichen Entwicklung, eines frühkindlichen Lernens eine Zeitlang unterstützen möchte und sich dabei immer wieder an Gegebenheiten orientiert und daran, wie der Lebensgang eines Kindes – auch in seinen Veränderbarkeiten – verläuft.

Befund und Prognose

Die Befunderhebung lehnt sich nach TIETZE-FRITZ in ihrer Ausgangssituation an objektiv erscheinende fachärztliche und fachtherapeutische Befunde, auch an prognostische Vorhersagen an, berücksichtigt jedoch bei „Befund" und „Prognose" aus ihrer eigenen pädagogischen Sicht zwei Grundsätze:

„– der ‚Befund' als Summe der sichtbaren frühkindlichen Verhaltensweise verändert sich unter der sich vollziehenden Entwicklung ständig,

– jedes sich entwickelnde Kind lernt dazu und kann gefördert werden. Die heilpädagogische ‚Prognose' als Vorhersage kindlicher Verhaltensweisen ist demnach immer eine positive. Jede erzieherische Situation ist Einflußnahme auf das kindliche Tun und führt zu Lern- und Entwicklungsprozessen . . ." (205, S. 145).

Die Beachtung von Zeitpunkten und Zeiträumen

Als wesentlicher Faktor ist die Beachtung von gebotenen Zeitpunkten und Zeiträumen sinnvoll. Bestimmte „Zeiten" dürfen nicht versäumt werden.

WÖHLER weist auf die mehrdimensionalen „Zeitstrukturen" in der frühen

Förderung hin, die aufeinander abzustimmen sind, weil nicht alle medizinischen, psychologischen, frühpädagogischen oder therapeutischen Erkenntnisse und Maßnahmen gleichzeitig durchgeführt werden können, sondern auf die Zukunft des Kindes ausgerichtet, koordiniert werden müssen (221).

Frühpädagogische Befunderhebung hat die Aufgabe, Zeitstrukturen mitzubestimmen. WÖHLER gibt dazu zeitstrukturelle Inhalte an, die es zu beachten gilt:

a) Die neurophysiologische Zeit, in der sich die Strukturbildung des Zentralnervensystems vollzieht, gebietet, bestimmte Zeiträume (von Wochen, Monaten, Jahren) auszunutzen.

b) Die medizinische Zeit, die sich nach notwendigen Arztbesuchen, Behandlungen, Kontrollen, Beobachtungsphasen u. ä. einteilt, weil biophysische Mängel medizinisch angegangen, ausgeglichen, behoben oder mindestens beobachtet werden müssen.

c) Die entwicklungspsychologische Zeit, die das Verhalten des Kindes nach seinen motorischen, neurologischen, sozioemotionalen und kognitiven Kompetenzen ordnet, die es im Vergleich zu anderen normalen Kindern zu einem bestimmten Lebensalter haben sollte. Sie fragt danach, „welchen Verlauf anhand welcher Indikatoren die kindliche Entwicklung in welchem Zeitraum hat" und welches kindliche Verhalten während bestimmter „Phasen" oder „Stadien" der Entwicklung zu erwarten ist.

d) Die frühpädagogische Zeit, in der organisiert wird, „wann, wo und von wem das frühförderliche Tun erbracht wird". Es geht darum, Lernstoff zu strukturieren und in Lernstufen einzuordnen, es geht um „warten", „dem Kind Zeit lassen", aber auch darum, „die Zeit zu nutzen", in pädagogisch richtiger Weise.

Diagnostisches Handeln hat immer auch ein „Vorher" und ein „Nachher" zu beachten, wenn es „darauf aus ist und sein muß, ungünstige . . . Bedingungen auszuschalten und dafür günstige Entwicklungsbedingungen zu schaffen . . ." (S. 30–32).

7.2.6 Der integrative Aspekt

Der Begriff der Integration wird heute in der Früherziehung als Gedanke des „gemeinsamen Lebens und Lernens" gebraucht; als Zielvorstellung im Erziehungsprozeß wird bei SPECK auch von „personaler und sozialer Integration" gesprochen, auch von einem „Ganzwerden" oder „In-Einheit-Bringen" (189, S. 264).

Demnach hat auch die heilpädagogische Diagnostik immer eine integrative Funktion, und die spezielle Befunderhebung durch den Frühpädagogen wird diesen Aspekt im Sinne einer von EBERWEIN begriffsdefinierten und verteidigten *Integrationspädagogik* (46) in allen ihren Handlungen berücksichtigen.

Es geht darum, isolierte „Laborsituationen" zu vermeiden und das Kind in seinen alltäglichen sozialen Bezügen zu erreichen. Es geht auch darum, es nicht oder nicht ausschließlich aus seinem familiären Kontext herauszulösen und in eine nicht-integrative, ihm fremde Lernsituation zu bringen.

Schließlich geht es darum, jedem Kind, ohne Aufgliederung in gesund, retardiert, beeinträchtigt oder behindert, die Chance gemeinsamen Lebens und Lernens zu ermöglichen und ihm Spielsituationen anzubieten, die es im Miteinander und im Zusammensein mit anderen Kindern gestalten kann.

Für die heilpädagogische Befunderhebung sind daher Erziehungssituationen vorzubereiten und zu schaffen, die über eine ambulante integrativ ausgerichtete Betreuung hinaus dem Kind Kontaktaufnahme in seiner gewohnten Umgebung unter dem Schutz seines bekannten Umfeldes und im Kontext mit den ihm bekannten Personen gewährleisten, wie dies etwa in der sogenannten *„Hausfrüherziehung"* (mobile Förderung) angestrebt ist. Daneben gilt es, *gemeinsame Spielsituationen* zu gestalten, in denen im freien Spiel von Kindern Verhaltensbeobachtungen und Entwicklungsvergleiche möglich sind, wie dies etwa in einer Eltern-Kind-Spielgruppe und in einer integrativen Gruppe zu praktizieren ist.

7.3 Didaktik und Methodik

Das methodische Vorgehen orientiert sich immer am Kind selbst und an der jeweiligen Aufgabenstellung.

Didaktische, methodische und technisch-praktische Konzepte kommen zusammen, geeignete Hilfsmittel (Medien) werden benutzt, auch Schemata sinnvoll einbezogen.

Unter Berücksichtigung der angezeigten pädagogischen Schwerpunkte können Sichtweisen verbunden und zu einer eigenen heilpädagogischen „Methode", die bei jedem Kind eine andere sein wird, zusammengefügt werden (205, S. 147).

Die diagnostischen Schwerpunkte der Befunderhebung durch Früherzieher liegen

– in der Beobachtung und Unterstützung des frühkindlichen Entwicklungsganges durch eine *präventive Heilpädagogik* (primäre Prävention) und

– in der ganzheitlichen Diagnostik zur *heil- und frühpädagogischen Förderung*, als integraler Bestandteil der frühpädagogischen Hilfen im familialen Kontext.

7.3.1 Die präventive Heilpädagogik
Primäre Prävention

Aus dem Blickwinkel einer „Präventivpädagogik" in Anlehnung an WÖHLER (219) kann aktuellen Praxiskonzepten der frühpädagogischen Befunderhebung eine weniger förderungsspezifische, dafür mehr präventive Ausrichtung gegeben werden.

Präventive Maßnahmen der Entwicklungsbeobachtung und Entwicklungsberatung als erzieherisches Angebot und der erzieherischen Unterstützung aller Familien, die daran interessiert sind (möglichst im Rahmen ambulanter oder mobiler Dienste zur Früherziehung und Frühförderung: z. B. Erziehungs- und Entwicklungsberatung, Bildung und Ausgestaltung von integrativ ausgerichteten Eltern-Kind-Spielkreisen und von Elterngesprächsgruppen, diagnostisch-pädagogische Hilfsangebote für Institutionen wie Kinderkrippe und Kindergarten, Öffentlichkeitsarbeit), haben vielgestaltige Aufgaben und sind als Teil heilpädagogischer Befunderhebung zu verstehen, wenn sie vorbeugen und schädigende Einflüsse vom Kind abwenden möchten.

Sie müssen demnach integrativ ansetzen, Problemlagen erkennen und dynamisch beeinflussen wollen, Negativeinwirkungen sehen und einschätzen können und dabei Veränderung und Entwicklung des Bestehenden verfolgen.

Eine solche *vorbeugende* Maßnahme mit ihrem diagnostischen Selbstverständnis und im Rahmen der Früherziehung mit der Intention einer *pädagogischen Früherkennung* kann auch, dem Gedankengang WÖHLERs (219) folgend, als „primäre" Prävention bezeichnet werden:

Sie ist Gesundheitserziehung, Gesundheitsförderung und prophylaktische Maßnahme zur Erkennung von Störfaktoren und zur Vermeidung von Störungen, ein Angebot selbstverständlicher Erziehungshilfe und sollte als ein zunehmendes und wichtiges frühpädagogisches Aufgabengebiet verstanden werden.

7.3.2 Befunderhebung zur frühpädagogischen Förderung

Entwicklungsbegleitung von Risikokindern als pädagogische Früherkennung

In der Betreuung des entwicklungsgefährdeten und -verzögerten Kindes (vor allem des sogenannten „Risikokindes") ist es notwendig, den Entwicklungsgang eine Zeitlang – mindestens das erste Lebensjahr hindurch – heilpädagogisch zu begleiten und sich das gesamte Verhalten des Kindes, besonders im kindlichen Spiel, immer wieder zu vergegenwärtigen und zu veranschaulichen.

Nach TIETZE-FRITZ (205, S. 127) sollten die Eltern eines gefährdeten Kindes konkrete Anleitungen zur Entwicklungsbeobachtung ihres Kindes zu Hause erhalten: „Gemeinsam mit ihnen wird versucht, vorzubeugen und auszugleichen. Das gelingt um so besser, je öfter sich Eltern und Erzieher die Entwicklung bewußt machen können, wenn es darum geht, eine Retardierung überhaupt zu erkennen und sie von gesundem kindlichem Handeln zu unterscheiden. Diese Orientierung an das gesunde kindliche Verhalten wird durch den Vergleich verschiedener kindlicher Entwicklungsverläufe besonders gut möglich."

Neben Handlungsansätzen für sogenannte „Risikokinder" und „von Behinderung bedrohte" Kinder mit dem Ziel des Ausgleichens einer sensomotorischen Entwicklungsverzögerung (Retardierung), verbunden mit dem „Aufholen" in einzelnen Entwicklungsbereichen (z. B. bei frühgeborenen Kindern), geht es methodisch auch darum, vorhandene Entwicklungsstörungen und -behinderungen aufzufinden, aufzudecken, aus heilpädagogischer Sicht zu beschreiben und dafür zu sorgen, daß frühzeitige und rechtzeitige Hilfen angewendet werden.

Entwicklungsförderung

Die spezielle heilpädagogische Entwicklungsförderung geht über den „begleitenden" Bereich hinaus und wird als pädagogische Maßnahme bei Entwicklungsabweichungen und -störungen verstanden.

Sie enthält die Anteile einer heilpädagogischen Übungsbehandlung (147) als Einzel- und Gruppenförderung und psychomotorisch orientiert, ist aber im wesentlichen auf „Hilfe zur Selbsthilfe" ausgerichtet. Sie umfaßt die Unterstützung und Anleitung der Eltern und der Familie zur Förderung ihres Kindes in seinem gewohnten gegenständlichen und sozialen Umfeld. Ihr Ziel sollte es sein, mit einem individuellen Erziehungs- und Förderplan und dessen Anwendung das Kind innerhalb seiner familialen und sozialen Situation ganzheitlich zu fördern (205, S. 127).

Die heilpädagogische Befunderhebung geht davon aus, daß bei Auffälligkeiten, Retardierungen, Störungen und Behinderungen, die frühestmöglich entdeckt werden, die optimalsten Förderungschancen bestehen.

In diesem Rahmen hat sie sich verstärkt auch Kindern zuzuwenden, deren Verhaltensrepertoire sich als reaktive Verhaltensstörungen oder Beeinträchtigungen aus dem psychosomatischen Formenkreis manifestiert. Sie muß Problemlagen sehen und einschätzen können, die sich – etwa aus Ängsten, Kommunikations-, Kontakt- und Konzentrationsschwierigkeiten –, als Lern-, Leistungs- und Spielstörungen fixiert haben oder fixieren werden und mit auffälligem Wahrnehmungs- und Bewegungsverhalten, mit Koordinations- und Gleichgewichtsschwierigkeiten einhergehen oder als statomotorische Störungen imponieren.

Auch als Möglichkeit zur Verhinderung konsekutiver und sekundärer Schäden, die Folge einer Beeinträchtigung werden und zu gravierenden Behinderungen führen können, sollte frühpädagogische Befunderhebung verstanden werden.

Selbst Förderungsansätze bei definierten und manifestierten Störungen und Behinderungen eines Kindes können diagnostischen Charakters sein, wenn durch die richtige Erfassung des spezifischen „Handicaps" und die daraus abzuleitende richtige Intervention Behinderungen, wie WÖHLER es formuliert, „am Fortschreiten zu hindern sind, daß auch eine Wiederkehr von Störungen zu verhüten ist" (219, S. 768).

Beobachtung von Entwicklungsvorgängen
Insgesamt sollten aus der Sichtweise sensomotorisches Lernen – Persönlichkeitsentwicklung solche methodischen Ansätze angewendet werden, die als „Entwicklungsbeobachtung" des senso- und psychomotorischen Handelns zu verstehen sind: Die Beurteilung frühkindlicher Entwicklungsvorgänge erfordert nicht nur die Kenntnis „gängiger" Methoden zur Früherkennung des gesunden und abweichenden frühkindlichen Reflexverhaltens, der frühkindlichen Haltungs- und Bewegungsmuster und Bewegungsformen, der Wahrnehmungs- und Perzeptionsentwicklung und der Wechselbeziehungen darin, sondern ein umfassendes diagnostisches Vorgehen, das sich an den jeweiligen dynamischen Prozessen orientiert und mit den pädagogischen Interventionen verknüpft ist, d. h., sich immer auch an die Handlungsansätze des Kindes und an die seiner Familie anlehnt.

Die Anwendung psychomotorischer Untersuchungsverfahren
Frühpädagogische Befunderhebung hat demnach selbstverständlich auch spezifische behindertenpädagogische Aufgaben, die an den herkömmlichen Klassifizierungen und Gruppierungen von Behinderungen, die mit senso- und psychomotorischen Veränderungen einhergehen, an Behinderungsarten und medizinisch festgelegten Krankheitsbildern zu orientieren sind.

Die Angaben REMSCHMIDTs beachtend, daß bei 15 Prozent aller Kinder psychische Auffälligkeiten zu beobachten sind (161), muß sie sich mehr als bisher mit der Beachtung psychischer Störungen beschäftigen und die Anwendung *psychomotorischer Untersuchungsverfahren* im Rahmen der Befunderhebung und Förderung speziell für diese Kinder ausweiten.

Ein noch weitgehend zu erschließendes Aufgabenfeld sind auch senso- und psychomotorische Ansätze frühpädagogischer Befunderhebung im Umgang mit chronisch kranken Kindern (z. B. mit krebs- oder aidskranken Kindern) im Rahmen psychosozialer und pädagogischer Hilfen, etwa nach akuten Krankheitsphasen, zum Erkennen von Bedürfnissen und Problemen und zur individuellen Anpassung spezifischer Förderung an die jeweiligen Bedürfnisse eines betroffenen Kindes und seiner Familie.

7.3.2.1 Die heilpädagogische Befundaufnahme

Die frühpädagogische Befunderhebung ist kein einmaliges Vorgehen, das nach einer Reihe von Erhebungen abgeschlossen wird. Sie ist geplantes und gezieltes Handeln, aber sie vollzieht sich auch unbeabsichtigt und ständig wiederkehrend in jeder Interaktion mit dem Kind. Immer dann, wenn wir an der Förderung eines Kindes beteiligt sind, erkennen und erfahren wir Neues, und jedesmal erhalten wir neue diagnostische Erkenntnisse. Diagnostik bedarf deshalb der ständigen Reflexion, und einmal gewonnene Daten müssen ständig ergänzt und modifiziert werden (205, S. 133).

Aus Begegnungen, die immer wiederkehren, in denen sich Beziehungen formen und verändern, erwächst dann eine sich stetig erweiternde Erfahrungswelt und das Entdecken der Wirklichkeit (vgl. 189).

Die einzelnen diagnostischen Schritte in der Erfassung senso- und psychomotorischer Auffälligkeiten durch Früherzieher sind nicht schematisch aufeinanderfolgend zu vollziehen, sondern sind austauschbar und haben den Sinn, Einzelbeobachtungen zu einem Gesamtbild zu formen: Innerhalb einer Reihe von Begegnungen wird es uns möglich, zusammen mit den Eltern einen dynamischen Erziehungs- und Förderungsplan zu erstellen, der eine lebendige Gestaltung des Fördergeschehens gewährleisten kann.

Anamnese

Auch die heilpädagogische Befunderhebung des Früherziehers als „ganzheitliche Erfassung" der Auffälligkeiten eines Kindes wird anamnestische Daten sammeln. Sie tut es im Sinne einer Vororientierung, richtungsweisend für die Gestaltung einer intensiven Zusammenarbeit mit Kind und Eltern.

Ganzheitliche Untersuchung

Im Zusammenhang mit den anamnestischen Fragestellungen erfolgt die ganzheitliche Untersuchung des Kindes. Hier geht es darum, in einer genauen Beobachtung der einzelnen Entwicklungsbereiche das Verhalten des Kindes zu erkennen und aus heilpädagogischer Sicht einzuschätzen.

Das Bemühen um Verständnis für die individuelle Situation der Eltern und um eigene Rückschlüsse aus den elterlichen Beobachtungen und ihren Schilderungen sind immer ein wesentlicher Bestandteil einer solchen – fortlaufenden – Befundaufnahme.

Sie wird durch die erste Kontaktaufnahme eingeleitet und im gemeinsamen Umgang fortgesetzt.

Dabei kommt der Beziehungsaufnahme und einem sich entwickelnden Beziehungsgefüge durch nonverbale und verbale Kommunikation (z. B. durch Körperkontakte, Spielkontakte, Gespräche und Gesprächskreise) eine besondere Bedeutung zu.

Durch die wiederkehrende Beobachtung des kindlichen Verhaltens in seinem freien oder gezielten Tun und Spielen wird es möglich, das Kind in seiner Natürlichkeit innerhalb seines gegenständlichen und sozialen Alltags zu erleben und Eindrücke aus seinem Verhalten zu gewinnen.

Entwicklungs(früh)diagnostische Instrumentarien

Durch die Hinzunahme spezieller entwicklungs(früh)diagnostischer Instrumentarien, mit Sorgfalt ausgewählt und immer nur als Ergänzung eigenen, subjektiven Empfindens verstanden, kann die frühpädagogische Befunderhebung – in ausgewählten Fällen – objektivierend unterstützt und abgerundet werden.

Heilpädagogische Befundaufnahme – Beobachtungsbogen mit Richtlinien für Früherzieher und Heilpädagogen

Auch für die spezielle Heil- und Frühpädagogik ist es hilfreich, wenn die erste Befunderhebung mittels einer punktuellen Systematik festgehalten wird, damit ein aus Einzeluntersuchungen und Detailbeobachtungen zum Ganzen geformter Eindruck entstehen kann. Es wird deshalb als Anhang ein von Früherziehern und Heilpädagogen in der heilpädagogischen Praxis anwendbarer *Beobachtungsbogen* vorgestellt, der die Möglichkeit aufzeigt, die im Umgang mit dem Kind und seinen Eltern gewonnenen ersten Beobachtungen und Erkenntnisse verschiedenen Entwicklungskomplexen (anhand gegebener Richtlinien zur Beobachtung von Einzelkriterien) zuzuordnen und so die Gewinnung eines Gesamteindruckes zu erleichtern. Der Vordruck bietet die Möglichkeit, Anmerkungen zu den einzelnen Entwicklungszonen beim Kind schriftlich festzuhalten. Damit erhält der Früherzieher Hinweise auf die bisher erworbenen Handlungsfähigkeiten des Kindes und auf seine individuellen Bedürfnisse. Konkrete Ansatzpunkte zur Gestaltung einer heilpädagogischen Förderung können auf diese Weise ermittelt werden. (Vgl. Anhang: Heilpädagogische Befundaufnahme – Beobachtungsbogen mit Richtlinien für Früherzieher und Heilpädagogen [nach TIETZE-FRITZ 1991].)

Gesprächsführung

Jede Zusammenarbeit zwischen Eltern, Kind und pädagogisch-therapeutischem Team lebt durch das Miteinander-Sprechen (205, S. 134). Durch Berichte und Schilderungen der Eltern erhält der Früherzieher wertvolle diagnostische Hinweise.

Auf die besonderen und jeweils anderen Handlungszusammenhänge, in denen das Gespräch steht, weist WARNKE hin (215). Er betont die verschiedenen Einstellungen und Erwartungen gerade der Eltern eines entwicklungsauffälligen Kindes (therapeutische Erwartungen, Erfolgserwartungen, diagnostische Erwartungen, Kooperationserwartungen, psychologische Erwartungen, Zeiterwartungen).

Oftmals ist das Gespräch vereinbart, „manchmal ergibt es sich zwanglos, unvorbereitet, zwischen Tür und Angel" (S. 210).

Im Rahmen der frühpädagogischen Befunderhebung werden diagnostische und psychologische Aussagen und Kompetenzen vom Früherzieher erwartet. Dem ersten Gespräch, zur Vorbereitung und Kontaktaufnahme, kommt dabei, ebenso wie den zwanglosen, unvorbereiteten Gesprächen „zwischen Tür und Angel", eine besondere Bedeutung zu (vgl. hierzu die Ausführungen bei TIETZE-FRITZ [205, S. 134 u. 135]).

Um den fachlichen Anforderungen der Gestaltung kommunikativer Begegnungen und Bezüge gerecht werden zu können, ist die Kenntnis einiger Grundformen psychologischer Gesprächsführung zur Einbringung in den diagnostischen Prozeß und innerhalb des gesamten Fördergeschehens für den Früherzieher nützlich und wünschenswert (vgl. II 4.6: „Gesprächsführung im diagnostischen Prozeß").

Beobachtung des Verhaltens – Beobachtung des Spielens innerhalb integrativer Alltags- und Lebensgestaltung

Nach GRÖSCHKE (69) ist die Beobachtung die *Basismethode* jeglicher heilpädagogischer Befunderhebung und begleitet die heilpädagogischen Maßnahmen „von Anfang bis zu ihrem Abschluß": „In einer Haltung echter Anteilnahme (i. e. „teilnehmende Beobachtung") läßt sich der Heilpädagoge schließlich auf einen Erziehungsversuch ein, dessen Verlauf er sorgfältig beobachtet und reflektiert, um ihn stets flexibel auf sich ändernde Bedingungen des Edukanden oder situativer Konstellationen neu abstimmen zu können" (S. 175).

Das Kind benutzt seine psychomotorischen Fähigkeiten, indem es sich spielerisch und kommunikativ mit seiner Umwelt auseinandersetzt. Dem ist Rechnung zu tragen: Die Anbahnung, Unterstützung und Entwicklung der Wahrnehmungs- und Bewegungsmöglichkeiten können auch mit ihren diagnostischen Impulsen als Entwicklung der Spielfähigkeiten und als Beobachtung des spielerischen Verhaltens gestaltet werden.

Für den Früherzieher ist es wesentlich, ein bemerkenswertes kindliches Verhalten, das eventuell eine motorische Auffälligkeit signalisiert, und die typischen Situationen, in denen das Kind dieses Verhalten zeigt, zu sehen und zu erfahren. Dazu kann es erforderlich werden, bestimmte Situationen, in denen ausgewählte, wiederkehrende Verhaltensweisen des Kindes zu erwarten sind oder in denen das Kind mit vorgegebenen Materialien umgeht, gezielt einzurichten (Verhaltens- und Spielbeobachtung in gelenkter Situation).

Genauso wichtig ist es, das Kind in seinem individuellen freien Tun und Spielen ohne eine geplante Situation und ohne Betrachtung einer bestimmten Auffälligkeit in seiner Natürlichkeit und in seinem freigewählten alltäglichen Spielen zu erleben (Verhaltens- und Spielbeobachtung in freier Situation).

Kindliches Verhalten läßt sich beobachten, aber die einzelnen Eigenschaften und Wahrnehmungsleistungen darin sind nicht genau beschreib- und meßbar, am wenigsten im Säuglings- und Kleinkindalter. Jede Verhaltens- und Spielbeobachtung entspricht aber in hohem Maße der ganzheitlichen Erfassung des Kindes und hat darin ihren besonderen Wert (205, S. 141).

Spielaktionen

Aus heilpädagogischer Sicht kann auch die systematische Beobachtung eines Kindes in Spielaktionen in gemeinsame Begegnungen von Kindern und für Kinder, in denen der Vergleich des Verhaltens von Kindern am besten und konkret anschaulich gelingt und in denen Kinder sich „untereinander" verhalten (z. B. Bewegungsspiele, Baby-Treffs, Spielkreise und andere Angebote zur pädagogischen Frühförderung), als eine integrative Entwicklungsbegleitung wirksam hineingenommen werden:

Befunderhebung wird mit dementsprechenden Angeboten zu einer Form integrativer Erziehung, die dem Selbstverständnis kindlicher Entwicklungsbedürfnisse entspricht.

Aus Beobachtungsergebnissen lassen sich Beobachtungskriterien entwikkeln, auf die sich der Früherzieher bei weiteren Kontakten konzentrieren wird und die ihm konkretere Beurteilungshilfen sein können. Bei TIETZE-FRITZ (205, S. 141 u. 142) sind Beobachtungskriterien als Schwerpunkte der Verhaltens- und Spielbeobachtung genannt:

Verhaltens- und Spielbeobachtung in freier Situation
1. Wie spielt das Kind mit seinen Spielsachen?
2. Wie spielt das Kind mit seinen Eltern?
3. Wie verhält sich das Kind, wenn seine Geschwister dabei sind?
4. Wie verhält sich das Kind zu anderen (fremden) Kindern?
5. Wie verhält sich das Kind zu anderen (fremden) Erwachsenen?
6. Wie verhalten sich die Eltern zu ihrem Kind, wie gehen sie mit ihm um?
7. Wie spielen die Eltern mit ihrem Kind?
8. Wie verhalten sich die Eltern bei Alltagsverrichtungen, wie versorgen sie ihr Kind?
9. Wie verhält sich die Familie (Geschwister, Großeltern, andere Bezugspersonen) dem Kind gegenüber?

Verhaltens- und Spielbeobachtung in gelenkter Situation
10. Wie gehen Eltern in einer bestimmten Umgebung (in der Wohnung, in einem ausgewählten Raum, im Freien) mit dem Kind um?
11. Wie spielen Eltern mit einem vorgegebenen Spielzeug mit ihrem Kind?
12. Wie verhalten sich Eltern bei einer bestimmten Verrichtung (z. B. beim Füttern)?
13. Wie gehen Eltern auf ein bestimmtes Verhalten ihres Kindes (z. B. Schreien, unruhiges Zappeln, Wutausbruch) ein?
14. Wie geht das Kind mit einem ausgewählten und vorgegebenen Spielzeug (Gegenstand) um?
15. Wie verhält sich das Kind in einer ausgewählten Umgebung (in seinem Zimmer, in einem fremden Raum, zusammen mit anderen Kindern)?
16. Wie oft tritt ein bestimmtes Verhalten (z. B. Wegwerfen von Spielzeug) in einer ausgewählten Situation auf?
17. Wie verhält sich das Kind in einer ausgewählten Situation (z. B. im Laufstall, beim Essen)?

7.3.2.2 Elternarbeit und Familiendiagnostik

Förderungsbegleitende Elternarbeit

Eine familienorientierte Befunderhebung hat als pädagogische Familienarbeit das Ziel, die Hilfen herauszufinden, die zur Gestaltung von Alltags-

und Lebenssituationen nötig sind. Sie unterstützt die Familie und geht im Sinne förderungsbegleitender Elternarbeit (16) auf die individuellen Prozesse einer Familie ein.

Sehr oft ereignet sich Befunderhebung in einer Krisenzeit, die Eltern bewältigen und verarbeiten müssen, etwa wenn es sich bei einer sensomotorischen Beeinträchtigung ihres Kindes um eine (drohende) Behinderung handelt. Früherziehung hat vor allem dann eine besondere Erziehungsaufgabe und -verantwortung, wenn sie eine psychische und soziale Störung des familialen Gleichgewichts vorfindet und die Erziehungsfähigkeit der Eltern beeinträchtigt erscheint.

Gesprächskreise für Eltern

Frühförderung kann für das Kind und seine Familie nur dann erfolgreich sein, wenn sie mit hilfreichen und entlastenden Elementen zur Familiensituation insgesamt beizutragen versucht. Mit Hilfsangeboten für Eltern und Familie, wie durch verschiedene Formen von Gesprächskreisen und -gruppen für Eltern (oft gestaltet als Angebot zur Teilnahme für beide Elternteile, aber auch als Müttergesprächskreise), sind immer auch diagnostische Hinweise verknüpft. Sie können für das Verständnis bei einem auffälligen psychomotorischen Verhalten des Kindes sehr wertvoll sein. Nach TIETZE-FRITZ (206) können mit zielgerichteten Fragestellungen, im Umgang mit Problemen und Belastungen, mit der Suche nach dysfunktionalen Problemlösungen für die Familie auch Erziehungs- und Beziehungsstrukturen innerhalb der jeweiligen psychosozialen Interaktionsprozesse und Netzwerke betroffener Familien transparent werden.

Familiendiagnostik

Das Anliegen der Befunderhebung durch den Früherzieher ist demnach auch die Analyse der jeweiligen Familiendynamik und häuslichen Erziehungssituation, die sie in ihrer Prozeßhaftigkeit wahrzunehmen versucht. Sie beginnt dann mit Vertrauensbildung und kann in ihrer Aufgabenstellung auch als „Familiendiagnostik" bezeichnet werden.

REMSCHMIDT macht auf die Einbeziehung der Elternperspektive in diagnostische Arbeit aufmerksam: „Diagnostisch sind Beobachtungen und Einstellungen der Eltern von ausschlaggebender Bedeutung, weil viele Verhaltensweisen der Kinder in der Untersuchungssituation ja nicht auftreten und weil die Einstellung zum Kind oder auch zu seiner etwaigen Behinderung Wechselwirkungen auf sein Verhalten hat" (161, S. 159). Er betont die Arbeit mit den Eltern als wichtigen Aspekt jeglicher Maßnahmen der frühen Entwicklungsförderung und darin „eine sorgfältige Diagnostik der familiären Situation", wie sie aus kinderpsychiatrischer Sicht gefordert ist.

In diesem diagnostischen Zusammenhang nennt er einige leitende Gesichtspunkte und Prinzipien für die Beratung von Eltern, „die für alle Formen der Frühförderung gültig sind" und insbesondere in der frühpädagogischen Befunderhebung Berücksichtigung finden sollten (S. 168 u. 169):

1. Ausrichtung am Kräftereservoir der Eltern,
2. Vermeidung einseitiger Identifikationen,
3. Urteilsbildung über die ganze Familie,
4. Entlastung der Eltern,
5. Fortlaufende Rückkoppelung während der Beratung,
6. Auskünfte nur, so weit das eigene Wissen reicht,
7. Vorsicht mit prognostischen Hinweisen,
8. Orientierung an den Bedürfnissen des Kindes und den Sorgen der Eltern.

Anleitung der Eltern

Befunderhebung in der frühpädagogischen Förderung eines Kindes ist auch Unterstützung und Anleitung der Eltern und Familie zur Erziehung ihres Kindes in seinem gewohnten gegenständlichen und sozialen Umfeld. Diese Anleitung der Eltern zur Förderung hat sich an einem Erziehungsplan zu orientieren, der partnerschaftlich, ergänzend und situationsangepaßt über die Vermittlung des „handling", auch mit der Einbindung therapeutischer Notwendigkeiten in Alltagsverrichtungen zu einer echten „Hilfe zur Selbsthilfe" werden kann.

Das „Kooperationsmodell"

Alle aus den ersten Untersuchungen gewonnenen Ergebnisse werden dazu herangezogen, gemeinsam und in Absprache mit den Eltern einen *Erziehungs- und Förderungsplan* zu entwickeln, als ein mit der Familie verantwortetes Förderkonzept. Es enthält in jedem Anteil diagnostische Elemente.

In jeder Phase von Befunderhebung und Förderung sollte das Verhältnis zwischen Familie und Früherzieher eine offene Kooperation sein, die über das sogenannte „Ko-Therapeuten-Modell" (78; 192) hinausgeht.

SPECK sieht die Eltern eines Kindes vielmehr als Partner des für Diagnostik und Förderung verantwortlichen Pädagogen an und favorisiert hingegen ein „Kooperationsmodell", in welchem partnerschaftlich und sich gegenseitig ergänzend „das für die individuelle Fördersituation passende Konzept gefunden wird" (192, S. 16).

Deshalb hat neben den verschiedenen ambulanten Förderungs- und Begegnungsangeboten, als ein mehr ambulantes Angebot, besser noch begleitend dazu, die Hausfrüherziehung ihren festen und bedeutenden Platz im diagnostisch-pädagogischen Konzept des Früherziehers.

Diagnose- und Förderungsmethoden

Es obliegt der Kompetenz des Frühpädagogen, ein ausgewähltes methodisches Vorgehen zu favorisieren und sich – gegebenenfalls – für die Einbeziehung eines bestimmten Verfahrens, das auch den Eltern übermittelt wird, zu entscheiden.

Bei der Auswahl spezifischer Diagnose- und Förderungsmethoden, auch unter Einbeziehung geeigneter *Medien*, sind aber stets solche Verfahrensweisen und pädagogische Ansätze zu bevorzugen, die dem Kind eine Lernumwelt bereitstellen, in der es sich entfalten kann.

Diejenigen methodischen Ansätze, die in der Heilpädagogik Bedeutung erlangt haben und als Praxiskonzepte benutzt werden, sind unter II 7.3.4: „Die Anwendung heilpädagogischer und pädagogisch-therapeutischer Konzeptionen" vorgestellt.

Das „handling"

Eine besondere Bedeutung für die frühpädagogische Erfassung sensomotorischer Auffälligkeiten hat die Anleitung der Eltern und Familie eines Kindes zum sogenannten „handling" (205, S. 128). Das „handling" hat sich aus der Behandlung bewegungsgestörter Kinder entwickelt als ein Teil therapeutischen Handelns.

Es sind damit Hinweise für die tägliche Versorgung und Handhabung des Kindes gemeint, mit dem Ziel, z. B. beim Füttern, Baden oder Tragen des Kindes einerseits eine Verbesserung und Unterstützung der kindlichen Entwicklung zu erreichen, wenn beim richtigen Umgang darin positive kindliche Bewegungsmuster beachtet werden.

Andererseits können mittels „handling" aber auch frühkindliche oder pathologische Reflex- und Bewegungsmuster frühzeitig gesehen und diagnostiziert werden, bei Nichterkennen allerdings auch in ihrer Pathologie verstärkt werden.

In Erweiterung und Modifizierung des therapeutischen Anteils hat das „handling" Eingang in die Frühpädagogik gefunden: Über die Anleitung der Eltern zur kindgerechten Kontaktaufnahme (z. B. Hautkontakte, Wiegen, Schaukeln) kann beim sensomotorisch entwicklungsauffälligen Kind nicht nur die motorische, sondern auch seine sensorische, kognitive, sprachliche und psychische Entwicklung immer wieder aufs neue beobachtet und auch mit ihren Verhaltensänderungen gesehen werden.

Der therapeutische Aspekt

In das „handling" können auch Schwerpunkte frühtherapeutischer Maßnahmen – etwa entsprechend der Zielsetzung einer bewegungstherapeutischen oder logopädischen Therapie in Absprache mit den Fachtherapeuten – ganzheitlich integriert werden.

Den Eltern können Wege aufgezeigt werden, auch therapeutische Ansätze in den Alltag mit dem Kind einzubinden: Wenn Eltern beispielsweise Grundkenntnisse darüber erhalten, welche Bewegungspositionen das Kind im Spiel einnehmen soll oder welche Form der Handhabung beim Trinken aus mund-, trink- oder eßtherapeutischer Sicht gefordert ist, gewinnen sie nicht nur erzieherische, sondern auch entwicklungsdiagnostische Kompetenzen.

7.3.3 Der Einsatz von Medien

Gezielt ausgewählte und eingesetzte Hilfsmittel und Materialien, auch als *Medien* bezeichnet, sind geeignet, die Verhaltens- und Entwicklungsbeobachtung und -begleitung des Kindes zu unterstützen und zu erleichtern.

Um sie für die Befunderhebung zu nutzen, benötigt der Früherzieher *medienpädagogische*, dabei vor allem *spielpädagogische* und *bewegungspädagogische* Fachkenntnisse.

Neben den im Alltag zur Verfügung stehenden Gegenständen (im Haus, im Spielzimmer, im Freien, auf dem Spielplatz) kommen im wesentlichen Mittel zum Einsatz, die dem *spielpädagogischen* Bereich (Spiele, Spielzeug und Bilderbücher), dem *kunst- und werkpädagogischen* Bereich (Medien zum Gestalten), dem *rhythmischen* und *musikpädagogischen* Bereich (Rhythmikmaterial und Instrumente) und dem *bewegungspädagogischen* Bereich (Übungsgeräte) zugeordnet werden können.

Zur Veranschaulichung senso- und psychomotorischen Verhaltens und der besonders eindrucksvollen Dokumentation kindlicher Entwicklungsschritte und -fortschritte, Entwicklungsverläufe und -vergleiche kann das *Video* als *audiovisuelles Medium* eine wertvolle Hilfe sein.

Die Auswahl der dem Kind angebotenen Medien (vor allem aus dem Spiel- und Bewegungsbereich) richtet sich nach seinem Entwicklungsalter und nach seinen Bedürfnissen. Die altersgerechten Spiel- und Bewegungsformen sind dabei Grundlage der Beobachtung und Diagnostik.

Die vom Kind benutzten Spielformen

In der kindlichen Entwicklung zeigen sich nacheinander verschiedene *Spielformen*, die zu beobachten sind. Nach VON OY und SAGI (147) empfiehlt sich für eine methodische Hilfe die Einteilung der Spielformen nach SCHENK-DANZINGER:

Funktionsspiele: Funktionale Spiele der Selbstbetätigung sind überwiegend motorische Funktionen und beim gesunden Kind „eine Art angeborenen Lernverhaltens" (S. 100). Sie zeigen sich beim jungen Säugling als *Selbstbetätigung ohne Spielmaterial*, im Laufe des ersten Lebensjahres dann zunehmend als *Selbstbetätigung mit Spielmaterial*.

Rollenspiele: Rollenspiele (Nachahmungs-, Illusions-, Symbol-, Fiktions-, Deutungs- und Darstellungsspiel) sind beim gesunden Kind ab dem zweiten Lebensjahr zu beobachten, meistens im Zusammenhang mit der Sprachentwicklung.

Konstruktionsspiele: Die funktionale Betätigung des Kindes mit Spielmaterial erfährt gegen Ende des zweiten Lebensjahres eine Weiterentwicklung. VON OY und SAGI geben an, daß dann das Kind „immer mehr auf die Eigenart des ihm angebotenen Spielzeugs oder Beschäftigungsmaterials" achtet: „Zuerst sind es die Bausteine, die es sinnvoll verwendet. Mit ihnen wird nicht mehr geschlagen, geworfen oder Ein- und Ausräumen geübt . . ., sondern sie werden aneinandergefügt, zuerst horizontal, dann vertikal, später in drei Dimensionen" (S. 104).

Regelspiele: Zu den Regelspielen zählen alle diejenigen Spielarten, die durch festgelegte Regeln bestimmt sind. VON OY und SAGI geben an, daß bereits im dritten Lebensjahr individuelle Spielregeln zu beobachten sind und sich in bestimmten Formen „des Gehens, Hüpfens und Schreitens" zeigen und Kinder sich wenig später „einer gruppenspezifischen Spielordnung" unterwerfen, im Kindergarten dann „Spontangruppen" und „Regelspiele" zu sehen sind (S. 106).

Während sich „Aktivität und Initiative zum Spiel" beim gesunden Kind von selbst entwickeln, wenn ihm dafür „Raum, Material, Zeit, Ruhe, spannungsfreie Atmosphäre und zeitweise die Bereitschaft zum Mitspielen" gewährt wird (S. 107), sind beim auffälligen Kind Störungen des Spielverhaltens und der Spielentwicklung in einer Vielzahl der Fälle anzutreffen.

Die Beobachtung des Spielens und darin die Handhabung des Materials ist deshalb ein wesentliches Kriterium frühpädagogischer Befunderhebung.

Die Materialien zur Spiel- und Bewegungsbeobachtung

VON OY und SAGI nennen insbesondere folgende Materialien, die sich in der heilpädagogischen Arbeit mit Kindern besonders bewährt haben. Sie eignen sich „kindgerecht" für die senso- und psychomotorische Beobachtung, besonders auch für die Beobachtung in der Alltags- und häuslichen Situation (147, S. 339):

Das Spielzeug

für das kindliche *Funktionsspiel:*

– Greifspielzeug,
– Spielzeug zum Ein- und Ausräumen,
– Spielzeug zum Werfen,
– Formen-, Farben- und Steckspiele,
– Spielzeug zum Drehen, Schrauben und Stecken,
– Lege- und Zusammensetzspiele,
– Spielzeug mit einfachem und differenziertem Bewegungsmechanismus,
– Spielzeug für draußen;

für das *Rollenspiel:*

– Puppenspielzeug,
– Rollenspielzeug (erweitertes Umweltspiel),
– Material zur Fest- und Feiergestaltung;

für das *Konstruktionsspiel:*

– Spielzeug zum Bauen und Konstruieren,
– Material zum Gestalten und Werken;

für das *Regelspiel:*

– organisierte Kreis-, Sing- und Bewegungsspiele,
– Gesellschaftsspiele,
– Parteienspiele,
– Musikinstrumente,
– Rhythmikmaterial.

Als besonders geeignet zur Beobachtung insgesamt und für die gezielte Befunderhebung in einzelnen Entwicklungsbereichen sind ausgewählte Bilderbücher und Mal-, Zeichen-, Bastel- und Schreibgeräte zu nennen.

Rhythmik- und Bewegungsgeräte

Zur *Bewegungsbeobachtung* eignen sich

– Rhythmikmaterial
   (wie Bälle, Reifen, Stäbe, Keulen),
– gymnastische Übungsgeräte
   (wie Rolle, Gleichgewichtsball, Schwebebank, Sprossenwand, Seile, Trampolin, Schaukelbrett, Rutsche),

- Geräte zum (Sich-)Fortbewegen (wie Auto, Kettcar, Dreirad, Schaukelpferd, [Puppen-]Wagen, Roller),
- Instrumente (körpereigene Instrumente wie Stimme, Hände, Füße; körperfremde Instrumente wie Holz- und Metallstäbe, Töpfe, Flaschen; Musikinstrumente wie Glockenspiel, Mundharmonika, Orffsche Instrumente).

Detaillierte Beschreibungen zur Anwendung der genannten Materialien finden sich bei VON OY und SAGI (147) und bei TIETZE-FRITZ (205).

Ein audiovisuelles Medium: das Video

In der Beobachtung kindlichen Verhaltens bietet sich besonders das Video als Dokumentationshilfe an:

Wurde eine Verhaltens- und Spielbeobachtung mittels Video aufgezeichnet, kann es für die Befunderhebung sehr hilfreich sein, das psychomotorische Handeln des Kindes beliebig wiederholbar abzurufen und somit zu veranschaulichen.

Mit dieser Form der Wiedergabe wird ein hohes Maß an Visualität erreicht, und zusammen mit dem synchron zum Bild aufgezeichneten Ton vermittelt die Aufzeichnung dem späteren Betrachter ein lebendiges Bild von der aufgezeichneten Situation (aufschlußreich sind vor allem auch häusliche Aufzeichnungen der Eltern).

Zusätzlich ermöglicht es die Mikrophontechnik, alle Geräusche – Gesprochenes – objektiv zu erfassen, und es ist möglich, daß das Mikrophon sich selektiv auf die lauteste Geräuschquelle konzentriert, wobei Nebengeräusche unterdrückt werden: Die Laute des Kindes können so zu diagnostischen Zwecken hervorgehoben werden.

Der Früherzieher hat somit eine gute Möglichkeit, den Entwicklungsverlauf eines Kindes mit dem Einsatz dieses Mediums mit in regelmäßigen Abständen vorgenommenen und verglichenen audiovisuellen Aufzeichnungen „zusätzlich" zu begleiten, möglichst in Gemeinsamkeit mit den Eltern.

Bei TIETZE-FRITZ (205) ist die Aussagekraft der verschiedenen Darstellungsmöglichkeiten betont: Mit der stufenlosen Veränderbarkeit der Brennweite können Einzelheiten „näher herangeholt" und im Detail gezeigt werden (frühkindliche Reaktionen, Reflexverhalten); durch die Wahl des Bildausschnittes können neben dem motorischen Erscheinungsbild des Kindes auch Gruppensituationen erfaßt werden; die dokumentarische Exaktheit der Wiederholbarkeit von Situationen ist demnach auch als Reflexionshilfe und Eigenkontrolle im Rahmen frühpädagogischer Förderung nutzbar.

7.3.4 Die Anwendung heilpädagogischer und pädagogisch-therapeutischer Konzeptionen

Es stehen differenzierte heilpädagogische und pädagogisch-therapeutische Programme (pädagogisch orientierte Föderungskonzepte oder auch therapeutisch ausgerichtete Verfahren) zur Verfügung, die je nach geplanter Fördermaßnahme mit entsprechenden diagnostischen Ansätzen (Diagnoseverfahren) verbunden sind.

Für die ganzheitliche Erfassung senso- und psychomotorischer Auffälligkeiten sind besonders auch solche Konzepte (Methoden) entwickelt und bekannt geworden, die mit einer Schwerpunktsetzung in einzelnen kindlichen Entwicklungsbereichen einhergehen oder Aufgabenstellungen betonen, die vom Entwicklungsalter eines Kindes ausgehen oder deren Anwendung vom besonderen kindlichen Erscheinungsbild (einer besonderen Symptomatik) abhängig zu machen ist.

Entscheidet sich der Früherzieher dafür, ein vorgegebenes Förderprogramm anzuwenden, richtet sich die Auswahl des jeweils angezeigten methodischen Ansatzes im diagnostischen Vorgehen demnach nach den individuellen Bedürfnissen, nach dem Erziehungsplan und der Auswahl des (geplanten) Förderansatzes.

Das methodische Vorgehen kann mit der Hinzunahme entwicklungs-(früh)diagnostischer Instrumentarien (Testverfahren) verbunden sein.

Zum Einsatz von Testverfahren

Einige der in verschiedenen Kapiteln dieses Buches genannten Testverfahren sollten in der heilpädagogischen Arbeit ausschließlich fachpsychologisch angewendet werden, andere wiederum sind mehr medizinisch, motodiagnostisch oder fachtherapeutisch orientiert.

Eine Reihe der zur Verfügung stehenden Diagnoseverfahren und Untersuchungsformen ist aber auch geeignet, die heil- und frühpädagogische Befunderhebung zu ergänzen, wenn sie mit Sorgfalt ausgewählt und angewendet werden. Einzelne, auch vom erfahrenen Erzieher durchzuführende Verfahren sind vorwiegend dazu geeignet, *quantitative* Aussagen über die kindliche Entwicklung zu machen, wenn sich beispielsweise durch eine ausgewählte Aufgabenstellung das Entwicklungsalter eines Kindes ermitteln läßt und gewisse Normabweichungen der sensomotorischen Entwicklung abgelesen werden können.

Herangezogen werden sollte jedoch ein pädagogisch-therapeutisches Diagnoseverfahren immer nur „zusätzlich" und unter einer förderdiagnostischen Einstellung. Es sollte kritisch angesehen und eher zurückhaltend benutzt werden. Sehr oft genügt es für die frühpädagogische Beobachtung, wenn nur wenige, im einzelnen ausgewählte Aufgaben aus einer Testreihe zur Anwendung kommen.

Oft aber wird gerade in der Frühförderarbeit mit dem kleinen Kind und seinen Eltern auf mehr oder weniger standardisierte Diagnoseverfahren gänzlich zu verzichten sein.

Funktion und Gefahren

Die Benutzung eines bestimmten Verfahrens kann dann hilfreich sein, wenn es in regelmäßigen Abständen wiederholt wird und vergleichende Ergebnisse abgibt.

TIETZE-FRITZ sieht seine Funktion möglicherweise in einer Art Kontrollinstanz, um Veränderungen zu erkennen oder auch Hinweise auf das Fehlen von Veränderungen zu erhalten, damit Fördermaßnahmen eventuell neu überdacht, korrigiert oder modifiziert werden können. Es ist in diesem Zusammenhang jedoch auch auf Gefahren hingewiesen: „Keinesfalls aber können wir eine mehr oder weniger standardisierte Entwicklungsfrühdiagnostik als Grundlage oder gar alleiniges Aussagemittel ansehen, wenn es darum geht, eine Förderung einzuleiten oder die nächsten Schritte der Förderung zu bestimmen. Zahlenförmige Resultate können nicht aufzeigen, welche Bedingungen für sensomotorische Störungen verantwortlich waren oder unter welchen Bedingungen und Umständen eine Auffälligkeit hervortritt. Sie können auch nicht objektiv aufzeigen, in welcher Weise der Untersucher mit der Testaufgabe, mit dem Kind und mit der Testsituation selbst umgeht" (205, S. 142 u. 143).

Auch sind der Verhaltenszustand des Kindes, Kooperation und Kontaktaufnahme mit dem Untersucher, Interaktion oder Abwesenheit eines Elternteils, äußere Bedingungen der Untersuchungssituation wie Räumlichkeit und Tageszeit in vielen Testverfahren und ihrer Auswertung nicht berücksichtigt.

Bei TIETZE-FRITZ (205) ist ebenso kritisiert, daß in Testaufgaben für die Diagnostik im Säuglings- und Kleinkindalter meistens auch die *Qualität* des frühkindlichen sensomotorischen Verhaltens unberücksichtigt bleibt, „d. h., es kann sein, daß das Kind eine Aufgabe entsprechend der Testvorlage zwar erfüllt hat (z. B. Aufstehen, wenn es gehalten wird), sie aber nur in einem pathologischen Bewegungsmuster (z. B. Stehen in Spitzfußstellung) lösen konnte" (S. 143).

In den folgenden Kapiteln sind bekannte und in der heilpädagogischen Frühförderung anzuwendende Entwicklungstabellen und förderdiagnostische Verfahren nach Arbeitsschwerpunkten geordnet und – zum Kennenlernen – dargestellt.

Bevorzugt ausgewählt wurden solche, die primär der „pädagogischen" Frühförderung zuzuordnen und relativ einfach und praktisch zu handhaben sind.

Einige der aufgeführten Methoden sind zwar eher der medizinischen oder auch fachtherapeutischen Diagnostik zuzurechnen, aber auch in der Arbeit des Früherziehers zu finden.

Andere Verfahren werden nicht erwähnt, obgleich auch sie in der Früherziehung benutzt werden; sie sind anderen Kapiteln dieses Buches schwerpunktmäßig zugeordnet.

7.3.4.1 Entwicklungs(früh)diagnostische Verfahren zur sensomotorischen Förderung

1. Die selektive entwicklungsphysiologische und -psychologische Tabelle (zusammengestellt von C. Kiese)

Mit der „selektiven entwicklungsphysiologischen und -psychologischen Tabelle" wird eine tabellarische Darstellung über die Ausbildung von fünf Entwicklungsdimensionen von der Geburt bis zum Alter von 5;6 Jahren gegeben.

Der Ablauf der Entwicklung ist in

– Grob- und Statomotorik,
– Feinmotorik,
– Hör- und Sprachregelsystem,
– kognitive Fähigkeiten

gegliedert.

Mit der Zuordnung der Fähigkeiten des Kindes zu den Dimensionen (relevante Zeitabschnitte innerhalb einer Dimension und die Dimensionen untereinander sind farblich voneinander abgehoben) ist das Auffinden der entsprechenden Dimension im Sinne eines Grobdiagnostikums möglich (19, S. 73).

2. Das sensomotorische und das psychosoziale Entwicklungsgitter nach Kiphard

Als Anleitung zur Prüfung der Sinnes- und Bewegungsfunktionen und des sozialen Funktionsbereiches hat KIPHARD besondere *Fragebögen* zur Entwicklungsüberprüfung von Kindern entwickelt, die ausgewählte Entwicklungsaufgaben entsprechend dem Lebensalter eines Kindes enthalten.

Das Verfahren versteht sich als ein ausgesprochen pädagogisch orientiertes Hilfsmittel und als diagnostische Ausgangsbasis für ein von Früherziehern anwendbares Trainingsprogramm, in das die Eltern eines Kindes eingeführt werden sollen.

Die Fragebögen wurden von KIPHARD zunächst zusammengestellt, um Eltern und Erzieher darüber zu informieren, „was ein Kind in welchem Alter können sollte" (98, S. 9).

Ergänzend dazu hat KIPHARD eine *Entwicklungsskala* für die ersten vier Lebensjahre eines Kindes in Gitterform zusammengestellt. Diese Tabelle dient als *Grobdiagnostikum* bei Entwicklungsauffälligkeiten. Die Alterswerte gelten für Spätentwickler, d. h., 90 Prozent der Kinder erfüllen diese Aufgaben. Einige der Items sind statistisch gesichert.

In diesem „Entwicklungsgitter", das in zwei Formen vorliegt, dem „sensomotorischen Entwicklungsgitter" und dem „psychosozialen Entwicklungsgitter", läßt sich der konkrete sensomotorische und psychosoziale Entwicklungsstand des zu untersuchenden Kindes eintragen. Zusammen mit der Benutzung des Fragebogens soll ein Beitrag zur Früherkennung von Entwicklungsstörungen geleistet werden, Eltern und Erzieher sollen auf „Frühwarnzeichen" aufmerksam werden und Entwicklungsrückstände aufspüren.

Die diagnostische Funktion

Das Entwicklungsgitter ist vor allem ein Diagnostikum. Mit ausgewählten Einzelaufgaben zu verschiedenen Funktionsbereichen, die vom Kind zu erfüllen sind, haben Erzieher die Möglichkeit einer Bewertung, die an der *Erfüllung einer Mindestanforderung* gemessen wird. Mit der Summe der gelösten Aufgaben kann das *ungefähre Spätentwicklungsalter des Kindes* ermittelt werden und kann ein sich an der Spätentwicklung orientierender *Entwicklungsquotient (EQ)* errechnet werden, der den Entwicklungsverlauf verdeutlichen kann, wenn mehrere Überprüfungen in regelmäßigen Abständen vorgenommen werden.

Nach KIPHARD (98) macht die Verwendung von Mindestanforderungen das sensomotorische Entwicklungsgitter „zu einem vorzüglichen Auslese- und Suchverfahren bei Verdacht auf Entwicklungsverzögerungen und -störungen. Erreicht ein Kind nicht die für sein Alter angegebenen Entwicklungsvollzüge, so ist dies ein Alarmzeichen, das Eltern und Erzieher hellhörig machen sollte" (S. 12).

Mit der Diagnostik des „sozialen Funktionsbereichs" können nach KIPHARD Verzögerungen und Störungen „schon im Ansatz" erkannt werden, damit früh genug ein Kinderpsychiater oder ein Kinderpsychotherapeut aufgesucht werden kann (S. 64).

Die entwicklungsfördernde Funktion

Das Entwicklungsgitter ist aber nicht nur ein „Meßinstrument", und KIPHARD möchte es keinesfalls als „Test" für den Fachmann verstanden wissen, sondern als ein „in der Praxis erprobtes Arbeitsmittel für jedermann", mit dem auch rechtzeitig entsprechende Hilfen gegeben werden: Die Aufgaben zur sensomotorischen Entwicklungsüberprüfung stellen ein gezieltes Übungsprogramm zur systematischen Förderung entwicklungsrückständiger Kinder dar, auch die Aufgaben des psychosozialen Entwicklungsgitters können zu therapeutischen und übenden Zwecken genutzt werden.

Die Kontrollfunktion

Bei allen entwicklungsdiagnostischen und -therapeutischen Maßnahmen soll das Entwicklungsgitter als Kontrolle herangezogen werden. Auf der Grundlage des gewonnenen „Entwicklungsprofils" als diagnostische Ausgangsbasis für ein Trainingsprogramm können die Eltern Entwicklungsfortschritte durch Wiederholungsprüfungen kontrollieren und das Entwicklungstempo ihres Kindes beobachten. Bei Spätentwicklern und entwicklungsgestörten Kindern soll die Zweituntersuchung etwa ein halbes Jahr später vorgenommen werden. Es ist dann „schon deutlich zu sehen, ob, zum Beispiel infolge gezielter Übungsanregungen, einige Entwicklungsmonate aufgeholt werden konnten" (S. 13).

Das *sensomotorische* Entwicklungsgitter überprüft mit 240 Einzelaufgaben die Funktionsbereiche

– optische Wahrnehmung,
– Handgeschick,
– Körperkontrolle,
– Sprache,
– akustische Wahrnehmung.

Das *psychosoziale* Entwicklungsgitter will mit der sozialen Entwicklungsüberprüfung (48 Einzelaufgaben) das „Seelische und Gemüthafte des Menschen" erfassen, bei KIPHARD als Sozialkontakt definiert.

Die mit zunehmendem Alter des Kindes ansteigend schwieriger werdenden Aufgaben basieren (Leistungsanforderung und Alterszuordnungen betreffend) zum Teil auf wissenschaftlich gesicherten Ergebnissen.

Das erweiterte Entwicklungsgitter

Um die Entwicklung eines von OHLMEIER konzipierten Systems, mit dessen Hilfe Früherziehungsprogramme für behinderte Kinder erstellt werden können, zu unterstützen, wurde durch KIPHARD eine *Erweiterung des Entwicklungsgitters* bis zum Alter eines Kindes von 7^1/$_2$ Jahren vorgenommen, so daß es nun vom Säuglingsalter bis zur Einschulung benutzt werden konnte.

Die neuen Items jenseits des 4. Lebensjahres haben jedoch für die Entwicklungsdiagnostik nicht den Aussagewert wie diejenigen der ersten vier Lebensjahre. Sie sind vielmehr als Anhaltspunkt und Anregung zur Entwicklungsförderung behinderter Kinder im sensomotorischen Bereich gedacht (143).

3. Entwicklungsdiagnose zur Erstellung von Frühförderungsprogrammen nach Ohlmeier

Davon ausgehend, daß die medizinische Frühdiagnostik sich im wesentlichen auf die körperlichen Auffälligkeiten eines Kindes bezieht und keine ausreichende Grundlage zur Erstellung eines pädagogischen Konzeptes der Frühförderung darstellen kann („der Arzt hat Pädagogik nicht studiert und kann deshalb auch kein pädagogisches Konzept entwickeln" [143, S. 59]), wurde unter der Federführung der Kinderärztin G. OHLMEIER innerhalb eines pädagogisch-medizinischen Teams ein pädagogisches Förderungskonzept erarbeitet, das der begleitenden Beratung von Eltern behinderter Kinder vom Säuglingsalter bis zum Schulalter dienen soll.

Inspiriert von den Anregungen des von BACH vorgestellten Buches „Früherziehungsprogramme" (13) und unter Einbeziehung des KIPHARDschen Entwicklungsgitters wurde auf dem Wege über elektronische Textverarbeitung eine Vorlage zur Erstellung eines *Entwicklungsprofils* erarbeitet, das der Erarbeitung eines schriftlich fixierten *Langzeitprogrammes* dienen konnte. Das „Trainingsprogramm" enthält ganzheitlich konzipierte Anleitungen für die Frühförderung und verfolgt das Ziel, die Eltern in ihrer „ungewöhnlich schwierigen" Erziehungsaufgabe zu unterstützen.

Fragebögen und Trainingsprogramm

Das Frühförderteam übersendet *Elternfragebögen* an betroffene Eltern, die beantwortet und an die Untersuchungsstelle zurückgeschickt werden sollen. Hier wird ein Entwicklungsprofil erstellt, das die Basis für die im nachhinein vorgesehene Untersuchung des Kindes vor Ort darstellt. Nach Untersuchung, Spielbeobachtung und Elterngespräch erhalten die Eltern ein tabellarisches Programm, individuell zusammengestellt, als eine Früherziehungsmethode für alle Behinderungen anwendbar, und zwar von den Eltern in der häuslichen Umgebung.

Die Tabellen enthalten über 1000 Anregungen; die individuellen Vorschläge (z. B. Halbjahresprogramme) können jederzeit ausgeweitet werden; die Tabellen sind zu differenzieren.

Die zu versendenden *Elternfragebögen* umfassen in enger Anlehnung an KIPHARD und sein Entwicklungsgitter in den *Fragebögen 1 – 6*

Fragen

– zur optischen Wahrnehmung (Sehen),
– zur Handmotorik (Handgeschick),
– zur Körpermotorik,
– zur Sprache,
– zur akustischen Wahrnehmung (Gehör),
– zur psychosozialen Entwicklung.

Den einzelnen Entwicklungsbereichen (siehe Fragen) zugeordnet, erhalten die Eltern das *Langzeitprogramm* zum Training der verschiedenen *Funktionen.*

Wenn bei der Auswertung der Antworten der Verdacht auf Störungen der Wahrnehmung entsteht, erhalten die Eltern zur „Nachtestung" neben einem informierenden Merkblatt zum Thema „Wahrnehmungsstörungen" den *Fragebogen: Wahrnehmungsstörungen.* Er enthält Fragen

– zu Wahrnehmungsstörungen im visuellen Bereich (Sehen),
– zu Wahrnehmungsstörungen im taktilen Bereich (Fühlen),
– zu Wahrnehmungsstörungen im gustatorischen Bereich (Schmecken),
– zu Wahrnehmungsstörungen im olfaktorischen Bereich (Riechen).

Jeweils am Ende der Tabellen finden sich für das Training der einzelnen Sinnesorgane umfangreiche Einzelvorschläge, „die der Linderung bzw. der Überwindung der Wahrnehmungsstörungen dienen sollen" (143, S. 149).

4. Frühförderung konkret: das Programm nach Strassmeier

STRASSMEIER hat ein Lernsystem für entwicklungsverzögerte und behinderte Kinder vorgelegt, das im Rahmen eines Projektes „Frühförderung behinderter Kinder" am Institut für Sonderpädagogik der Universität München angeregt wurde und sich wissenschaftlich am Entwicklungsmodell orientiert (194).

Es wird ein *Entwicklungstest* (Such- oder Screeningtest) angeboten, mit dessen Hilfe durch ein Schätzverfahren Ausfälle in einzelnen Fähigkeitsbereichen aufgezeigt werden und „Leistungsspitzen" aus dem Entwicklungsprofil, das erstellt werden kann, ersichtlich sind.

Der Suchtest orientiert sich an der normalen Entwicklung und kann „als Orientierungsrahmen" verwendet werden, reicht aber, so der Autor, für eine genauere Diagnostik allein nicht aus (S. 9). An „Spätentwicklern" orientiert, können die Ergebnisse auf den Testblättern jeder Entwicklungsreihe in eine Übersicht *(Profilblatt)* eingezeichnet werden, aus dem dann „Schwerpunkte von Entwicklungsverzögerungen" und „gute Leistungen" zu ersehen sind.

Insgesamt werden fünf „Funktionsbündel" dabei erfaßt:

A: Selbstversorgung und Sozialentwicklung
B: Feinmotorik
C: Grobmotorik
D: Sprache
E: Denken und Wahrnehmung.

Nach Schwierigkeitsgraden geordnet, sind die einzelnen Fertigkeiten in einem Entwicklungszeitraum von drei Monaten bis zu fünf Jahren dargestellt. STRASSMEIER gibt an, daß die Aufgaben, die der Entwicklungstest prüft, aber auch als Ziele zu sehen sind, die angestrebt werden können, wenn das Kind die überprüfte Fähigkeit noch nicht beherrscht: „Das Vorgehen ist in den Förderprogrammen beschrieben. Sie sind in der gleichen Reihenfolge geordnet wie die Aufgaben des Tests, so daß das Testblatt als Orientierungshilfe dienen kann" (194, S. 9).

STRASSMEIER versteht demnach seine Ausführungen vor allem auch als *Förderprogramm*, das als „Sammlung von Fördervorschlägen zu sehen ist", entstanden aus länjähriger Praxis mit behinderten Kindern, als ein Hilfsmittel, das eine Anregung sein möchte. So verstanden, kann es „als Grundlage für die Entscheidung dienen, welche Lernbereiche einbezogen werden könnten" (S. 9).

Die *Fördervorschläge* enthalten 260 „lebenspraktische Übungen", so auch der Titel der vorgelegten Buchausgabe. Angelehnt an die fünf Funktionsbündel (siehe Buch), sollen sie dem Kind im Lernen in kleinen Schritten und mit vielen Differenzierungsmöglichkeiten helfen, Entwicklungsaktivitäten aufzubauen (S. 16).

5. Die Münchener Funktionelle Entwicklungsdiagnostik

Mit der „Münchener Funktionellen Entwicklungsdiagnostik" (MFED) kann der Entwicklungsstand einzelner Funktionsbereiche eines Kindes gemessen und mit Hilfe eines *Entwicklungsprofils* erfaßt und interpretiert werden.

Nach HELLBRÜGGE (77) stellt sie eine mehrdimensionale Diagnostik dar, die es erlaubt, Mehrfachstörungen der kindlichen Entwicklung festzustellen und zu differenzieren. Sie liegt in zwei Fassungen vor, als Diagnostik für das erste Lebensjahr und als Diagnoseinstrument für Kinder im zweiten und dritten Lebensjahr.

Je nach Art der Störung oder Behinderung in Grobmotorik, Feinmotorik, in Sprach- und Sozialentwicklung ist sie auch Grundlage zur Anwendung eines ebenfalls von HELLBRÜGGE konzipierten und darauf aufbauenden Prinzips der Behandlung, der sog. *Entwicklungstherapie* (vgl. II 1.5: „Entwicklungsdiagnostik nach Hellbrügge" und II 4.4.5: „Verfahren der Entwicklungsrehabilitation").

Münchener Funktionelle Entwicklungsdiagnostik für das erste Lebensjahr

Zur Beurteilung der Entwicklung einzelner Funktionsbereiche des Kindes wurde eine differenzierte Gliederung zugrunde gelegt, die acht Funktionsbereiche umfaßt. Jedem der Bereiche wurden eigene Begriffe zugeordnet.

Nach HELLBRÜGGE dient die Diagnostik in erster Linie dazu, „Rückstände in der Entwicklung aufzudecken bzw. den Verdacht auf das Vorliegen eines Entwicklungsrückstandes zu erhärten" (77, S. 63). Zur Beurteilung der einzelnen Funktionsbereiche ist als Maßstab die traditionelle Berechnung nach Entwicklungsalter herangezogen. Als Orientierungsdaten für das Verhalten einer repräsentativen Stichprobe dienten die Ergebnisse aus einer Münchener Pädiatrischen Längsschnittstudie.

Ausgegangen wird von einem Mindestverhalten (Mindestnorm), jenem Verhalten, das von 90 Prozent der untersuchten Kinder in einem entsprechenden Lebensmonat oder einer entsprechenden Altersstufe erbracht wurde.

Das Ergebnis der Beurteilung wird in Entwicklungsmonaten ausgedrückt; auf die Ermittlung eines Gesamtentwicklungsalters oder die Berechnung eines Entwicklungsquotienten (EQ) wurde bewußt verzichtet.

Für die Durchführung der Diagnostik ist ein *standardisiertes Testmaterial* zu benutzen.

Die acht Funktionsbereiche

Die Gesamtentwicklung des Kindes wird wie folgt gegliedert (77, S. 64):

„Krabbelalter   – als Maß der Entwicklung des Kriechens und Krabbelns
Sitzalter   – als Maß der Entwicklung des Sitzens
Laufalter   – als Maß der Entwicklung des Stehens
Greifalter   – als Maß der Entwicklung des Greifens

Perzeptionsalter	– als Maß der Entwicklung der Wahrnehmung und des Auffassungsvermögens
Sprechalter	– als Maß der Entwicklung der Lautäußerungen und des Sprechens
Sprachverständnisalter	– als Maß der Entwicklung des Sprachverständnisses
Sozialalter	– als Maß der Entwicklung des sozialen Verhaltens."

Die Beurteilung der Befunde

Zur Registrierung der Ergebnisse aus den Einzelaufgaben liegt für die Dokumentation der Befunde ein *Auswertungsbogen* vor, welcher der Registrierung der Verhaltensweisen bei jeder geprüften Aufgabe dient.

Auf einem eigenen *Profilbogen* wird nach Ermittlung der Werte aus den einzelnen Funktionsbereichen ein *Entwicklungsprofil* eingetragen. So können mit Hilfe einer Entwicklungskurve die Bereiche getrennt veranschaulicht gesehen werden, zur *Interpretation* der Befunde aber auch die Zusammenhänge zwischen den Bereichen gut gesehen und bewertet werden; bei wiederholten Untersuchungen können zum besseren Überblick und Vergleich die Profile in denselben Bogen eingetragen werden.

Münchener Funktionelle Entwicklungsdiagnostik für das zweite und dritte Lebensjahr

Auch die Funktionelle Entwicklungsdiagnostik im zweiten und dritten Lebensjahr wurde von HELLBRÜGGE und Mitarbeitern konzipiert (80). Sie umfaßt vier Funktionsbereiche, die jeweils noch differenziert sind. Das Ergebnis wird in Entwicklungsmonaten oder Entwicklungsjahren ausgedrückt. Für die Festlegung der Untersuchungsergebnisse gelten folgende Kategorien bzw. deren Definitionen:

1. überdurchschnittliches Ergebnis
2. durchschnittliches Ergebnis
3. knapp durchschnittliches Ergebnis
4. unterdurchschnittliches Ergebnis.

Die Bestimmung des Entwicklungsstandes wird zunächst auf dem 50-Prozent-Niveau vorgenommen; sie ist relativ aufwendig. Auch in dieser Testfassung ist die Erstellung eines *Entwicklungsprofils* (nach 90-Prozent-Werten) vorgesehen. Gearbeitet wird auch hier mit Hilfe eines standardisierten Testmaterials; für die Durchführung gibt es sehr genaue Ausführungs- und Beurteilungsrichtlinien.

Die einzelnen Funktionsbereiche

Folgende Bereiche werden unterschieden:

Statomotorische Entwicklung	– Krabbeln, Sitzen, Laufen
Sensumotorische Entwicklung	– Schwerpunkt Handmotorik
	– Schwerpunkt Wahrnehmungsverarbeitung
Sprachentwicklung	– Schwerpunkt Sprache
	– Schwerpunkt Sprachverständnis
Sozialentwicklung	– Schwerpunkt Kontaktverhalten
	– Selbständigkeit

6. Die Denver-Entwicklungsskalen

Die Denver-Entwicklungsskalen sind ein Sieb- oder Suchverfahren zur frühzeitigen Erfassung von Entwicklungsrückständen. Es handelt sich bei diesem Grobuntersuchungsverfahren für Kinder vom ersten Lebensmonat bis zum sechsten Lebensjahr weniger um einen Entwicklungstest, sondern mehr um eine *Screening*-Methode, die es ermöglichen soll, entwicklungsauffällige Kinder zu suchen und zu finden.

Seit 1973 liegt für diesen in den USA entwickelten Suchtest eine von FLEHMIG und Mitarbeitern entwickelte deutsche Fassung vor (218; vgl. auch 55).

Das Screening ist mit wenig Zeitaufwand und einfach durchführbar, gilt als zuverlässig und valide. Es enthält 105 Testaufgaben und ist in vier Bereiche aufgegliedert:

– Grobmotorik,
– Sprache,
– Feinmotorik-Adaption,
– sozialer Kontakt.

In einer *Tabelle* sind charakteristische kindliche Verhaltensweisen den einzelnen Funktionsbereichen nach Lösung der vorgegebenen Testaufgaben zuzuordnen und einzutragen; die Ergebnisse werden durch den Vergleich mit den einer gezogenen Alterslinie entsprechenden Funktionen veranschaulicht. Eine *Verhaltensbeobachtung* nach angegebenen Kriterien während der Testung ergänzt das Ergebnis.

7.3.4.2 Diagnostik in der Bewegungserziehung

Bewegung, Spiel und die Ausbildung und Unterstützung sportlicher Aktivitäten sind unverzichtbare Handlungselemente pädagogisch orientierter *Bewegungsdiagnostik und -erziehung.*

In heilpädagogischen Zusammenhängen sind die beiden unterschiedlichen Handlungsansätze „Erziehung z u r Bewegung" und „Erziehung d u r c h

Bewegung" auszuwählen, aber auch miteinander in Einklang zu bringen.

Während Krankengymnasten ihre Aufgaben in der Arbeit mit Kindern mit der methodischen Durchführung einer Bewegungstherapie (meist als Einzelbehandlung) bei diagnostizierten Störungen und Krankheiten wahrnehmen, Motopäden und Mototherapeuten ihr Konzept der Persönlichkeitsbildung über motorische Lernprozesse (meist als Gruppenförderung) praktizieren, überwiegt – bei vielen gemeinsamen Elementen im praktischen Vorgehen – in den Handlungsansätzen früh- und heilpädagogischer Tätigkeit der *pädagogische Aspekt*.

Dementsprechend haben auch die dazugehörigen diagnostischen Überlegungen im Rahmen der *Bewegungserziehung* überwiegend pädagogischen Kriterien zu folgen und didaktische und methodische Prinzipien pädagogischen Handelns in Bewegungsdiagnostik und -erziehung zu integrieren. Einige wichtige erzieherische Grundprinzipien sind dabei zu beachten und im folgenden aufgeführt:

– Die Orientierung an den Bedürfnissen und Lernvoraussetzungen des Kindes,
– die Entwicklung und Berücksichtigung der kindlichen Motivation,
– das Prinzip der Differenzierung und Individualisierung (etwa hinsichtlich des Schwierigkeitsgrades einer gestellten Aufgabe, bei Leistungsanforderung, hinsichtlich einer Hilfestellung und bei der Auswahl eines Übungsgerätes oder Hilfsmittels, bei der Ermittlung individueller Neigungen, Wünsche und Vorlieben des Kindes, im Hinblick auf eine lustbetonte Bewegungserziehung, bei der Vermittlung von Erfolgserlebnissen für das Kind und im Wecken von Bewegungsfreude),
– das Prinzip der Anschaulichkeit (verständliche Anweisungen, individuell abgestimmte Lernhilfen, Anbieten und Strukturieren von neuen Reizen, Nachahmungsmöglichkeiten),
– methodische Teilschritte (Gliederung des Entwicklungsalters beim Erlernen und Anwenden von Fertigkeiten),
– das Prinzip „der kleinen Schritte" (behutsame Vorgehensweise, Sehen, Registrieren und Anerkennen auch der kleinsten Entwicklungsfähigkeit),
– das Prinzip der Schaffung einer kindgerechten Atmosphäre (Umgebung, emotionale Befindlichkeit, Einfühlungsvermögen, Kreativität und Flexibilität des Früherziehers).

Formen von Bewegungserziehung und ihre diagnostischen Ansätze

Es haben sich vielfältige Formen einer Bewegungserziehung entwickelt, die – mit unterschiedlicher Schwerpunktsetzung – „fördernd" in das Entwicklungsgeschehen eines Kindes eingreifen möchten und je nach Aufgabenstellung besondere Lernangebote für senso- und psychomotorisch auffällige oder gestörte Kinder bereitstellen, Retardierungen und Defizite abbauen möchten.

Die Terminologie umfaßt „Bewegungsförderung", „Bewegungsschulung", „senso- und psychomotorische Erziehung", „heilpädagogische Leibesübungen", „rhythmische Erziehung" . . ., um nur einige Namen zu nennen.

Eine kurze Vorstellung bekannter Erziehungsmethoden (exemplarische Auswahl) mit ihren diagnostischen Schwerpunkten zur *Früherkennung von Verhaltens- und Entwicklungsauffälligkeiten* durch einen längerfristigen Umgang mit dem Kind und in einer kontinuierlichen Beobachtung soll hier genügen.

1. Sensomotorische Übungsbehandlung

Die sensomotorische Übungsbehandlung wird in den ersten drei Lebensjahren eines entwicklungsgestörten Kindes angewendet und gründet sich auf die enge Wechselbeziehung zwischen sensorischem und motorischem Lernen in den ersten Lebensmonaten und -jahren. Dem kybernetischen Denkmodell folgend, sind sensorische und motorische Leistungen im frühesten Kindesalter kaum voneinander zu trennen. So bewirkt nach KIPHARD (101) jede Informationsverbesserung durch Wahrnehmungsstabilisierung eine Verbesserung der Handlungsqualität. „Umgekehrt führt jeder willkürmotorische Akt und jede adaptive motorische Reaktion zu einer besseren Wahrnehmung und damit zu einer Erhöhung der Organisation und Integration neurologischer Regelkreise" (S. 76).

Die Übungsbehandlung, von Früherziehern und Heilpädagogen, in den letzten Jahren auch von Mototherapeuten durchgeführt, ist nicht nur erzieherischen, sondern auch „therapeutischen" Charakters. In der Frühförderung wird sie sehr häufig auch als Elternanleitung zur „Durchführung eines Haustrainings" angewendet (101, S. 80). Den kindlichen Bedürfnissen im Säuglings- und Kleinkindalter angepaßt, ist sie in der Regel Einzelförderung, aber auch in einer kindgerechten Gruppenzusammensetzung (Beispiel: integrativer Eltern-Kind-Spielkreis) denkbar.

Weil zur Übungsplanung beim bewegungsauffälligen Kind insbesondere die Haltungs- und Bewegungsmuster zu beachten sind, macht KIPHARD auf die Bedeutung des Erfahrungsaustausches zwischen dem Bewegungspädagogen und der neurophysiologisch orientierten krankengymnastischen Fachkraft aufmerksam.

Die *diagnostische Vorgehensweise* orientiert sich an der Spiel- und Bewegungsbeobachtung – in der Spielgruppe wird der Vergleich sensomotorischen Verhaltens mehrerer Kinder zum relevanten diagnostischen Kriterium – unter Benutzung der gängigen *entwicklungsfrühdiagnostischen Verfahren*.

KIPHARD (101) gibt zur *Befunderhebung* an, daß es für die Übungsprogrammierung notwendig ist, möglichst viele Einzeldaten über den Funktionsstand eines Kindes „in den verschiedenen Sinnes- und Bewegungskanälen" (S. 77) zu erhalten.

Er empfiehlt die Benutzung des *sensomotorischen Entwicklungsgitter*s mit dem Ziel des Feststellens des motorischen und sensorischen Entwicklungsstandes eines Kindes, mit präzisen Angaben über Retardierung und Störungen. Dieser Status ist dann Entscheidungshilfe dafür, „welche nächsten Entwicklungsschritte durch entsprechende Übungsangebote vorbereitet werden sollen" (S. 78).

KIPHARD führt folgende *Funktions- und gleichzeitig auch Trainingsbereiche* an (S. 83):

– Gesamtkörperkontrolle (Fortbewegungsmuster, räumliche, zeitliche und dynamische Bewegungskontrolle, Gleichgewicht),
– Hand- und Fingergeschick,
– Mundgeschick (Sprechbewegung, Kauen, Lecken, Schlucken, Saugen . . .) ,
– Augengeschick (Funktion der Augen, Objektfixierung),
– optische Wahrnehmung,
– akustische Wahrnehmung,
– kinästhetische Stimulierung,
– taktile Stimulierung,
– olfaktorische Stimulierung,
– gustatorische Stimulierung.

2. Psychomotorische Übungsbehandlung

Der bewegungspädagogische Ansatz der psychomotorischen Übungsbehandlung ist mit Namen wie HÜNNEKENS und KIPHARD (vgl. 90) eng verbunden. In heilpädagogischen Zusammenhängen ist sie ein vorwiegend erzieherisches Übungskonzept; sie gilt heute auch als „Vorreiter" der Motopädagogik und Mototherapie.

Die Förderung mit ihren vorgeschalteten und *integrierten diagnostischen Ansätzen* wendet sich vorwiegend an entwicklungs- und bewegungsgefährdete und -retardierte Kinder jenseits des Kleinkindalters (z. B. an Kinder mit MCD, mit hyperkinetischem Verhalten, mit Koordinationsschwierigkeiten). Im Kleinkind- und Vorschulalter ist sie Gruppenarbeit. Sie enthält Anteile aus der Gymnastik, der Rhythmik, der gezielten motorischen Behandlung und der Sinnes- und Bewegungsschulung nach MONTESSORI

(90, S. 14). Mit Sinnes- und Körperschemaübungen, mit Übungen der Selbstbeherrschung und der Behutsamkeit, mit rhythmisch-musikalischen Übungen und Übungen des Erfindens und Darstellens ist nach HÜN-NEKENS und KIPHARD das Ziel des bewegungserzieherischen Bemühens Schwerpunktarbeit in den vier folgenden Funktionsstufen (90, S. 18):

– Erfahrung im isolierten Gebrauch der Sinne,
– statische und dynamische Körpererfahrung,
– Bewegungserfahrung im Großraum (Grobmotorik),
– Bewegungserfahrung im Kleinraum (Feinmotorik).

Neben dem Bereitstellen einer Bewegungsumwelt im Raum (Elternhaus, Kindergarten), Spiel, Sport und Bewegung im Freien als Erfahrungsraum, können auch Erfahrungs- und Entwicklungsräume durch Bewegungserziehung im Wasser, Bewegungsspiele an Großgeräten (Trampolin, Rollbrett, Pedalo usw.), heilpädagogisches Reiten und andere Medien zur Anwendung kommen.

Als *diagnostische Mittel* stehen neben der Verhaltensbeobachtung im Spiel und Bewegung die bekannten *motodiagnostischen* Testverfahren zur Verfügung.

3. Heilpädagogische Leibeserziehung

Marianne FROSTIG hat vor Jahren ein Programm „Lernen durch Bewegung" vorgelegt, das mit der Entwicklung von Bewegungsfertigkeiten für Kinder im Vorschul- und Schulalter Lern- und Entwicklungsstörungen abbauen möchte (62) und das bis heute zahlreiche Anhänger hat. Neben dem von ihr entwickelten *Entwicklungstest der visuellen Wahrnehmung* (vgl. II 2.3.4: „Wahrnehmungs- und Perzeptionsdiagnostik nach Frostig"), einem Individualprogramm zum Wahrnehmungstraining (63) und einer Übungs- und Beobachtungsfolge für den Elementar- und Primarbereich (64) dient das Programm der Bewegungserziehung ergänzend dazu der Förderung der Gesundheit und des Wohlbefindens, der Entwicklung des Selbstbewußtseins und des Zeit- und Raumgefühls, der körperlichen Geschicklichkeit, der Entwicklung sensomotorischer Fähigkeiten und der Verbesserung allgemeiner Funktionen.

Diagnostisch bedeutsam sind bei ihr die *Beobachtung der Entwicklungsfolge* und die Beobachtung von *Bewegungsmerkmalen*, deren besondere Förderung Bestandteil ihrer Leibeserziehung ist.

Die einzelnen *Bewegungsmerkmale*, mit deren Hilfe nach FROSTIG auch Probleme eines Kindes zu erkennen sind und die es zu beobachten und zu fördern gilt, sind wie folgt definiert (62, S. 36–41):

- *Koordination* als das gleichzeitige effektive Zusammenspiel der Muskulatur zu zielgerichteten Bewegungen,
- *Rhythmus* als eine fließende, regelmäßige und ausgewogene Bewegung,
- *Flexibilität* als die Fähigkeit, die einzelnen Körperteile mühelos zueinander zu bewegen,
- *Geschwindigkeit* als das Tempo, das während einer Bewegungsfolge erzielt wird,
- *Geschicklichkeit* als das Vermögen, bei Körperbewegungen schnell und angepaßt zu reagieren,
- *Gleichgewicht* als die Fähigkeit, eine Körperhaltung trotz minimaler Stützfläche einzuhalten,
- *Kraft* als die Energie (Stärke), die entweder mit dem ganzen Körper oder durch Teile von ihm ausgeübt wird,
- *Ausdauer* als eine Fähigkeit, körperliche Aktivität durchzuhalten und muskulärer Ermüdung Widerstand zu leisten (zu unterscheiden sind die muskuläre und die cardio-respiratorische Ausdauer).

Parallel zu den genannten Bewegungsmerkmalen sollten nach FROSTIG auch die Fähigkeiten der *Bewegungsausdehnung* beobachtet und in ein bewegungserzieherisches Förderungsprogramm einbezogen werden. In ihren Anteilen lassen sich Fertigkeiten, aber auch Störungen in der Bewegungsentwicklung erkennen.

Sie umfassen im einzelnen die Fortbewegung, die Änderung der Körperhaltung, Teilbewegungen als unabhängiger Gebrauch von Körperteilen zu dem anderer Teile und isometrische Kontraktionen in der Weise, daß Muskelbewegungen ohne Mitwirkung des Körper-Skelett-Systems möglich sind.

Ein wesentliches Kriterium für eine gesunde seelische und körperliche Entwicklung ist nach FROSTIG (62, S. 44–68) die Entwicklung des *Körperbewußtseins*. Es besteht aus *Körperimago* (der Summe aller auf den Körper bezogenen Empfindungen), *Körperschema* (der automatischen Anpassung von Teilen des Skelettsystems und der Fähigkeit, eine Körperhaltung beizubehalten) und dem *Körperbegriff* (die faktische Kenntnis des Körpers und seiner Teile).

Für die heilpädagogisch orientierte Früherkennung ist es bedeutsam zu wissen, daß eine mangelhafte Ausbildung des Körperbewußtseins vor allem auf Störungen der Wahrnehmung (häufig der visuellen Wahrnehmung) und zerebrale Störungen (häufig zerebrale Bewegungsstörungen) hindeutet, sich sehr oft auch später in schulischen Lernstörungen (im Lesen, Schreiben, Rechnen) niederschlägt (205, S. 25 u. 26).

Die Einbeziehung rhythmisch-musikalischer Elemente

Das gesunde senso- und psychomotorische Verhalten des Kindes hat viele rhythmische Elemente (siehe oben), und Kinder sind durch rhythmisch-musikalische Anregungen leicht anzusprechen.

Die *rhythmische* Erziehung als Element zwischen Bewegung und Musik ist daher nicht nur ein pädagogisches Mittel mit einem hohen Aufforderungscharakter, sondern eine Möglichkeit zur senso- und psychomotorischen *Beobachtung* des Kindes, wenn es darum geht, Auffälligkeiten und Störungen darin zu erkennen, vor allem auch solche, die psychischen Ursprungs sind. Die Bewegung kann hier von zwei Seiten betrachtet werden. Einmal von der motorischen Seite und zum anderen von der emotionalen Seite her, d. h., das motorische Handeln des Kindes ist als leiblich-seelische Einheit zu bewerten.

Die spezifischen Möglichkeiten einer Bewegungsbeobachtung und -erziehung durch rhythmisch-musikalische Verfahren sind nach AMRHEIN (6) insbesondere darin zu sehen:

„– in der Tatsache, daß sowohl Musik als auch Bewegung sich auf den Ebenen Ausdruck, Darstellung und Gestaltung/Ordnung abspielen;
– im Zusammenhang der Erlebnisdimensionen des psychomotorischen, affektiven, kognitiven und sozialen Bereichs, den Musik herstellen kann;
– in den Ausdrucks- und Artikulationsmöglichkeiten der Stimme, insbesondere in ihrer ‚motorischen Funktion';
– in der einerseits befreienden, andererseits ordnenden Wirkung von Musik und Rhythmus."

Als Arbeitsmittel stehen für die heilpädagogische Arbeit in der Elementar-, Primarerziehung viele Materialien und Rhythmikgeräte zur Verfügung, für die musikalische Früherziehung ist insbesondere das ORFFsche Instrumentarium, bestehend aus Schlag-, Saiten- und Blasinstrumenten, zu nennen (vgl. II 7.3.3: „Der Einsatz von Medien").

4. Pädagogische Rhythmik nach Robins

Die *Pädagogische Rhythmik* nach F. u. J. ROBINS soll geistig oder körperlich behinderte Kinder in die Bewegungsrhythmik einführen. Sie wirkt besonders stimulierend auf verschlossene und bewegungsarme Kinder; bewegungsunruhige Kinder aber sollen durch die Ordnung und das Gleichmaß der Musik und einzelner Übungen beruhigt werden (165).

5. Heilpädagogische Rhythmik nach Scheiblauer

Die *Heilpädagogische Rhythmik* nach SCHEIBLAUER gilt als entwicklungsförderndes Mittel für gesunde und behinderte Kinder und will mit elementarem Musizieren, durch Spiel mit bildnerischen Mitteln und durch das Bewegungsprinzip zu aktiver Auseinandersetzung mit sich und den zur Verfügung gestellten Materialien anregen.

SCHEIBLAUER-Pädagogen sehen eine *Beobachtungsdiagnose* als Grundlage für die praktische Arbeit an. Da das Kind sich in der Bewegung ausdrückt, liefert sein Verhalten zur dinglichen, räumlichen und personalen Umgebung Ansatzpunkte für die Praxis und hilft dem Erzieher gleichzeitig, das Kind besser zu verstehen und individuell zu behandeln. So kann die Beobachtung dazu dienen, einen ersten Zugang zum Kind zu bekommen. Nach SCHEIBLAUER soll der Erzieher auch das selber tun, *was das Kind tut,* um die Übungsnotwendigkeit und das Fehlermachen selbst zu erleben (130).

6. Der Sportförderunterricht

Als motorische Fördermaßnahme für das Schulalter mit vielen *bewegungsdiagnostischen Elementen* soll der *Sportförderunterricht* erwähnt werden (früher kompensatorischer Sport/Schulsonderturnen).

Traditionelle Zielgruppe sind in entsprechenden Fördergruppen organleistungs- und koordinationsschwache, auch psychomotorisch auffällige Kinder, insbesondere jedoch haltungsschwache Kinder.

Fördernde, ausgleichende und korrigierende Übungen dienen der Verbesserung von *Haltungsschwächen*, aber auch der Früherkennung von *Haltungs- und Bewegungsschäden* (statomotorische Störungen), um ein betroffenes Kind dann einer fachspezifischen Diagnostik und zielgerichteten Therapie (Krankengymnastik) zuzuführen (vgl. 43; 45).

7. Konduktive Bewegungspädagogik nach PETÖ

Eine Sonderform der Bewegungserziehung, angewendet in der Rehabilitation zerebral bewegungsgestörter Kinder, stellt die Petö-Methode dar, vor mehr als vier Jahrzehnten durch den Arzt Andreas PETÖ begründet und durch sein Budapester Institut zunächst in Ungarn, später auch international verbreitet.

Sie gewinnt zur Zeit auch in Deutschland an Bekanntheit, verwendet eine therapeutisch-pädagogische Arbeitsweise und wird neuerdings als „Wende" in der Rehabilitation bezeichnet; herausragende Entwicklungserfolge bei Kindern werden der Methode nachgesagt.

Die *konduktive Bewegungspädagogik* will zwar eine Alternative zu neurophysiologisch orientierten krankengymnastischen Behandlungsmethoden, insbesondere der Bobath-Therapie darstellen, erhebt aber den Anspruch, eine transdisziplinäre Arbeitsweise zu praktizieren, die auf einer ganzheitlichen Sichtweise der Bedürfnisse des Kindes beruht, eine Vernetzung von Therapie und Pädagogik vorsieht und Denk-, Sprach- und Bewegungsstrukturen in ihrem Ansatz – immer unter Berücksichtigung der Emotionen und Wünsche eines Kindes – miteinander verknüpft.

PETÖ schuf daher den Beruf der *Konduktorin* (Studium in Ungarn), die Lehrerin, Therapeutin und Bezugsperson für das Kind zugleich ist. Die praktische Durchführung stützt sich nicht auf testdiagnostische Erhebungen, sondern geht davon aus, daß ein vorzusehendes Tagesprogramm nicht auf Testergebnissen, sondern auf altersgemäßen Erfordernissen des täglichen Lebens beruhen muß: Bezogen auf Alltagsverrichtungen soll das Kind lernen, durch viele aneinandergereihte Bewegungskomponenten sogenannte Tätigkeitsserien zu erlernen.

Diagnostik ereignet sich demnach durch die *konduktive Beobachtung* von Kindern in einer *Gruppe*. Innerhalb der Kindergruppe, die motivieren und zur Persönlichkeitsgestaltung beitragen soll, sucht die Konduktorin den ganzen Tag über danach, Lernsituationen im Sinne einer „Erziehung für das Leben" für das behinderte Kind zu gestalten.

Weiterentwicklung, auch Kursangebote und Anleitung von Eltern betroffener Kinder in konduktiver Bewegungspädagogik werden heute in inzwischen zwei Instituten in Budapest, unter Leitung der Nachfolgerin und früheren Mitarbeiterin PETÖs, Dr. Maria HARI, koordiniert (Info und Literatur bei der Verfasserin).

7.3.4.3 Heilpädagogische Wahrnehmungs- und Perzeptionsdiagnostik

Zur Diagnostik von Wahrnehmungs- und Perzeptionsleistungen, von der Bewegungsdiagnostik nur schwer zu trennen, werden in der frühpädagogischen Arbeit solche methodischen Ansätze verwendet, wie sie als entwicklungs(früh)diagnostische Verfahren, als Verfahren der Entwicklungsrehabilitation, als psychologische, motodiagnostische und (beschäftigungs)therapeutische Ansätze in diesem Buch beschrieben sind. Um ganzheitlichen Ansprüchen zu genügen, sollte im frühen Kindesalter möglichst das Gesamt aller Entwicklungsbereiche unter dem Aspekt der Erkennung früher Entwicklungsauffälligkeiten beobachtet werden. Diese sind als „auffällige Sinnesentwicklung" bei TIETZE-FRITZ (205, S. 70–89) genannt und beschrieben:

– Störungen des Tastempfindens,
– Störungen des Riechens und Schmeckens,
– Störungen des Sehens und der visuellen (optischen) Wahrnehmung,
– Störungen des Hörens und der auditorischen (akustischen) Wahrnehmung,

– Störungen der Sprachentwicklung und der Sprech- und Sprachanbahnung,
– Störungen der viszeralen Impulse,
– gestörtes Gleichgewichts- und Lageempfinden,
– gestörtes Muskel- und Bewegungsempfinden.

Einige der zur Verfügung stehenden Konzeptionen zur Diagnose und/oder Förderung des Kindes setzen bei ausgewählten Entwicklungsbereichen an, kinästhetisch, taktil, auditiv und visuell (vgl. 103, S. 15–77).

Auch hier sind besonders der Entwicklungstest der visuellen Wahrnehmung, das Individualprogramm zum Wahrnehmungstraining und die Übungs- und Beobachtungsfolge für den Elementar- und Primarbereich, jeweils nach M. FROSTIG, als in der Praxis der Früherziehung bevorzugt angewendet zu nennen, das besondere „Sinnesmaterial" nach M. MONTESSORI und die Diagnostik sensorischer Integrationsstörungen nach J. AYRES.

Ergänzend sollen hier noch zwei methodische Ansätze genannt werden, die als „wahrnehmungs- und perzeptionsorientierte" Diagnose- und Förderprogramme bekannt geworden sind.

1. Die Doman-Delacato-Methode

Diese neuromotorische und sensomotorische Konzeption der Entwicklungsförderung, vorzugsweise für hirngeschädigte Kinder, vermittelt besonders intensive Entwicklungsanreize in den Wahrnehmungsbereichen des Taktilen, Visuellen und Auditorischen und in den Bewegungsbereichen des Handgeschickes, des Sprechens und der Fortbewegung.

Sie wurde vor mehr als dreißig Jahren in den USA von DOMAN und DELACATO als Methode der „neurologischen Organisation" entwickelt und wird heute als Doman-Methode praktiziert, nachdem DELACATO sich ab 1975 der Entwicklung einer Technik zur Behandlung autistischer Kinder zuwandte.

Mit dem Doman-Konzept soll ein entwicklungsgestörtes Kind befähigt werden, die Entwicklungsstadien eines gesunden Kindes zu durchlaufen.

Es geht von vier Entwicklungsstufen des gesunden Kindes aus, die es in den ersten vier Lebensjahren durchlaufen soll und in denen es phylogenetische (stammesgeschichtliche) primitive Entwicklungsstadien nachvollzieht. Eine zerebrale Schädigung wird im gestörten Zusammenhang zwischen sensorischem Einstrom und motorischer Antwort gesehen. Deshalb sollen in der Therapie Stimulationen an das ZNS von allen nur möglichen Wegen her einströmen, über Berührung, Temperatur, Lage, Sehen, Hören, Tasten, Riechen, Schmecken und Bewegung, als hochdosierte Sinnesreize (vgl. 44; 41).

Die Konzeption, als Haustrainingsprogramm angeboten, ist in Fachkreisen äußerst umstritten, wird aber gerade in jüngster Zeit von betroffenen Eltern nicht selten als eine alternative und vielversprechende Therapieform gegenüber den hierzulande anerkannten Konzepten favorisiert.

Das Doman-Delacato-Entwicklungsprofil

Der zugrunde liegende *entwicklungsdiagnostische Ansatz* geht von Entwicklungskriterien aus, die sechs Funktionsbereichen zugeordnet sind und im einzelnen die *Sinnesentwicklung* (Sehen, Hören, Tasten), die *Bewegungsentwicklung* (Fortbewegung, Handgeschick) und die *Sprache* umfassen. Von DOMAN wurde sein diagnostisches Vorgehen auch „Neurologische Funktionsdiagnose" genannt.

Das Entwicklungsprofil ist für Kinder von der Geburt bis zu sechs Jahren konzipiert und basiert auf der Annahme, daß in dieser Entwicklungsspanne die gesamte Stammesentwicklung des Menschen noch einmal in kurzen Phasen durchlaufen wird und daß aufgrund der Hemisphärendominanz des Gehirns das Kind mit sechs Jahren eine ausgeprägte Lateralität (Äugigkeit, Händigkeit, Beinigkeit) erreicht haben soll (vgl. 100, S. 31).

2. Der MPE-Test Motorisch-perzeptuelle Entwicklung

Der MPE-Test von HOLLE (87) versteht sich als „fachübergreifende Behandlungs-, Stimulations- und Unterrichtsgrundlage" (S. 201) und wendet sich an alle pädagogischen und therapeutischen Fachkräfte in der Kinderarbeit.

Der Test dient der Untersuchung und „Behandlungsdiagnose" als Grundlage zur „Stimulation" entwicklungsverzögerter, retardierter, spät entwickelter Kinder mit dem Ziel, das Kind von einem durch seine sensomotorische Retardierung geprägten Stadium auf ein besseres Funktionsniveau zu bringen.

HOLLE legt bei ihrem Ansatz vorrangig die PIAGETsche Entwicklungstheorie zurgunde und baut ihre Förderung, die eine Fülle von entwicklungsanregenden Übungen für die verschiedenen motorisch-perzeptuellen Bereiche enthält, darauf auf, daß das Kind das erste kindliche Entwicklungsstadium (sensomotorisches Stadium) durchlaufen muß, um sich überhaupt weiterentwickeln zu können.

Das Prinzip der Stimulation

HOLLE skizziert ihr Prinzip der Stimulation folgendermaßen:

1. Für jede Form der Stimulation ist die Kenntnis der Reihenfolge der kindlichen Entwicklung Grundlage.

2. Der Entwicklungsstand eines Kindes muß auf allen Gebieten genau bestimmt werden (HOLLE hat hierzu ein besonderes Faltblatt zur motorisch-perzeptuellen Entwicklung vorgelegt, in dem die als normal zu erwartenden Fähigkeiten eines Kindes einer großen Anzahl von Einzelbereichen zugeordnet sind).
3. Die Stimulation (als Nachahmung des gesunden Kindes) setzt nun auf dem jeweiligen Entwicklungsniveau des Kindes an, das auf den verschiedenen Gebieten nicht dasselbe zu sein braucht (Voraussetzung für die Zuordnung ist die Benutzung des MPE-Tests).
Jede Entwicklungsstufe wird so lange stimuliert, bis das Kind die nächste Stufe erreicht hat.
4. Damit auch das retardierte Kind mit anderen Kindern spielen kann, soll es „spielen" lernen, d. h., es soll alle Teilfunktionen lernen, aus denen ein Spiel besteht (87, S. 3 u. 4).

Die Anwendung des MPE-Tests

Nach HOLLE bietet das Faltblatt nur eine grobe Übersicht über die kindliche Entwicklung, die als Grundlage zur Stimulation nicht detailliert genug ist. Die Beurteilung der Entwicklung des retardierten Kindes erfolgt deshalb durch eine eingehende Untersuchung mit Hilfe standardisierten Untersuchungsmaterials. Der MPE-Test (verbreitet in Dänemark und Schweden, aber auch in Deutschland) ist an 1206 Kindern dänischsprachiger Eltern standardisiert und umfaßt die Entwicklungsüberprüfung des Kindes vom Zeitpunkt der Geburt an bis zum siebten Lebensjahre. Er besteht aus einem Begleitbuch, Verlaufsbögen für Jungen und Mädchen, einem Beutel Holzklötzen und geometrischen Figuren.

Der Test will ein genaues Bild der Verhältnisse der kindlichen Entwicklung in vierzehn Bereichen vermitteln, jeweils auf das chronologische Alter bezogen. Es wird kein Quotient angegeben, auch nicht das Entwicklungsalter als Zahl oder Prozentwert, sondern auf dem Verlaufsbogen ein Profil der starken und schwachen Seiten eines Kindes erstellt. Im Säuglingsalter wird das Kind in Monatsabständen beurteilt, mit zunehmendem Alter des Kindes vergrößern sich die Zeitintervalle.

7.3.4.4 Sprachheilpädagogische Frühdiagnostik

Als Sprachheilpädagogen werden im allgemeinen Erzieher verstanden, die als ausgebildete Sonderschullehrer in Sonderklassen für sprachbehinderte Kinder oder in besonderen Sprachheilklassen (sonderpädagogische Diagnose- und Förderklassen) Kinder mit sprachlichen Schwierigkeiten (vorwiegend als Teilleistungsschwächen betrachtet) unterrichten.

Ihr weiteres Aufgabengebiet kann die ambulante oder stationäre Sprachheilerziehung (Sprachheilarbeit) sprech- und sprachgestörter Kinder sein.

Die fachliche Kompetenz ist pädagogisch ausgerichtet, in vielen Aufgabenstellungen jedoch auch dem therapeutischen Ansatz des Logopäden verwandt.

Das Sprechenlernen eines Kindes ist mit seiner senso- und psychomotorischen Entwicklung so eng verbunden, daß auch das Handlungsfeld des Heilpädagogen und Früherziehers in besonderer Weise sprachheilpädagogische Aufgabenstellungen umfaßt, die als Hilfen zur *Sprech- und Sprachanbahnung* und zur *Förderung der* frühkindlichen und kindlichen *Sprachentwicklung* bei (Sprach-)Entwicklungsverzögerungen und -störungen zusammengefaßt werden können.

Grundlegend wird in der früherzieherischen Arbeit davon ausgegangen, daß die sprachlichen Fähigkeiten des Kindes innerhalb seiner personalen Entwicklung zur Entfaltung kommen, immer als ein Teil der Wahrnehmungs- und Bewegungsentfaltung zu begreifen und von diesen Lernprozessen abhängig sind. Störungen in der sprachlichen Entwicklung sind in diesem Sinne immer auch Störungen in weiteren Entwicklungsbereichen.

Des weiteren werden ältere Sprachentwicklungstheorien widerlegt, zumindest mit der Hinzunahme neuer kommunikationswissenschaftlicher Sichtweisen ergänzt: Der Prozeß der Sprachentwicklung des Kindes kann nur als ein Prozeß des sozialen Dialogs mit anderen Menschen (Mutter, Vater, Geschwister) begriffen werden. Das Kind braucht während der Entwicklung vorsprachlicher und sprachlicher Fähigkeiten Bezugspersonen und Interaktionsmöglichkeiten innerhalb verschiedener Alltagssituationen, und eine Störung sprachlicher Entwicklung und sprachlichen Verhaltens muß in diesem Kontext gesehen werden.

Aus frühpädagogischer Sicht kommt daher zur *Früherkennung und -erfassung von Sprachentwicklungsproblemen* der familialen Atmosphäre und dem gesamten Interaktionsgeschehen im Umfeld des Kindes eine besondere Bedeutung zu.

Aus diesem Blickwinkel beginnen sich in der heilpädagogisch orientierten Früherziehung zunehmend Konzepte einer *integrierten Sprachentwicklungsförderung* durchzusetzen, die sich von funktionellen Förder- und Diagnoseansätzen unterscheiden.

Konzepte integrierter Sprachförderung

In einer psychomotorisch orientierten Förderung sprachentwicklungsgestörter Kinder stellt ECKERT in ihrem Konzept die Förderung von Entwicklung und Kommunikation heraus. Sprachliche Förderung hat zum Inhalt, Lernsituationen für das Kind zu schaffen, in denen es den kreativen Umgang mit sich selbst und der Umwelt, seinen individuellen Ausdruck finden und erproben kann (47).

Auch OLBRICH betont in ihrer Konzeption den Kommunikationsaspekt und benennt als Ziele einer „integrativen Sprach- und Bewegungsförderung" die Stärkung der Mutter-Kind-Dyade zum Bahnen der Kontaktaufnahme über Sprache (145).

KLEINERT-MOLITOR umschreibt Sprachförderung als handelndes Lernen, so daß aus Bewegungshandlungen Sinneszusammenhänge entstehen. Das Konzept führt vom Wahrnehmungs- und Bewegungshandeln mit Sprachbegleitung über die Begegnung von Sprach- und Bewegungshandeln zum Sprachhandeln mit Bewegungsbegleitung (108).

MATTNER betont in der Sprachförderung den Weg von der Sprache des Körpers (Körpersprache) zur Verbalsprache (123).

KRIMM-VON FISCHER hebt die Rhythmik als Erziehungsmittel (Singen, Tanzen, Spielen) und für sprachanbahnende Übungen hervor (116).

Auch EGGERT betont Gundprinzipien rhythmischer und musikalischer Ansätze in der Sprachförderung (48).

KIPHARD (103, S. 230 ff.) weist auf die Beziehungen zwischen Eß- und Sprachstörungen hin. Aus dieser Sicht muß das Förderkonzept mund- und feinmotorische Stimulation, Beeinflussung der frühkindlichen Reflextätigkeit, trink- und eßtherapeutische Grundsätze berücksichtigen.

Die Erfassung sprachlicher Probleme als förderungsbegleitender Prozeß

Allen genannten Konzepten ist gemeinsam, daß auch die Erfassung sprachlicher Probleme als förderungsbegleitender Prozeß gesehen werden muß und alle Entwicklungsfaktoren (Sprache, Sensomotorik, Kognition, Emotion und Soziabilität) miteinander in Beziehung zu setzen hat.

Wenn die Entwicklung von Sprache in diesen umfassenden Zusammenhängen gesehen wird, gilt es im förderdiagnostischen Prozeß die nachfolgenden von GRAICHEN zusammengestellten Kriterien zu beachten (67):

– Sprache in funktionaler Einbettung,
– Bewegung und Sprache in einem Handlungskonzept,
– Bewegungen und sprachliche Produktion,
– gemeinsame neuropsychische Gundprozesse in Bewegungssteuerung und Spracherwerb/Sprachbenutzung,
– aktive Begriffsbildung; Wiedererkennungsgedächtnis, Neuheitsstreben,

- Repräsentanz im Gedächtnis; Codierung und Abrufprozesse,
- assoziative Verknüpfung und mehrdimensionale Speicherung (Speicherung der sprachlichen Zeichen, feinmotorische Regulation, Automatisierung),
- Parallelität zwischen Bewegung und Sprache.

Auch SCHILLING (177) greift den wissenschaftstheoretischen Ansatz auf, daß Sprache sich aus frühen motorischen Wurzeln sozialer Handlungsmuster in interaktiven Prozessen entwickelt. Sie kann nach seiner Vorstellung als eine spezialisierte und konventionalisierte Erweiterung kooperativen Handelns begriffen werden (von der Sprache des Körpers zur Verbalsprache).

Diagnostik hat diese Entwicklungsgrundlagen zu berücksichtigen, und bei einer sprachlichen Retardierung ist davon auszugehen, daß der gesamte Sprachentwicklungsprozeß durch unterschiedliche Bedingungen gestört wurde. „Deutliche Kennzeichen dafür sind vielfältige Schwächen und Auffälligkeiten in anderen Persönlichkeitsbereichen" (S. 61).

SCHILLING sieht eine *mehrdimensionale* Diagnostik als ersten Schritt einer integrierten sprachlichen Förderung an.

Die Diagnostik sollte sich im wesentlichen auf folgende vier Erhebungsebenen erstrecken (S. 61):

„1. Funktionale Ebene (fachärztliche Diagnostik, z. B. sensorieller Befund, neurologisch-kinderpsychiatrischer Befund, HNO-Befund, somatischer Befund),
2. Leistungsebene (Sprachtests, motorische, sensorische und kognitive Tests),
3. Ausdrucks- und Kommunikationsebene (Sprachverhalten, nonverbales Kommunikationsverhalten, Emotionalität, Soziabilität),
4. intentionale Ebene (Interessen, Motivation, soziale Bedürfnisse)."

Es gilt, die Information aus diesen vier Ebenen in ihrem zeitlichen Verlauf zu betrachten und aufeinander zu beziehen, „um die pathologische Wirkung einzelner Entwicklungsbedingungen herauszufinden und zu einem Gesamtbild der aktuellen Situation des Kindes zu gelangen" (S. 61). Diese Eingangsdiagnostik dient nach SCHILLING der Indikation und wird während der Förderung als Prozeßdiagnostik weitergeführt.

Auch nach GÜNTHER, W., und GÜNTHER, H., haben frühe sprachdiagnostische Ansätze den Interaktions- und Umweltbereich des (beeinträchtigten) Kindes einzubeziehen und die Aufgabe, informatorische Entscheidungsgrundlagen für therapeutische Interventionen zu erstellen, die dann eine Einheit von Diagnostik und Förderung darstellen sollen.

Im so verstandenen diagnostischen Ansatz sollen zur Planung der entsprechenden Förderung mehrere Felder erkennbar sein: die Erhebungen und Bewertung der sprachlichen Leistungen, die Ergründung der Ursachen einer Störung, die Ermittlung der Leistungsmöglichkeiten und die Feststellung der sprachlichen Lernfähigkeit (71).

Auditive Wahrnehmungsdiagnostik

Davon ausgehend, daß die auditive Wahrnehmung eine vorbereitende Funktion für den Spracherwerb hat und sich besonders bei sprachentwicklungsgestörten Kindern gehäuft Wahrnehmungsstörungen im auditiven Bereich finden, ist die *auditive Frühdiagnostik* ein wesentlicher Bestandteil in der Erfassung sprachlicher Auffälligkeiten durch Früherzieher und Heilpädagogen.

In der Strukturierung des diagnostischen Vorgehens ist auch hier zu berücksichtigen, daß ein mehrdimensionaler Ansatz praktiziert werden muß, in dem die einzelnen Entwicklungsbereiche und ihre wechselseitige Bedingtheit im frühen Kindesalter erfaßt und interpretiert werden. GÜNTHER und GÜNTHER schlagen folgenden Diagnoseaufbau (mit Einsatz von Testverfahren) vor (71, S. 496):

Diagnose sprachlichen Verhaltens

– Kontaktaufnahme
– linguodiagnostische Analyse

mit dem Ziel der Erstellung der Diagnose zum sprachlichen Erscheinungsbild;

Diagnose von Teilfunktionsschwächen

– intellektuelle Entwicklung,
– visuelle Wahrnehmung und Sehvermögen,
– auditive Wahrnehmung und Hörvermögen

mit dem Ziel der Erstellung der Diagnose zum auditiven Wahrnehmungsbereich;

Diagnose ätiologischer Faktoren

– insbesondere Sprechmotorik

mit dem Ziel der Erstellung einer Gesamtdiagnose.

7.3.4.5 Diagnostische Voraussetzungen zur heilpädagogischen Übungsbehandlung

Als eine Sonderform der Entwicklungsförderung in der früh- und heilpädagogischen Arbeit ist die *heilpädagogische Übungsbehandlung (HPÜ)* bekannt geworden. Sie wurde von C. M. VON OY und A. SAGI entwickelt und ist in ihrem „Lehrbuch der heilpädagogischen Übungsbehandlung" (147) dargestellt.

Die HPÜ versteht sich als pädagogische Hilfe für das behinderte (insbesondere für das geistig behinderte) und entwicklungsgestörte Kind, kann aber durchaus auch zur Erfassung sensomotorischer Auffälligkeiten im Kleinkind- und Vorschulalter herangezogen werden: „Durch ein ausgewogenes Angebot von Übungseinheiten unter Berücksichtigung der individuellen Möglichkeiten werden im Spiel und durch Spiele neue Kenntnisse, Fähigkeiten und sinnvolle Verhaltensweisen in Einzel- oder Gruppensituationen geweckt, entwickelt und gefestigt. Die heilpädagogische Übungsbehandlung ist grundsätzlich auf die Gesamtförderung . . . ausgerichtet. Teilleistungsschwächen unterschiedlicher Ursachen sollen durch ein vielfältiges Angebot an Erfahrungs- und Handlungsmöglichkeiten in der optischen, akustischen sowie taktilen Erfassung und Differenzierung der Umwelt ausgeglichen werden. Die Zusammenarbeit mit den Eltern ist integrierter Bestandteil der heilpädagogischen Übungsbehandlung" (147, S. 67).

Die HPÜ mißt dem spielerischen Element (Spiel als Übung) große Bedeutung bei und benennt das Spiel des nichtbehinderten Kindes als Lernziel für das behinderte Kind. Es steht eine große Auswahl geeigneten Spiel- und Übungsmaterials zur Verfügung (S. 339–359): ausgewähltes und nach dem Entwicklungsalter eines Kindes differenziertes Spielzeug, organisierte Kreis-, Sing- und Bewegungsspiele, Rhythmikmaterial, Musikinstrumente und Schallplatten werden in der heilpädagogischen Übungsbehandlung eingesetzt.

Für die HPÜ gelten Prinzipien, methodische Grundsätze und Materialangebote von MILAN MORGENSTERN. Neben den erzieherischen Richtlinien nach ITARD, SEGUIN und MONTESSORI ist das pädagogische Prinzip des Zusammenbringens von Kind und Material in der geeigneten Situation richtungweisend. Dementsprechend beschreibt VON OY als Voraussetzung heilpädagogischer Arbeit die von MORGENSTERN geforderte „rasche Materialassoziation" und „Werkzeuggeschicklichkeit" des Heilpädagogen (S. 97).

Neben der Verwendung des FRÖBEL-Materials (Spielgaben und Beschäftigungsmaterial), zu dessen Benutzung KLEIN JÄGER methodische Hinweise und ausgewählte Übungshinweise gegeben hat (vgl. 106), wird in der Förderung bevorzugt mit ausgewählten MONTESSORI-Materialien gearbeitet. Den Grundsätzen der MONTESSORI-Pädagogik folgend, ist dieses Material insbesondere ein Lehrmittel zur Erziehung der Sinne. C. M. VON OY hat in einem Arbeitsheft die Benutzung des MONTESSORI-Materials ausführlich dargestellt und beschreibt die Wirkung als „eine allmähliche, immer weiter fortschreitende Ordnung der Motorik und Sensorik, die den Weg zu komplexen Wahrnehmungen öffnet, indem sie zunächst einfachste Zusammenhänge einübt" (146, S. 22).

Diagnostische Teilschritte

Vor Beginn der Übungsbehandlung ist es Zielsetzung der *heilpädagogischen Anamneseerhebung*, neben der ärztlichen oder psychologischen Anamnese weitere Daten zu erhalten, die für die geplante Arbeit vonnöten sind. Als wichtig wird dabei die Datengewinnung über die Entwicklung des kindlichen Spielverhaltens (angefangen vom kindlichen Funktionsspiel mit eigenem Körper bis zu der derzeitigen Spielreife) eingeschätzt, ebenso Informationen zur sozialen Integration und zu damit verbundenen Schwierigkeiten.

BIENE weist auf die Notwendigkeit der Zusammenarbeit mit den Eltern hin, beginnend mit dem Anamnesegespräch.

Sie hält auch eine *Selbstreflexion* des Heilpädagogen nach jedem geführten Gespräch für sinnvoll und formuliert dafür einzelne Fragekomplexe:

„– Habe ich die mir gesetzten Inhalte deutlich genug dargestellt?
– Auf welche Hindernisse bin ich gestoßen?
– Wo liegen meine eigenen Anteile, die möglicherweise Hindernisse provoziert haben?
– Wie konnten sich die Eltern im Gespräch mit mir selbst erleben?
– Fühle ich mich von den dargestellten Problemen selbst betroffen?" (23, S. 29).

Eine *systematische Beobachtung* des Spielverhaltens in freier oder gelenkter Situation wird der Planung der heilpädagogischen Übungsbehandlung vorgeschaltet.

Nach VON OY und SAGI kann sie nur durchgeführt werden, wenn geeignetes Spielmaterial für Funktions-, Rollen-, Konstruktions- und Regelspiele vorhanden ist (147, S. 223).

Spielbeobachtung im häuslichen Bereich

Während eines Hausbesuches sollte die konkrete Lebenssituation des Kindes in allen denkbaren Umweltbezügen erfaßt werden. Er „gibt Hinweise für die zukünftige Zusammenarbeit mit den Eltern und weiteren Bezugspersonen. Daraus ergeben sich wichtige Fragen und Problemkreise . . ." (147, S. 269).

VON OY und SAGI führen an dieser Stelle aus, daß unmittelbar nach dem ersten Hausbesuch Beobachtungen und Angaben schriftlich fixiert werden müssen. Unterschieden werden soll bei den Aufzeichnungen zwischen

- reinen Fakten (was man sehen, zählen, messen kann),
- einer Interpretation (Schlußfolgerung aufgrund mehrerer Beobachtungen) und der
- Arbeitshypothese (nachfolgend, immer nur als eine vorläufige, die häufig verworfen bzw. korrigiert werden muß).

Die Situationsanalyse

Aus der ersten Informationssammlung (eigene Erhebungen und Beobachtungsergebnisse, Gutachten von Vertretern der verschiedenen Fachdisziplinen, gewonnene Kenntnisse aus Beobachtungen bei der Durchführung weiterer Behandlungsmethoden) wird eine *Situationsanalyse* erstellt. Dabei „geht es um die vorläufige Feststellung des Entwicklungsstandes des Kindes, vornehmlich um die Feststellung des Spiel-Entwicklungsalters in seiner augenblicklichen Gesamt-Situation" (147, S. 241). Die Ergebnisse werden in besonderen *Arbeitsbögen* festgehalten. Diesen Bögen liegen festgelegte *Beobachtungskriterien* zugrunde.

Die Beobachtungskriterien

Die Kriterien umfassen

- das äußere Erscheinungsbild,
- die Motorik,
- die Sprache,
- das Sozialverhalten,
- das emotionale Verhalten,
- das Spielverhalten,
- den Umgang mit dem Material,
- das Aufgabenbewußtsein,
- lebenspraktische Fähigkeiten,
- Vorlieben und Interessen,
- Wertvorstellungen,
- besondere Symptome.

Für jeden Einzelbereich ist eine Reihe von geeigneten Materialien vorgeschlagen, die verwendet werden sollen.
Es wird somit die Darstellung und Auswertung der Daten zu einer *Gesamtdiagnose* möglich.
Diese gilt zunächst noch als Hypothesenbildung (vgl. 147, S. 224).

Richt-, Nah- und Lernziele

Aus den hypothetischen Überlegungen der Gesamtdiagnose formuliert der Heilpädagoge „erste Richt- und Nahziele, die, sinnvoll und erreichbar, im weiteren Verlauf der HPÜ dauernd überprüft, ständig ergänzt, geändert und differenziert werden müssen" (S. 242).

Als diagnostischer Beitrag steht deshalb ein *Beobachtungsbogen* zur Verfügung, der auszufüllen ist und der Objektivierung des aktuellen Spielverhaltens gilt. Anhand dieses Beobachtungsbogens können die noch fehlenden, einzuübenden Kenntnisse beschrieben und ihr systematischer Aufbau geplant werden.

Der Beobachtungsbogen wird dann auch im Verlauf der Übungsbehandlungen geführt. Er sichert so die Möglichkeit „der laufenden Erfolgskontrolle" (S. 228) und dient der Entwicklung einer „Förderdiagnostik" (Beschreibung vorhandener Fähigkeiten in allen Lebensbereichen) als fortdauernder Prozeß im Verlaufe der HPÜ (S. 224).

Die „Richt- und Nahziele" entstehen als Teilziele in der „diagnostischen Phase" der HPÜ. Sie erlauben eine Diagnose des Lern- und Entwicklungsstandes und verweisen auf die entsprechenden weiteren Lernschritte. Sie fragen auch danach, „welche Voraussetzungen im jeweiligen Kind . . . vorhanden sein müssen, damit das gewünschte Endverhalten erreicht werden kann" (S. 244).

Im Beobachtungsbogen sind Lernziele gegliedert und den Entwicklungsbereichen unter Berücksichtigung des Spielentwicklungsaufbaues zugeordnet. Festgehalten wird, ob und wann ein Kind ein einzelnes Lernziel spontan, auf Aufforderung oder sinnvoll und selbständig erreicht hat. Mit vielen Einzelaufgaben sind Lernziele

– beim Funktionsspiel,
– beim Rollenspiel,
– beim Konstruktionsspiel,
– beim Regelspiel,
– bei der Förderung der Sprachentwicklung,
– in Verbindung mit Bilderbüchern,
– in Verbindung mit Rhythmikmaterial,
– in Verbindung mit Musikinstrumenten und Schallplatten

festgelegt (vgl. 147, S. 229–240).

Das Richtziel in der HPÜ, dem alle Nah- und Lernziele untergeordnet sind, ist die Stärkung der Persönlichkeit des Kindes und die Hilfe zu seiner Persönlichkeitsentfaltung als Hilfe zur Selbsthilfe.

7.3.4.6 Diagnostische Ansätze zur Kommunikationsförderung

Ein auffälliges senso- und psychomotorisches Verhalten kann Ausdruck einer Kontakt- und Beziehungsstörung sein, die sich im Sinne eines autistischen Syndroms oder einer anderen kindlichen Kommunikationsstörung entwickeln, abzeichnen oder manifestieren kann.

So gehören in der Früherziehung und Frühförderung das Erkennen einer senso- oder psychomotorischen Auffälligkeit als sozial-emotionale Störung, insbesondere aber die Diagnostik und Förderung eines Kindes mit einem *(drohenden) autistischen Verhalten* zu den relevanten Aufgaben des Frühbetreuers.

Nach RÖDLER gibt es für die Entstehung autistischer Züge im Kindesalter, auch für die Entstehung des „frühkindlichen Autismus" und der „autistischen Psychopathie" als jeweils eigenständige Krankheitsbilder sehr verschiedene theoretische Auffassungen zu ihrer Verursachung (vgl. 166). Entsprechend vielfältig sind die für die Früherziehung empfohlenen diagnostischen und therapeutisch-pädagogischen Konzepte.

Der Bundesverband „Hilfe für das autistische Kind" nennt folgende Kernsymptome einer autistischen Störung, die als „frühkindlicher Autismus" bezeichnet werden kann (vgl. 34; 35):

– Störungen des Kontaktes zu Mitmenschen, aber eine abnorm erhöhte Beziehung zur unbelebten Umwelt (kein Blickkontakt beim Sprechen oder Zuhören),
– charakteristische Störungen der Sprache, die vom völligen Fehlen der aktiven Sprache und des Sprachverständnisses bis zur gut entwickelten, aber in mancher Hinsicht abnormen Sprache reichen,
– mannigfaltige Bewegungsstereotypien,
– das Haften an bestimmten Handlungen oder an einmal festgesetzten Vorstellungen, ständige Wiederholungen und Zwangsmechanismen,
– Äußerungen von Unwillen oder Angst bei örtlichen und zeitlichen Gewohnheiten.

Neben diesen Kernsymptomen gibt es eine große Anzahl von weiteren Auffälligkeiten, die als Sekundärsymptome bezeichnet werden können.

KIPHARD betont das Vorhandensein von Wahrnehmungsstörungen bei Kindern mit autistischen Symptomen und geht davon aus, „daß . . . der Prozeß von Informationsaufnahme, Informationsverarbeitung und handelnder bzw. sprachlicher Kommunikation empfindlich gestört ist. Sinnesreize werden in ihrer Bedeutung unzureichend oder falsch erkannt und ihr Informationsgehalt dementsprechend nicht verwertet". Er schlägt vor, die Bezeichnung „frühkindlicher Autismus" im frühen Kindesalter zu vermeiden, da autistische Verhaltensweisen bei Kindern mit sehr unterschiedlichen Problemen zu beobachten sein können. KIPHARD spricht daher von „autistischen Sozialverhaltensstörungen", die deshalb „ohne Ausnahme mit gravierenden Sinnesbehinderungen gekoppelt, wenn nicht durch diese verursacht" sind (103, S. 82).

Heilpädagogische Früherkennung autistischer Verhaltensweisen

Eine Frühdiagnose gilt als schwierig, wenn keine einheitlichen diagnostischen Kriterien zu benennen sind. Die aufgeführten Merkmale müssen nicht alle vorhanden sein, zum Teil schließen sie sich sogar aus.

Es gilt jedoch, daß, je mehr Merkmale (in mehreren Bereichen) gefunden werden (*Summationsdiagnose*), desto wahrscheinlicher das Vorliegen einer autistischen Störung oder des Krankheitsbildes „frühkindlicher Autismus" ist.

In der frühpädagogischen Praxis geht es darum, autistische Verhaltensweisen möglichst früh zu erkennen, um bei einem Verdacht darauf eine interdisziplinäre Diagnostik vorzuschlagen. Es geht auch darum, einem Kind mit schon bekannten autistischen Zügen die adäquate Förderung geben zu können.

Es sind deshalb für die Befunderhebung durch Früherzieher und Heilpädagogen Anamnese, Elterngespräche und umfangreiche Verhaltensbeobachtungen der Mittelpunkt des pädagogischen Vorgehens.

Hilfreich kann die sogenannte *Check-Liste für das erste Lebensjahr* nach KEHRER sein. Mit ihr sind Fragen zu den Bereichen Wahrnehmung, Sprachverhalten, Sozialverhalten, Motorik und zu weiteren Auffälligkeiten formuliert (97).

Der Bundesverband „Hilfe für das autistische Kind" hat eine umfassende *Merkmalsliste mit Merkmalen zur Früherkennung des frühkindlichen Autismus* zusammengestellt (vgl. 40).

Nach diesem Ansatz kann die Diagnose gestellt werden, wenn sich zahlreiche Symptome, vor allem aus den Bereichen A–D, summieren:

A: Wahrnehmung
B: Sprache
C: Motorische Kontrolle, Richtungsorientierung und autonome Funktionen
D: Weitere zum Teil sekundäre Verhaltensprobleme
E: Spezielle Fertigkeiten (kontrastierend zu den Verhaltensdefiziten auf anderen Gebieten).

Anhand der unterschiedlichen theoretischen Vorstellungen zur Entstehung von autistischen Syndromen und im Zusammenhang mit Therapie- und Förderungskonzepten haben sich auch *unterschiedliche diagnostische An-*

sätze entwickelt, die – je nach (geplanter) förderpädagogischer Richtung – in die frühpädagogische Befunderhebung einfließen können.

Der diagnostische Ansatz nach Kanner

Nach KANNER haben zwei Kardinalsymptome eine zentrale Bedeutung, während alle weiteren Auffälligkeiten als ursächlich von den Hauptsymptomen begründet angesehen werden.

Diagnostik bezieht sich auf die Beobachtung dieser Kriterien:

– Beobachtung extremer autistischer Abkapselung gegenüber der menschlichen Umwelt,
– Beobachtung eines ängstlichen und zwanghaften Bedürfnisses nach Gleicherhaltung der dinglichen Umwelt.

Nur wenn diesen beiden Kriterien gemäß die beiden Hauptsymptome bei einem Kind vorliegen, kann nach KANNER die Diagnose „frühkindlicher Autismus" gestellt werden (vgl. 166).

Der diagnostische Ansatz nach O'Gorman

In der Diagnostik nach O'GORMAN wird davon ausgegangen, daß frühkindlicher Autismus ein Teilsyndrom des großen Symptomenkomplexes „Schizophrenie" ist.

Einem Punktesystem zum schizophrenen Syndrom der Kindheit folgend, erstellte O'GORMAN als diagnostische Kriterien eine *Sechs-Punkte-Skala* (140; vgl. 166):

1. Rückzug von der Realität,
2. geistige Entwicklungshemmungen (mit höheren oder außerordentlichen intellektuellen Einzelfunktionen),
3. Versagen der Entwicklung des Sprechvermögens (oder fehlende Weiterentwicklung oder Nichtverwendung der Sprechfähigkeit),
4. Abnorme Reaktionen auf eine oder mehrere Arten sensorischer (meist auditorischer) Impulse,
5. Absonderlichkeiten der Bewegung,
6. pathologischer Widerstand gegen Veränderungen.

Der diagnostische Ansatz nach Prekop

In den letzten Jahren wurde durch PREKOP ein therapeutisches Konzept bekannt, das als *Festhalte-Therapie* verbreitet ist, in Fachkreisen jedoch heftig kritisiert wird.

Das Konzept basiert auf der Auffassung von TINBERGEN und WELCH, die eine gestörte Mutter-Kind-Beziehung für die Entstehung des frühkindlichen Autismus verantwortlich machen, die wiederum eine Störung des emotionalen Gleichgewichtes des Kindes zur Folge hat. Ziel der Festhalte-Therapie ist daher die Wiederherstellung der gestörten Beziehung. Mit genau definierten Möglichkeiten der Körperhaltung der Mutter und dem „Festhalten" ihres Kindes soll das Bedürfnis des Kindes nach Bindung an die Mutter und nach Grundgeborgenheit geweckt werden (208).

In ihrem diagnostischen Ansatz stellt PREKOP die sensomotorische Entwicklung des Kindes in den Vordergrund (154; vgl. 40). Die Fähigkeiten des Kindes werden auf der jeweiligen sensomotorischen Entwicklungsstufe eingeordnet, und die Diagnose kann dann gestellt werden, wenn die folgenden vier Bereiche auffällig sind:

Vier Grundsymptome nach J. PREKOP:

1. Sehr große Diskrepanz zwischen einzelnen hohen Leistungsinseln und Blockierungen, Lücken im intuitiven Lernen,
2. Störungen der Reizaufnahme (Über- oder Unterempfindlichkeit auf gewisse Reize),
3. Störungen der Reizübertragung (Beharren auf Bewegungsmustern, auf gewissen Gegenständen, Ordnungen, Verhaltensweisen; Abwehr gegen neue Erfahrungen usw.),
4. Einschränkungen des Interesses am Menschen und extremer Bezug auf sich selbst (Selbststimulation, Autoaggressionen, eingeschränkte Kontaktaufnahme, herabgesetzte sprachliche Kommunikation usw.).

Der diagnostische Ansatz nach Rendle-Short und Creak (vgl. 40):

Von einer Vierzehn-Punkte-Skala müssen sieben Punkte beim Kind auffällig sein, wenn dem kindlichen Verhalten „Autismus" zugrunde liegt:

1. Kontaktschwierigkeiten und Ablehnung von Zärtlichkeiten,
2. mangelhaft ausgeprägte Sinnestätigkeit (optische wie akustische Unansprechbarkeit),
3. Widerstand gegen Veränderungen und Abweichungen vom Gewohnten,
4. kein Erkennen von realen Gefahren,
5. schwere Sprachauffälligkeiten,
6. Stimmungslabilität,
7. auffällige körperliche Überaktivität (z. B. Hin- und Herlaufen),
8. kein Blickkontakt,
9. übermäßige Bindung an Einzelobjekte,
10. Hantieren mit Gegenständen ohne Berücksichtigung der eigentlichen Funktion,
11. stereotype Spielgewohnheiten,

12. Selbstuntersuchung (kleinkindhafte Betrachtung von Teilen des eigenen Körpers),
13. herausragende Einzelfähigkeit,
14. Abkapselung.

In Abwandlung der Festhalte-Therapie nach PREKOP oder in Anlehnung daran werden derzeit von verschiedenen Autoren sogenannte *modifizierte Festhalte- und Körpertherapien* vorgestellt und zur Praktizierung innerhalb der Heilpädagogik vorgeschlagen.

Weitere diagnostische Ansätze

Nach einer tiefenpsychologisch orientierten Hypothese von BETTELHEIM wird die Entstehung des Autismus als Folge mütterlicher Ablehnung in der frühen Kindheit erklärt. Das diagnostische Vorgehen folgt demnach psychoanalytischen Grundsätzen (vgl. 166).

KIPHARD geht in seinem therapeutischen Ansatz von einem typischen Entwicklungsprofil bei Kindern mit autistischen Syndromen aus und empfiehlt als „sensomotorisches Basistraining" ein 10-Stufen-Programm, das von der nicht-verbalen Informationsebene zur verbalen Informationsebene führen soll.

Bei seiner Diagnostik berücksichtigt er hauptsächlich die Untersuchung der Sozialentwicklung des Kindes. Der Verdacht auf ein frühkindliches autistisches Syndrom soll dann erhoben werden, wenn sich im Sozialentwicklungsgitter ein großer Rückstand zeigt (103, S. 84 u. 85).

DELACATO nimmt als Ursache für die Entstehung eine Hirnverletzung an, die zu einer Wahrnehmungsstörung führt. Die Sinnesbahnen des Sehens, Hörens, Schmeckens, Riechens, Fühlens können in verschiedenen Weisen gestört sein, so daß sogenannte „Sensorismen" entstehen. Ziel seiner Therapie ist es, die betroffenen Sinnesbahnen zu normalisieren. Voraussetzung für das Festlegen des Trainingsprogramms ist die Diagnostik nach dem *Doman-Delacato-Entwicklungsprofil* (41; 44; vgl. 100, S. 31).

AYRES sieht die Ursache für das Auftreten autistischen Verhaltens in einer Hirnfunktionsstörung und einer daraus resultierenden gestörten sensorischen Verarbeitung. Das Prinzip ihrer sensorischen Integrationsbehandlung besteht dann darin, Sinneseinwirkungen zu schaffen und richtig zu dosieren, so daß das Kind spontan Anpassungsreaktionen an diese Reize bildet, die dann zu einer Integration der dabei erlebten Empfindungen in das Nervensystem führen.

Vor Beginn der Behandlung muß getestet werden, welche Sinnessysteme falsch reagieren. Mit Hilfe von Testverfahren, insbesondere der *Southern*

California Sensory Integration Tests (SCSIT), und eigenen Beobachtungen kann der Therapeut das jeweils vorliegende Problem erkennen (11).

Der förderdiagnostische Ansatz von Schopler, Reichler und Lansing

In diesem in den USA entwickelten Ansatz für autistische und andere kommunikationsbehinderte Kinder wird großer Wert auf die Einbeziehung der Eltern als Ko-Therapeuten gelegt.

Auf der Basis einer eingehenden pädagogisch-psychologischen Entwicklungsuntersuchung und Verhaltensbeobachtung durch das P. E. P. (Psychoeducational Profile) werden Förderpläne erstellt, die die Eltern zu Hause durchführen und von Therapeuten supervisieren lassen können.

Das Psychoeducational Profile P. E. P.

Das P.E.P. ist ein Entwicklungs- und Verhaltensprofil für die heilpädagogische Untersuchung autistischer und anderer kommunikations- und schwer entwicklungsgestörter Kinder. Es ermittelt die relativen Stärken und Schwächen eines Kindes und zeigt, welche Fähigkeiten sich gerade in der Entwicklung befinden. So läßt sich das erreichte Entwicklungsniveau des Kindes ermitteln.

Das P.E.P. besteht aus einer Reihe von Spielmaterialien und Aufgaben, die dem Kind angeboten werden. Das Verhalten des Kindes wird dabei beobachtet und bestimmten Kategorien zugeordnet. Leistungen und Verhalten des Kindes sind mit Hilfe von Entwicklungsskalen (Skalen zum Bereich Imitation, Wahrnehmung, Feinmotorik, Grobmotorik, Auge-Hand-Koordination, kognitive Leistungen, verbale Leistungen) und Skalen pathologischen Verhaltens (Affektivität, sozialer Kontakt, Kooperationsbereitschaft, Spielverhalten, Einsatz von Sinnesmodalitäten, Sprachverhalten) zu bewerten (180; 181).

Die durch das P.E.P. gewonnenen diagnostischen Ergebnisse müssen nun in ein individuelles Förderprogramm umgesetzt werden, für welches Lern- und Verhaltensziele formuliert werden und für dessen Erstellung drei Schritte erforderlich sind (181, S. 48 ff.):

1. Das Ermitteln der Fähigkeiten des Kindes (P.E.P.).
2. Die Verhaltensbeobachtung des Kindes (P.E.P.).
3. Das Herausfinden der Bedürfnisse, Prioritäten und der allgemeinen Lebensverhältnisse der Eltern (Elterngespräche).

7.3.4.7 Förderdiagnostik zur basalen Stimulation und Kommunikation

Der Begriff der „Förderdiagnostik" hat auch in die heilpädagogische Arbeit mit schwerstbehinderten Kindern Eingang gefunden. Es sind Konzepte entwickelt worden, die es sich zur Aufgabe machen, über die Stimulation der elementarsten Entwicklung eines Kindes fördernde Hilfen zu geben.

Diagnostizieren heißt dann, auch bei einem intensivbehinderten Kind Ansatzpunkte für seine Entwicklung zu finden (vgl. BREITINGER/FISCHER [31], FRÖHLICH [60], HAUPT und FRÖHLICH [72; 73] u. a.).

Neben den *Stimulationskonzepten* gewinnen zunehmend auch Ansätze zur elementaren *Kommunikation* mit Schwerstbehinderten an Bedeutung: So will beispielsweise das vorzugsweise in Holland praktizierte *Snoezelen* nicht die Entwicklungsförderung eines schwerstbehinderten Kindes, sondern mit der Bereitstellung basaler Wahrnehmungsangebote in der Gestaltung seines Lebensraumes das kindliche *Sich-Wohlfühlen* in den Mittelpunkt rücken (Lit.: Lebenshilfe für geistig Behinderte [Hrsg.]: Snoezelen – Eine andere Welt. Ein Buch für die Praxis. Große Schriftenreihe, Band 21. Marburg/Lahn 1989).

Heilpädagogische Diagnostik zur Erfassung sensomotorischer Auffälligkeiten im frühen Kindesalter hat demnach auch das *Erkennen basaler Ansatzpunkte* zu beinhalten. Sie enthält Kriterien zur Auswahl von Vorschlägen für die Gestaltung von Fördermaßnahmen schwer entwicklungsbehinderter Kinder; manches daraus kann aber auch in die Arbeit mit von Behinderung bedrohten Kindern hineingenommen werden.

Deshalb soll die Beschreibung frühpädagogischer Konzepte zur Befunderhebung in heilpädagogischen Zusammenhängen mit der Darstellung eines in der Praxis der Frühförderung vorzugsweise angewendeten förderdiagnostischen Modells zur Entwicklungsförderung schwerstbehinderter Kinder abgerundet werden.

Das förderdiagnostische Modell nach Fröhlich

Der wohl bekannteste Ansatz einer Entwicklungsförderung nach FRÖHLICH setzt keine Vorerfahrungen, Voraussetzungen oder Fähigkeiten beim schwerstbehinderten Kind voraus. Als ganzheitlicher Ansatz orientiert er sich an den Entwicklungsbereichen der Kommunikation, Umwelterfahrung und Wahrnehmung (vgl. 60; 61; 73; 59).

Die Entwicklungsförderung setzt sich zusammen aus

– der Förderdiagnostik,
– einer Grundstufe, auf der zunächst Körperkontakte und zuverlässige Bedürfnisbefriedigung angeboten werden, worauf dann die systematische Anregung der Sinne, die *basale Stimulation*, erfolgen kann,
– einer Aufbaustufe mit einem erweiterten Sach- und Erlebnisbereich, in dem das Kind Erfahrungen im Erfahrungs- und Erlebniszusammenhang machen kann (72, S. 57 u. 58).

Zielsetzung der Konzeption sind die Hinführung zur Kommunikationsfähigkeit, der Aufbau eines elementaren Selbst- und Weltverständnisses und vor allem die Ermöglichung elementarer Handlungsfähigkeit.

Die basale Stimulation

Indem dem entwicklungsgestörten Kind alle diejenigen Anregungen in allen *Wahrnehmungsbereichen* gegeben werden, die ihm selbst durch das Fehlen gezielter motorisch-sensorischer Aktivitäten nicht möglich sind, versucht dieses Modell, elementare Bahnungen und Impulse zu schaffen, die das Kind aufnehmen kann. Der Begriff „basal" drückt aus, daß die angebotenen Reize zuerst allereinfachster Art sind. „Stimulation" meint, daß das Kind zunächst passiven Reizen ausgesetzt wird (vgl. 60).

In der praktischen Förderung werden diejenigen Wahrnehmungsbereiche angesprochen, die als grundlegend gelten:
- somatische Stimulation (z. B. baden, fönen, abbürsten, trockenbaden, trockenduschen),
- vibratorische Stimulation (z. B. stimmliche Anregung, elektrisch verstärkte Vibration, Einsatz von Musikinstrumenten),
- vestibuläre Stimulation (z. B. tragen, schaukeln),
- orale Stimulation (z. B. Mundberührungen),
- das Trinken-Lernen,
- Geruchs-Geschmacks-Stimulation,
- akustische Stimulation,
- taktil-haptische Stimulation (z. B. Desensibilisierung – Sensibilisierung, erste Tastaktivitäten, Aufbau des Festhaltens),
- visuelle Stimulation (z. B. erste Lichtspiele, Dias, Spielanregungen).

FRÖHLICH hat spezielle Materialien zur basalen Stimulation erstellt (z. B. einen Duschwagen zur Materialberieselung, Temperatur- und Feuchtigkeitsstimulation zur *somatischen* Wahrnehmungsförderung, einen Vibrationswürfel zur vibratorischen Stimulation, Schaukelwürfel, Liegeschaukel und Wackeltonne zur vestibulären Stimulierung oder ein Audiometer und einen automatischen Projektor zur auditorischen bzw. visuellen Stimulation).

Während einerseits viele seiner Materialien in der heilpädagogischen Praxis gerne übernommen werden, wird andererseits Kritik geübt an der Verwendung künstlich erstellter Materialien, da sie in ihren Auswirkungen auf das subjektive Erlebnis des Kindes problematisch erscheinen.

Die Kommunikationsförderung

Zur Kommunikationsförderung als *Basiskommunikation* schlägt FRÖHLICH den Körperkontakt als erstes Kommunikationsmittel vor, im weiteren

Verlauf der Förderung die Gestaltung von *Vokalisationsdialogen*, die *situative Benennung* (Bildung von ersten Begriffen) und die *Verstärkung der Lautäußerungen* des Kindes (durch intensive stimmliche und körperliche Zuwendung).

FRÖHLICH geht bei seinem Ansatz davon aus, daß bei jedem Kontakt mit dem Kind Kommunikation stattfindet, die es weiterzuentwickeln gilt. Es soll versucht werden, ein elementares Sprachverständnis aufzubauen und den aktiven vorsprachlich-lautlichen Kommunikationsbereich zusammen mit dem Kind zu erschließen, damit es durch sprachliche Aufnahmefähigkeit die Um- und Mitwelt besser verstehen lernt (72; 60).

Der Entwicklungsbogen nach Fröhlich

Zur Bestandsaufnahme in allen für die Förderung relevanten Bereichen hat FRÖHLICH einen *Entwicklungsbogen* vorgelegt, der auch für die fortlaufende Überprüfung des kindlichen Entwicklungsverlaufes verwendet wird.

Anstelle eines Entwicklungsquotienten wurden *Entwicklungsniveaus* festgelegt (Niveau I–IV).

Die Zusammenfassung der Ergebnisse aus den Einzelfragen des Entwicklungsbogens kann mit Entwicklungseinheiten den jeweiligen Entwicklungsschwerpunkt des Kindes darstellen. Die Aufgaben des nächsthöheren Niveaus bieten nun Anregungen für die nächsten Förderziele.

Der Entwicklungsbogen (72, S. 148–164) enthält für jedes Niveau viele Fragen nach der Beziehung zwischen Mutter (Betreuer) und Kind, den Reaktionen des Kindes auf Sprache, den sprachlichen Äußerungen des Kindes, den Reaktionen des Kindes auf äußere Reize (somatisch, Hören, Sehen, Hände), den Bewegungen des ganzen Körpers sowie Trinken und Essen.

Er ist auf das Erkennen kleinster und elementarster, aber positiver Fähigkeiten ausgerichtet – im Sinne des ersten Grundsatzes heilpädagogischen Handelns.

ANHANG

Heilpädagogische Befundaufnahme
Beobachtungsbogen mit Richtlinien für Früherzieher und Heilpädagogen

Prof. Dr. Paula Tietze-Fritz 1991

Wichtiger Hinweis:

Dieser *Beobachtungsbogen mit Richtlinien für Früherzieher und Heilpädagogen*, nachfolgend zur Information als Muster abgebildet (S. 222-234), ist unter der Verlags-**Bestell-Nr. 5111** erhältlich. (Eine Einheit enthält: 20 Beobachtungsbögen und ein Expl. Richtlinien.)
• **Kopieren verboten!** •

Heilpädagogische Befundaufnahme

Beobachtungsbogen für Früherzieher und Heilpädagogen

Name des Kindes: Ersterfassungsdatum:
Geburtsdatum:
Wohnanschrift: Lebensalter:

Ergänzung/Kontrolle/Änderung
am:

Allgemeine Fragen / Daten / Vorgeschichte

Grund der Vorstellung:

Wohnung und Lebensrahmen:

Schwangerschaft und Geburt; Biographie:

Eltern und Geschwister, Familie und Familiensituation:

Auffälligkeiten, Störungen, Krankheiten (ggf. klinische, ärztliche/psychologische/therapeutische und (sozial)pädagogische Berichte/Befunde/Gutachten):

Ergebnisse aus den ärztlichen Vorsorgeuntersuchungen für Kinder; abgeschlossene/laufende/vorgesehene Diagnose- und/oder Therapieverfahren und/oder (heil)pädagogische Interventionen:

Beobachtungsbogen

Beobachtung von senso- und psychomotorischen Entwicklungsvorgängen

---

1 Gesamteindruck vom Kind

---

2 Vestibuläres und kinästhetisches Empfinden, Gleichgewichts- und Lagereaktionen

---

3 Tast- und Berührungsempfinden

---

4 Gelenke

---

5 Muskulatur, Bänder, Muskeltonus

---

6 Frühkindliche Reaktionen

7 Stell-, Bewegungs- und Stützreaktionen

8 Haltungs- und Bewegungsmuster, Bewegungsformen

9 Haltung und Symmetrie

10 Körperbewußtsein

11 Geruch und Geschmack

12 Visuelle Wahrnehmung und Sehen

13 Auditorische Wahrnehmung und Hören

14 Viszerale Impulse

15 Krampfneigung, Krampfbereitschaft

16 Mundmotorik

17 Sprachanbahnung und Kommunikation

18 Feinmotorik und Greifen

19 Spielen

20 Emotional-soziales Verhalten

Frühpädagogische Entwicklungsdiagnostik

begleitend zur / im Anschluß an die Ersterfassung

Eltern- und Familiengespräch / Hausbesuch:

Verhaltensbeobachtung:

Spielbeobachtung:

Bewegungsbeobachtung:

Screenings / Testverfahren:

Weitere fachdiagnostische Erhebungen vorgesehen / veranlaßt / bereits durchgeführt: siehe Anlage

Ärztliche Untersuchung ....
Psychologische Diagnostik ....
Krankengymnastischer Befund ....
Logopädischer Befund ....
Ergotherapeutischer Befund ....
Motodiagnostik ....
Pädagogische Diagnostik ....
Sozialpädagogische Diagnostik ....
andere Fachdiagnostik ....

Interdisziplinäres Teamgespräch am:..
Teilnehmer:..

Heilpädagogischer Früherziehungs- und Förderplan

aufgestellt am: ....

modifiziert am: ....

siehe Anlage ....

Empfohlene / inzwischen veranlaßte / neu begonnene / fortgesetzte **Therapien / Fördermaßnahmen:**

Besondere Absprache / Kooperation mit den Eltern:

Handling Eltern:

Kontaktaufnahme / Austausch mit Institutionen,
mit pädagogisch-therapeutischen Fachkräften:

Pädagogische Frühförderung:
Beobachtung des Kindes / Elterngespräche / Elternberatung / Gesprächskreis (Eltern/Mütter) / Hausfrüherziehung / ambulante Einzelförderung / ambulante Förderung in der Gruppe / Eltern-und-Kind-Spielkreis / integrativer Spielkreis / heilpädagogische Förderung im Kindergarten / andere Fördermaßnahmen:

am: ....

in Abständen von ....

Richtlinien zur heilpädagogischen Befundaufnahme

Beobachtung von senso- und psychomotorischen Entwicklungsvorgängen

Beobachtungsschwerpunkte und -kriterien in Stichpunkten:

1 Gesamteindruck vom Kind

• Betrachtung des Körpers (Körperlichkeit, Konstitution, Kondition, Körperbau, Ausdruck, Darstellung) • Bewegungsverhalten insgesamt (Motilität, Motorik und Bewegungsvermögen, Bewegungsfreude, -trägheit, -armut, -spontaneität, Bewegungsräume) • Haut und Bindegewebe (Hautfarbe und -beschaffenheit, Konsistenz des Bindegewebes)

1. Lj. Ist das Verhältnis zwischen Körperbau und Ernährungszustand des Kindes stimmig? • Wirken die Körperproportionen harmonisch? • Probiert das Kind Bewegungen aus? • Werden reflexhafte Bewegungsabläufe sichtbar (1.–3. Monat)? • Agiert es im Spiel und bei Ansprache mit lockeren, spontanen und harmonischen Bewegungshandlungen (ab dem 4. Monat)? • Bewegt sich das Kind gerne und ausdauernd? • Erweitert sich der Radius seines Bewegungsraumes?

2. Lj. Will das Kind nicht mehr im Laufstall bleiben? • Holt es sich Spielsachen, auch wenn sie nicht so leicht erreichbar sind? • Trägt es Spielsachen umher? • Läuft es gerne in der Wohnung umher? • Versucht es zu rennen?

3. Lj. Wirkt es zunehmend weniger „pummelig" und „streckt sich"? • Geht es gerne spazieren? • Hüpft es? • „Tobt" es gerne und ist ungestüm? • Ist es physisch belastbar?

4. Lj. Erprobt es den Umgang mit Kletter- und Rutschgeräten auf dem Spielplatz? • Hat es Ausdauer während seines Freispiels, auch im Vergleich mit anderen Kindern seines Alters?

2 Vestibuläres und kinästhetisches Empfinden, Gleichgewichts- und Lagereaktionen

• Somatische Wahrnehmung • Reaktionen auf vestibuläre Reize und passive Bewegungen (Ertragen von passiven Bewegungen) • motorische Reaktionen, Eigenstimulationen und Reaktionen auf Lageveränderungen • Reaktionen auf Vibrationen • Gleichgewichtsfähigkeiten (Entwicklung der Gleichgewichtsfähigkeiten in verschiedenen Positionen, Überprüfung der wichtigsten Lagereaktionen, Einsatz von Balance und Gleichgewicht im Alltag, beim Spielen)

1. Lj. Läßt sich das Kind gerne wiegen, schaukeln, drehen und hochheben? • Möchte es umhergetragen werden?

2. Lj. Kann es beim Spielen sein Gleichgewicht ausbalancieren (im Sitzen, beim Krabbeln, im Stehen und Gehen)? • Spielt es auch in der Hockstellung? • Setzt es sich alleine auf einen Stuhl? • Reckt es sich hoch auf die Zehenspitzen?

3. Lj. Fällt es auch beim „Rennen" nicht hin? • Steigt (klettert) es gerne auf eine Erhöhung (Leiter, Mauer, Stuhl)? • Läuft es auf einer niedrigen Mauer, wenn es an der Hand gehalten wird? • Beherrscht es das Schaukelpferd?

4. Lj. Bewältigt es im Normalschritt die Treppe? • Springt (hüpft) es von einer Erhöhung (Sessel, kleine Mauer, zweite Treppenstufe) sicher auf den Boden? • Läßt es sich nicht leicht umwerfen, wenn es von anderen Kindern geschubst wird? • Benutzt es auf dem Spielplatz die Rutsche? • Kann es auch einmal stillstehen?

3 Tast- und Berührungsempfinden

• Körperkontakt (Bedürfnis nach, Abwehr von Körperkontakten) • Hautbeschaffenheit und -empfindlichkeit (Verhalten bei der Pflege, Reaktionen auf Materialien und Kleidung, Abwehrreaktionen) • Berührungssensibilität (herabgesetzte, erhöhte Empfindungsfähigkeit, Abwehr von Berührungen) • Druck-, Schmerz- und Temperaturempfinden • Anfassen und Angefaßtwerden (Vorlieben und Abneigungen) • haptische Tätigkeiten (erfühlen, ertasten, ergreifen, unterscheiden)

1. Lj. Läßt sich das Kind gerne streicheln? • Sucht es die Körpernähe zu den Eltern? • Wehrt es sich manchmal, wenn es angekleidet werden soll? • Befühlt es Gegenstände?

2. Lj. Reagiert es beim Berührtwerden deutlich auf Druck- und Temperaturunterschiede (fest–locker, warm–kalt)? • Ist es schmerzempfindlich? • Wählt es Spielsachen nach Material- und Oberflächenbeschaffenheit (z. B. weich, hart, wollig) aus? • Bevorzugt es ein Material?

3. Lj. Sind ihm manche Kleidungsstücke (Stoffe) auf der Haut besonders angenehm, andere hingegen nicht? • Ergreift das Kind neues Spielzeug und untersucht dessen Beschaffenheit?

4. Lj. Erkennt und unterscheidet das Kind im Spiel mit verbundenen Augen ihm bekannte Gegenstände durch Ertasten?

4 Gelenke

• Gelenkbeweglichkeit (freie Gelenkbewegungen, Bewegungen mit Windel oder Kleidung) • Gelenkbeschaffenheit (Bewegungseinschränkungen, Beweglichkeit in den Hüftgelenken und Abduktionsfähigkeit der Beine, Beweglichkeit der Schultergelenke, Hand- und Fußgelenke, Kontrakturen und Deformitäten)

1. Lj. Kann das Kind problemlos gewindelt werden? • Bewegt es beim Strampeln die Beine locker und frei? • Faßt es manchmal nach seinem Fuß und führt ihn zum Mund, wenn es auf dem Rücken liegt?

2. Lj. Bewegen sich seine Füße (auf- und abwärts, Drehbewegung), wenn das Kind zum Spielen auf dem Boden sitzt?

3. Lj. Steht es auf seinen ganzen Fußsohlen und hält dabei seine Knie und Hüften locker gestreckt?

4. Lj. Kann es einen Ball aus der Luft auffangen und dabei beide Arme weit nach oben strecken? • Sitzt es, z. B. beim Betrachten eines Buches, eine Zeitlang auch im Schneidersitz?

5 Muskulatur, Bänder, Muskeltonus

• Haltearbeit • Muskelarbeit (Beschaffenheit, Trophik, Kraft, Einsatz, Ausdauer) • Tonus, Tonuswechsel (angepaßtes Verändern der Muskelspannung) • Tonusauffälligkeiten (schlaffer oder verkrampft wirkender Tonus bei Freude, bei Anstrengungen, schnellen Bewegungen, hypo- oder hypertone, zitternde Bewegungen, Zuckungen)

1. Lj. Kann das Kind gut „schütteln", wenn es seine Rassel betätigt? • Macht es sich nicht steif, wenn es von den Eltern hochgenommen wird? • Reckt es den Eltern seine Arme entgegen, wenn sie es aus dem Bett holen?

2. Lj. Hält es sein Spielzeug (Ball, Puppe) gut fest und läßt es auch wieder los, wenn es das möchte? • Hat es genügend Kraft, auch wenn es schwerere Gegenstände (Buch, Mutters Schuhe) vom Boden aufheben und durch den Raum tragen will?

3. Lj. Zeigt es lockere, ausgewogene Bewegungen, wenn es spielt und hantiert? • Führt es verschiedene Bewegungsabläufe nacheinander und im Wechsel aus (liegen, sitzen, stehen, laufen)? • Kommt es vom Liegen auf dem Boden schnell und ohne Hilfe in den Stand? • Imitiert es Bewegungen anderer?

4. Lj. Ist es im Bewegungsspiel mit anderen Kindern anmutig und gewandt? • Drückt es sich mit rhythmischen Bewegungen aus, zum Beispiel beim gemeinsamen Singen? • Bewegt es sich ohne Anstrengungen einmal schneller, dann wieder langsamer? • Geht es mühelos ein Stück bergauf und bergab?

6 Frühkindliche Reaktionen

• Reflexverhalten (frühkindliche Reaktionen, dem motorischen Entwicklungsgang entsprechend) • zeitliche Abfolge (Vorhandensein, Persistieren, Abbau von Reflexen) • Intensität (angemessenes Hemmen und Bahnen von Reflexen in Alltagssituationen, auch mit Hilfe)

1. Lj. Sind die frühkindlichen Reaktionen beim Kind auslösbar und zu beobachten? • Ergreift es ein kleines, ihm hingehaltenes Spielzeug und hält es fest (ab dem 4. Monat)? • Ist es zunehmend weniger schreckhaft? • Hantiert es mit beiden Händen mit seinem Spielzeug • Führt es Gegenstände zum Mund (ab dem 6. Monat)? • Lernt es koordiniert zu krabbeln?

2. Lj. Können ihm die ersten Laufschuhe gut angezogen werden? • Ißt es immer selbständiger mit dem Löffel? • Trinkt es aus der Tasse?

3. Lj. Überwindet es beim Gehen geschickt kleine Hindernisse (Absätze)? • Krabbelt es unter dem Tisch (dem Stuhl) durch?

4. Lj. Kann es beim Abräumen des Frühstückstisches mithelfen?

7 Stell-, Bewegungs- und Stützreaktionen

• Motorisches Entwicklungsalter (Entwicklungsstand, chronologische Reihenfolge, Quantität der Bewegungen) • Fortbewegungsmöglichkeiten, Aufrichtung • Qualität der Bewegungen (natürlich, kindgerecht, pathologisch) • Stützreaktionen (dem Entwicklungsniveau des Kindes angepaßte Fähigkeiten des Abstützens bei alltäglichen Bewegungen) • Landaureaktion und Sprungbereitschaft

1. Lj. Erwirbt das Kind nacheinander Bewegungsfähigkeiten, die seinem Entwicklungsalter entsprechen (Kopfheben, Sich-drehen, Robben, Sitzen, Krabbeln, Aufstehen, Stehen)? • Hebt es seinen Kopf hoch, wenn es im Bett liegt und etwas sehen möchte (etwa ab dem 5. Monat)? • Stützt es sich beim Spielen im Sitzen mit den Händen am Boden ab (vor dem Körper, seitlich vom Körper)? • Stützt es sich mit einer Hand ab, wenn es mit der anderen ein Spielzeug ergreift? • Stützt es sich allmählich auch nach hinten ab, wenn es Kopf und Rumpf dreht, um einen Gegenstand zu ergreifen?

2. Lj. Übt es das Treppensteigen im Kinderschritt und hält es sich dabei am Geländer fest?

3. Lj. Fängt es sich spontan mit den Händen am Boden ab, wenn es einmal stolpert? Fällt es nicht so leicht auf den Kopf?

4. Lj. Hält es die Arme zum Sich-Abfangen bereit, wenn es aus einer gewissen Höhe hinunterspringen möchte?

8 Haltungs- und Bewegungsmuster, Bewegungsformen

• Gesamtbeweglichkeit • Bewegungskomplexe (Gesamt, Rumpf, obere und untere Extremitäten) • Einzelbewegungen • reziprokes/symmetrisches Strampeln • Koordination (dem Entwicklungsalter entsprechende koordinative Fähigkeiten) • Wechsel von einer Bewegungsposition in eine andere, Ablauf der Bewegungsformen (Bewegungsübergänge, Bewegungsfluß, Elastizität, Körperrotation, Bewegungsanpassung, Bewegungsdosierung, Geschicktheit, Quantität, Qualität, Variabilität, Selbständigkeit, Ängstlichkeit, Seitengleichheit beim Bewegen, Lateralität, Bewegungsverhalten im Raum, im Freien)

1. Lj. Strampelt das Kind symmetrisch mit freien, lockeren Bewegungen (ab dem 6. Monat)? • Dreht es sich um die eigene Körperachse, wenn es auf dem Bauch liegt (ab dem 7. Monat)? Tut es dies etwas später auch im Sitzen? • Krabbelt es immer dann, wenn es sich schnell fortbewegen will (ab dem 9. Monat)? • Übt es, auf Händen und Füßen eine Treppe hinaufzukrabbeln?

2. Lj. Bückt es sich geschickt, wenn es etwas vom Boden aufhebt? • Geht es gezielt auf etwas zu und wechselt auch die Bewegungsrichtung?

3. Lj. Spielt es gerne „Fangen"? • Versucht es sich im „Fußballspielen"? • Lernt es allmählich, einen Ball zuzuwerfen?

4. Lj. Kann es im Stehen einen großen Ball auffangen, wenn er ihm vorsichtig zugeworfen wird? • Spielt es Verstecken? • Kann es gut springen? • Beherrscht es sicher das Dreirad? • Kann es sich eine Zeitlang motorisch ruhig verhalten, wenn es konzentriert ist? • Zieht es sich alleine aus?

9 Haltung und Symmetrie

• Skelettsystem (Statik) • Statomotorik (Haltung, Beachten von Haltungsschwächen und -fehlern der Wirbelsäule: Kyphose, Lordose, Skoliose. Brustkorbveränderungen, Bein- und Fußschwächen. Beobachten der Haltungsveränderung beim Sich-Bewegen) • Symmetrie, Asymmetrien (symmetrische Körperhaltung im Liegen, Sitzen, beim Gehen) • Kopfform, Kopfumfang, Kopfhaltung (gerade Kopfhaltung, Proportionalität des Kopfes zum Körper)

1. Lj. Liegt das Kind in einer symmetrischen Körperhaltung auf dem Bauch?

2. Lj. Kann es seinen Rücken gestreckt halten, wenn es im Langsitz und auf dem Boden sitzend spielt? • Kann es seinen Kopf gut gerade halten, auch wenn es sich bewegt? • Verliert sich die zunächst physiologische leichte „O-Bein-Stellung" rasch?

3. Lj. Kann es sich recken, wenn es steht, dabei auf die Zehenspitzen gehen und seine Arme weit nach oben strecken? • Kann es in der Bauchlage ein wenig schaukeln, wenn es seine Arme hebt?

4. Lj. Hat es keine Haltungs- oder Fußschwächen oder -fehler (z. B. hohlrunder Rücken, seitliche Verbiegung der Wirbelsäule, Trichterbrust, Knicksenkfuß, Sichelfuß)? • Ist keine ausgeprägte „X-Bein-Haltung" zu beobachten, wenn das Kind steht und wenn es springt?

10 Körperbewußtsein

• Körperimago (auf den Körper bezogene Empfindungen, Bild, Vorstellung vom Körper) • Körperbegriff (entwicklungsgerechtes Erkennen und Kennen einzelner Körperteile) • Körperschema (eine Körperhaltung einnehmen und eine Bewegungsposition beibehalten können, Bewußtsein für die Körperbeherrschung) • Raumlageempfinden

1. Lj. Versucht sich das Kind aus einer ihm unbequemen Lage zu befreien? • Bevorzugt es eine Lieblingshaltung im Bett? • Läßt es sich gerne am Körper berühren, wenn es ausgezogen ist? • Spielt es gerne mit seinen Händen und Füßen?

2. Lj. Kennt es allmählich Teile seines Körpers (Nase, Ohren, Arme, Beine, Bauch)? • Stößt es beim Krabbeln und Laufen nicht mehr überall (an Ecken und Kanten) an?

3. Lj. Kann es viele verschiedene Körperhaltungen einnehmen und bewegt es sich immer geschickter?

4. Lj. Lernt es allmählich, Begriffe wie vorne, hinten, oben, unten zu unterscheiden? • Kann es sich in einem Raum gut orientieren und mit den dort vorhandenen Möbeln sinnvoll umgehen (sich an den Tisch setzen, einen Stuhl heranrücken)?

11 Geruch und Geschmack

• Taktile Mund- und Lippenempfindungen (lutschen, schmatzen, saugen, Körpernähe suchen) • Empfindlichkeit (Unempfindlichkeit, Überempfindlichkeit gegenüber Gerüchen) • Unterscheidungen (Vorlieben für, Abneigungen gegen bestimmte Nahrungsmittel, Trink- und Eßbares in eine Geschmacksrichtung einordnen lernen)

1. Lj. Sucht das Kind die Körpernähe der Mutter? • „Beschnuppert" es seine Spielsachen und steckt gerne etwas in den Mund?

2. Lj. Hat es deutliche Vorlieben und Abneigungen, wenn es um Trink- und Eßbares geht?

3. Lj. Hat es ein Lieblingsgericht?

4. Lj. Unterscheidet es sauer, süß und salzig?

12 Visuelle Wahrnehmung und Sehen

• Lichtempfindlichkeit, Hell-dunkel-Reaktionen • Fixieren, Verfolgen (Augenbewegungen, Augenstellung, Seitendifferenzierung, Anpassung, Zusammenarbeit der Augen, blinzeln) • Augen-Hand-Koordination • Reaktionen auf Gegenstände und Personen (erkennen, herausfinden, Entfernungen sehen, anschauen, betrachten und beobachten, sich auf etwas zubewegen, Bewegtes wahrnehmen) • Mimik, Gesichtsausdruck • Neugierverhalten, Interesse • Spielverhalten (Farben und Formen wahrnehmen, hantieren)

1. Lj. Lernt das Kind zunehmend, hingehaltene Gegenstände anzusehen und diese, wenn sie sich wegbewegen, mit den Augen zu verfolgen? • Betrachtet es sein Spielzeug in der Hand (ab dem 5. Monat)? • Bevorzugt es Leuchtendes und Farbiges?

2. Lj. Wählt es sich Spielzeug aus? • Sieht es Erwachsenen bei ihren Tätigkeiten zu? • Beobachtet es aufmerksam? • Schaut es gerne in Gefäße und Behälter hinein? • Beschäftigt es sich gerne mit einem Bilderbuch?

3. Lj. Entdeckt es (auch sehr kleine) Dinge und sammelt sie auf? • Findet es sich gut in der Wohnung und um das Haus herum zurecht? • Interessiert es sich für Abbildungen in einem Katalog? • Ahmt es Handlungen nach?

4. Lj. Kann es die Farben Rot, Blau, Gelb, Grün sicher einander zuordnen? • Unterscheidet es ihm bekannte Farben und ordnet sie richtig zu? • Malt das Kind?

13 Auditorische Wahrnehmung und Hören

• Laut-leise-Reaktionen, Erschrecken • Weinen und Schreien • Reaktionen auf Erschütterungen und Vibrationen • Schwingungen, Rhythmus, Singen, Instrumente, Klänge • Reaktionen auf Geräusche, Töne und Stimmen (auch mit Mimik und Bewegungen) • Ohren-Augen-Hand-Koordination • Hantieren mit Geräusch erzeugendem, klingendem Spielzeug • Differenzierung, Lokalisierung von Geräuschquellen • Sprachanbahnung, Nachahmung • Interesse und Verständnis

1. Lj. Hantiert das Kind mit seiner Rassel? • Lauscht es einer Spieluhr? • Läßt es sich gerne etwas vorsingen?
2. Lj. Lokalisiert es Töne im Raum, die in einiger Entfernung und aus einer anderen Richtung kommend (z. B. ein erklingendes Glöckchen) zu vernehmen sind? • Findet es einen Gegenstand im Raum, den es nur hören kann, und geht auf diesen zu? • Reagiert es auf seinen Namen, wenn es gerufen wird? • Benennt es mehrere Gegenstände und Personen richtig?
3. Lj. Bringt es eine Reihe von Gegenständen, die sich im Raum befinden, wenn es verbal darum gebeten wird? • Läßt es sich von Klängen und durch Instrumente ansprechen? • Kann es laut oder leise Gesprochenes unterscheiden und nachahmen? • Wiederholt es gehörte Sätze?
4. Lj. Versteht es auch einen geflüsterten Satz? • Hört es aufmerksam zu, wenn ihm eine kurze Geschichte erzählt oder vorgelesen wird?

14 Viszerale Impulse

• Atmung, Puls • Stoffwechsel, Blasen- und Darmtätigkeit (Verdauung) • Haut, Trophik • Körpertemperatur, Durchblutung, Sensibilität • Erregung, Anspannung, Entspannung, Angst • Belastung und Ermüdbarkeit, Leistungsfähigkeit

1. Lj. Sieht das Kind „rosig" aus und hat meistens warme Hände und Füße?
2. Lj. Wirkt es munter und frisch und ist „emsig tätig", wenn es gut ausgeschlafen ist?
3. Lj. Hält es bei kleinen Spaziergängen gut mit und will bergauf nicht stets getragen werden? • Schwitzt es bei kleinen Anstrengungen nicht besonders? • Ist es nicht so leicht „verfroren"?
4. Lj. Kommt es selten außer Puste, wenn es sich im Freien (z. B. auf dem Spielplatz zusammen mit anderen Kindern) tummelt? • Kann es beim Umhertollen gut atmen?

15 Krampfneigung, Krampfbereitschaft

• Zeitweiliges Unruhigwerden • Verharren in einer Bewegung • abwesend sein • unwillkürliche Körperbewegungen, Zuckungen, stereotype Verhaltensweisen • Verfärbung von Lippen und Händen beachten

1. - 4. Ist das motorische Verhalten des Kindes nicht stereotyp, sondern ausgewogen und natürlich? •
Lj. Zeigt das Kind keine zuweilen wiederkehrende und nicht zu erklärende starke Bewegungsunruhe?
 • Ist es in seinem Aufmerksamkeitsverhalten interessiert und konzentriert, nicht zeitweise und plötzlich „abwesend" wirkend? • Hält es beim Spielen nicht in unnatürlicher Weise mitten in einer Bewegung inne?

16 Mundmotorik

• Orale Reflexe • Zungen-, Lippen-, Gaumenbewegungen, Mund- und Gesichtsbewegungen • Weinen und Schreien (Qualität) • Mundschluß, Speichelfluß • Trinken und Essen (saugen, schlucken, lecken, altersgemäße Nahrungsaufnahme) • Artikulation • Lautstärke beim Sprechen (laut/leise, flüstern)

1. Lj. Trinkt das Kind sein Fläschchen zügig leer? • Kann es problemlos gefüttert werden?
2. Lj. Ißt es allmählich vom Tisch mit? • Ißt es immer besser allein mit dem Löffel und trinkt aus der Tasse?
3. Lj. Kann es beim Spielen seinen Mund auch geschlossen halten und seinen Speichel gut kontrollieren (herunterschlucken)? • Hat es keinen auffälligen Speichelfluß? • Sind seine gesprochenen Sätze immer besser zu verstehen?
4. Lj. Leckt das Kind ein „Eis aus der Tüte"? • Kann es pusten? • Bedient es einfache Trillerpfeifen? • Bläst es eine Mundharmonika? • Gelingt es ihm, einmal besonders gut zu artikulieren, wenn es darum gebeten wird, einen Satz deutlich nachzusprechen?

17 Sprachanbahnung und Kommunikation

• Kommunikationsformen, Kontaktaufnahme, nonverbale Kommunikation • Sprechwerkzeuge, Mundmuskulatur • Nahrungsaufnahme • Lall- und Lautentwicklung • Artikulation, Stimmqualität • Vokal- und Konsonantenbildung, Satzbildung, Wortschatz • Nachahmung, Sprachverständnis

1. Lj. Antwortet das Kind durch „Lautieren"? • Macht es seine Antworten auch durch Mimik und Gesichtsbewegungen deutlich? • Nehmen die Lautäußerungen zu (Vokale, Konsonanten, Silben, Doppelsilben ma - ma, da - da), auch wenn es allein mit sich und seinem Spiel beschäftigt ist (allmählich vom 4. bis 12. Monat)?

2. Lj. Benutzt es bei seinen Tätigkeiten mehrere sinnbezogene Wörter (Teddy, Heia, Papa) und lernt in jedem Monat neue dazu? • Verbindet es sein Spielen zunehmend mit Sprache?

3. Lj. Bildet es kleine Sätze? • Wiederholt es nachahmend Sätze und nimmt mit Freude sprachlichen Kontakt auf?

4. Lj. Kann man sich mit dem Kind sprachlich unterhalten? • Erzählt es verständlich eine kurze erlebte Begebenheit? • Kann es eine kleine Geschichte nacherzählen?

18 Feinmotorik und Greifen

• Greif- und Festhalteentwicklung (Greifreflex, Greifqualität, aktives Greifen, Anpassung, Amplitude, Tempo, Krafteinsatz, Diadochokinese) • Augen-Hand-Mund-Kontrolle, Hand-Hand-Koordination • Daumenhaltung und -opposition, Hand- und Fingerbeweglichkeit • Graphomotorik (Steuerung, Bewegungsfluß, Strichführung) • manuelle und feinmotorische Betätigung • Händigkeit

1. Lj. Versucht das Kind, nach hingehaltenem Spielzeug zu greifen? • Hält es eine Rassel für kurze Zeit fest, wenn sie ihm hingehalten wird, und bewegt sie? Tut es dies mit der rechten oder mit der linken Hand gleich gut (ab dem 3. Monat)? • Ergreift es das ihm gereichte Spielzeug mit einer Hand (ab dem 5. Monat)? • Faßt es immer gezielter nach Spielsachen und steckt sie häufig in den Mund? • Spielt es manchmal mit seinen Füßen oder zieht sich die Söckchen aus? • Spielt es gerne mit Dingen, die sich bewegen, gut befühlen oder zusammendrücken lassen? Tut es dies mit der rechten oder mit der linken Hand gleich gut? • Gibt es einen Gegenstand von einer Hand in die andere (ab dem 7. Monat)? • Holt es sich erreichbares Spielzeug (ab dem 8. Monat)?

2. Lj. Versucht das Kind, Gegenstände „auseinanderzunehmen"? • Spielt es gerne mit immer neuen Dingen? • Hebt es einen kleinen Gegenstand (Fussel, Perle) vom Boden auf? • Beginnt es, auf Papier zu kritzeln? • Blättert es die Seiten seines Bilderbuches selbst um?

3. Lj. Spielt es gerne mit Gefäßen und Wagen (Eimer, Auto) und füllt diese (z. B. mit Klötzchen)? • Malt es mit farbigen Stiften runde Formen? • Benutzt es zunehmend eine führende Hand?

4. Lj. Lernt es, eine Perlenkette aufzufädeln? • Beginnt es zu kneten? • Hantiert und baut es im Sandkasten? • Führt es mehrphasige Handlungen immer geschickter aus (Tassen und Teller holen und auf dem Tisch verteilen)? • Wird die führende Hand immer ausschließlicher?

19 Spielen

• Spielverhalten, Spielformen, Spiele, Spielzeug • Spielpartner, Spielumgebung • Antrieb, Ausdauer • Umgang mit Gegenständen (Formen, Farben, Figuren usw., Begriffsbildung)

1. Lj. Spielt das Kind mit seinen Händen? • Befühlt es sein Spielzeug und betätigt es immer wieder? • Bevorzugt es Lieblingsspielsachen (ab dem 7. Monat)? • Spielt es gerne für sich allein auf dem Boden sitzend mit Gegenständen verschiedener Farben, Formen und Oberflächen (ab dem 9. Monat)?

2. Lj. Interessiert es sich für alles Neue? • Beschäftigt es sich länger mit einem einzelnen Spielzeug, ehe es nach einem anderen greift? • Spielt es mit Puppe oder Teddy? • Sieht es gerne zusammen mit einem Erwachsenen Bilderbücher an? • Liebt es Spiele zusammen mit Erwachsenen wie „Hoppe-Reiter" und das Versteck-Spiel (Kuckuck)? • Geht es in der Wohnung auf „Entdeckungsreise"? • Ahmt es Erwachsene nach? • Möchte es nicht gerne in einem Raum für sich alleine spielen? • Spielt es „Kochen" und „Handwerken"?

3. Lj. Hilft es beim Aufräumen der Spielsachen? • Liebt es seine „Spielecke"? • Nimmt es ein Kuschelspielzeug mit zum Schlafen? • Reicht es Erwachsenen sein Spielzeug und fordert zum Mitspielen auf? • Beobachtet es das Spiel anderer Kinder?

4. Lj. Spielt es gerne im Freien mit Fahrbarem (Auto, Eisenbahn, Dreirad)? • Imitiert es beim Spielen? • Spielt es fantasievoll mit Puppe und Puppenwagen, mit Auto, Bauklötzen und Figuren? • Beginnt es, zusammen mit Gleichaltrigen zu spielen? • Mag es Sing-, Finger- und Bewegungsspiele in der Gruppe?

20 Emotional-soziales Verhalten

• Gesichtsausdruck, Mimik, Körperausdruck, Körpersprache • Umgang mit Bezugspersonen, mit Fremden, reaktives Verhalten, Kontaktaufnahme und Kontaktfähigkeit, Imitation • Verhalten in der Gruppe • Interessen, Wünsche, Bedürfnisse, Lern- und Aufnahmebereitschaft • Erlebnisse, Erfahrungen, Eindrücke • psychischer Ausdruck (Freude, Trauer, Lachen, Weinen, Anlehnung, Zärtlichkeit, Zutrauen, Abneigung, Aggressionen) • Lebenswirklichkeit und -raum, Tagesablauf, Schlafrhythmus, Schlafgewohnheiten • Sauberkeitsentwicklung, Selbständigkeitsentwicklung • Beschäftigungen, Lieblingsbeschäftigung, typische Verhaltensweisen und Handlungen

1. Lj. Lächelt das Kind ihm vertraute Personen an, wenn sie sich ihm nähern (ab dem 3. Monat)? • Gibt es Freude, Wohlbehagen, Unwohlsein zu erkennen? • Läßt es sich durch Ansprache schnell beruhigen, wenn es weint? • Streckt es vertrauten Personen seine Arme entgegen, weil es hochgenommen werden will (ab dem 7. Monat)? • Erwidert es Zärtlichkeiten? • Fremdelt es? „Ruft" es nach Vater oder Mutter (ab dem 9. Monat)?

2. Lj. Lernt es mit Vergnügen Bewegungsspiele wie „Backe, backe Kuchen" und „Winke, winke"? • Sitzt es gerne auf dem Schoß? • Braucht es einen festen Tages- und Schlafrhythmus? • Beobachtet es Erwachsene genau, ahmt ihre Tätigkeiten nach? • Führt es kleine „Hilfeleistungen" (z. B. Hausschuhe bringen, Mütze holen) aus? • Möchte es stets in der Nähe seiner Bezugsperson sein?

3. Lj. Ist es Fremden gegenüber eher zurückhaltend? • Liebkost es die Puppe (den Teddy, das Kuscheltier)? • Möchte es in der Nacht nicht immer allein schlafen? • Benutzt es für sich den Vornamen? • Ist es tagsüber allmählich sauber?

4. Lj. Wäscht es sich allein die Hände? • Beginnt es, sich immer geschickter aus- und anzuziehen? • Zeigt es Bekannten gegenüber deutlich Zu- oder Abneigungen? • Stellt es viele Fragen? • Ißt es allein? • Ist die Sauberkeitsentwicklung allmählich abgeschlossen? • Verhält es sich „angepaßt", wenn es in eine andere Umgebung (Kaufhaus, Wartezimmer, Restaurant) mitgenommen wird? • Läßt es sich für einige Stunden von Mutter oder Vater trennen? • Spielt es mit anderen Kindern und hält sich beim Gruppenspiel an einfache Spielregeln, wenn sie ihm erklärt werden? • Spricht es von sich in der ersten Person („ich")?

Verzeichnis:

Entwicklungstabellen und Diagnoseverfahren

Aktiver Wortschatztest
Aktiver Wortschatztest für 3–6jährige Kinder
Autoren: C. Kiese, P. M. Kozielski
Bezug: Beltz Test GmbH, Weinheim

Bayley Scales
Bayley Scales of Infant Development
Autor: Bayley, N.
Quelle: Scales of Infant Development. The Psychological Corporation. New York 1969
vgl. Rennen-Allhoff, B./P. Allhoff: Entwicklungstests für das Säuglings-, Kleinkind- und Vorschulalter. Berlin, Heidelberg, New York 1987

Checkliste motorischer Schulfähigkeit
Checkliste motorischer Schulfähigkeit (CMS)
Quelle: Kiphard, E. J.: Motopädagogik. Psychomotorische Entwicklungsförderung – Band 1. Dortmund 1979

Checkliste motorischer Verhaltensweisen
Checkliste motorischer Verhaltensweisen (CMV)
Autor: F. Schilling
Bezug: Westermann-Verlag Braunschweig (Handanweisung)

Denver-Entwicklungsskalen
Denver-Entwicklungsskalen
Quelle:
a) Der Denver-Suchtest. Deutsche Standardisierung. Spastikerverein Hamburg-Harburg 1973
b) William, Frankenburg, Josiak, Dodds: Denver-Entwicklungsskalen, übersetzt von I. Flehmig. Testanweisung 1973
c) Flehmig, I.: Die Denver-Entwicklungsskalen (DES). In: Frühe Hilfen – wirksamste Hilfen. Bundesvereinigung Hilfe für geistig Behinderte e.V. (Hrsg.), Bundeszentrale Marburg 1975

Entwicklungsdiagnose zur Erstellung von Frühförderungsprogrammen
Entwicklungsdiagnose zur Erstellung von Frühförderungsprogrammen nach Ohlmeier: Elternfragebogen

Quelle: Ohlmeier, G.: Frühförderung behinderter Kinder. Dortmund 1983
Bezug: Verlag modernes lernen, Dortmund

Entwicklungsneurologische Kurzuntersuchung

Entwicklungsneurologische Kurzuntersuchung für das Säuglingsalter nach Vojta. Erarbeitet von V. Vojta und F. Lajosi
Quelle: Ernst, B.: Grundsätze der neuromotorischen und psychologischen Entwicklungsdiagnostik. Stuttgart 1983
Info: Kinderzentrum München

Förderdiagnostischer Ansatz zur basalen Stimulation

Förderdiagnostischer Ansatz zur basalen Stimulation: Der Entwicklungsbogen nach Fröhlich
Quelle: Haupt, U., Fröhlich, A. D.: Entwicklungsförderung schwerstbehinderter Kinder. Mainz 1982

French-Bilder-Intelligenz-Test

French-Bilder-Intelligenz-Test
Autoren: G. Hebbel und R. Horn
Bezug: Beltz Test GmbH, Weinheim

Frostigs Entwicklungstest

Frostigs Entwicklungstest der visuellen Wahrnehmung FEW
Autor: O. Lockowandt
Bezug: Beltz Test GmbH, Weinheim

Frühdiagnostisches Kurzverfahren

Frühdiagnostisches Kurzverfahren nach Michaelis, R., Nolte, R., und ter Meulen, V.
Quelle:
a) Frühdiagnostik und Frühbehandlung. Der Landarzt, 16 (1968), S. 780–783
b) Kiphard, E. J.: Mototherapie – Teil II. Dortmund 1983, S. 132

Frühförderung konkret

Frühförderung konkret: Das Programm nach Straßmeier
Quelle: Straßmeier, W.: Frühförderung konkret. München 1984

Graphomotorische Testbatterie

Graphomotorische Testbatterie
Autor: H. Rudolf
Bezug: Beltz Test GmbH, Weinheim

Griffiths-Entwicklungsskalen

Griffiths-Entwicklungsskalen (GES)
Autorin: I. Brandt
Bezug: Beltz Test GmbH, Weinheim

Handgeschicklichkeitstests

Handgeschicklichkeitstests:
a) Kamel-Nachfahrtest
b) Labyrinth-Test
c) Zielpunktieren
Quelle: Kiphard, E. J.: Motopädagogik. Psychomotorische Entwicklungsförderung – Band 1. Dortmund 1979

Hannover-Wechsler-Intelligenztest

Hannover-Wechsler-Intelligenztest für das Vorschulalter HAWIVA
Herausgegeben und bearbeitet von D. Eggert u. a.
Bezug: Verlag Hans Huber, Berlin, Stuttgart, Wien

Kleinkindertests

Kleinkindertests
Autoren: C. Bühler und H. Hetzer
Quelle: Bühler, C., Hetzer, H.: Kleinkindertests, Springer-Verlag Berlin, Heidelberg, New York 1977

Körper-Koordinationstest

Körper-Koordinationstest für Kinder KTK
Autoren: E. J. Kiphard; Neubearbeitung von F. Schilling
Bezug: Beltz Test GmbH, Weinheim

Landauer Sprachentwicklungstest

Landauer Sprachentwicklungstest für Vorschulkinder (LSV)
Verf.: R. Götte
Bezug: Beltz Test GmbH, Weinheim

Lauttreppe

Lauttreppe (Lautprüfungen)
Verf.: H. Möhring
Quelle: Wulff, H.: Diagnose von Sprach- und Stimmstörungen. München, Basel 1983
Bezug: Missionsbuchhandlung Hermannsburg

Lincoln-Oseretzky-Skala

Lincoln-Oseretzky-Skala – Kurzform LOS KF 18
Bearbeiter: D. Eggert
Bezug: Beltz Test GmbH, Weinheim

Mann-Zeichen-Test

Quelle: Ziler, H.: Der Mann-Zeichen-Test. Münster[4] 1973

Motoriktest für vier- bis sechsjährige Kinder

Motoriktest für vier- bis sechsjährige Kinder – MOT 4–6
Autoren: R. Zimmer u. M. Volkamer
Bezug: Beltz Test GmbH, Weinheim

MPE-Test

MPE-Test Motorisch-perzeptuelle Entwicklung
Quelle: Holle, B.: Die motorische und perzeptuelle Entwicklung des Kindes. München, Weinheim 1988

Münchener Funktionelle Entwicklungsdiagnostik 1

Münchener Funktionelle Entwicklungsdiagnostik für das 1. Lebensjahr (MFED)
Quelle: Hellbrügge, Th.: Münchener Funktionelle Entwicklungsdiagnostik. Fortschritte der Sozialpädiatrie Bd. 4. München, Wien 1978
Info: Kinderzentrum München

Münchener Funktionelle Entwicklungsdiagnostik 2

Münchener Funktionelle Entwicklungsdiagnostik für das 2. u. 3. Lebensjahr
Quelle: Hellbrügge, Th., Menara, D., Schamberger, R., Stünkel, S.: Funktionelle Entwicklungsdiagnostik im zweiten Lebensjahr, „FdM-Tabellen für die Praxis" Nr. 13/1971. Fortschr. d. Med. 89, S. 558–562, 1971
Info: Kinderzentrum München

Neurologische Untersuchung des Säuglings

Neurologische Untersuchung des Säuglings nach Bobath.
Eine Überprüfung der wichtigsten frühkindlichen Reaktionen, Stellreflexe und Wahrnehmungsreaktionen mit abgebildeten Anweisungen
Quelle: Frühe Hilfen – wirksamste Hilfen. Bericht der 8. Studientagung der Bundesvereinigung Lebenshilfe für geistig Behinderte e. V., Bd. 1., Marburg, 2. Aufl. 1977, S. 63 ff.

Neurologischer Entwicklungstest

Neurologischer Entwicklungstest nach Milani-Comparetti und Gidoni
Quelle:
a) Milani-Comparetti, A.: Erfahrungen mit einem neuroevolutiven Test. Zerebrale Bewegungsstörungen beim Kind. Pädiat. FortbildK. Praxis, 40 (1974), S. 74–77, Basel
b) Krankengymnastik 5 (1970), S. 141–143
c) Tietze-Fritz, P.: Zur Frühförderung des cerebral bewegungsgestörten Säuglings und Kleinkindes. Ffm./Bern 1980, S. 76 u. 77

Ordinalskalen

Ordinalskalen zur sensomotorischen Entwicklung (deutsche Bearbeitung K. Sarimski)
Autor: K. Sarimski
Bezug: Beltz Test GmbH, Weinheim

Phonetisches Bilder- und Wörterbuch

Phonetisches Bilder- und Wörterbuch zur Überprüfung der kindlichen Sprachentwicklung im Alter von 2 bis 6 Jahren
Verf.: M. Cerwenka
Bezug: Verlag Jugend und Volk, Wien/München

Progressive Matrizen-Tests

Progressive Matrizen-Tests von Raven
Autoren: H. Kratzmeier, Mitarbeit von R. Horn
Bezug: Beltz Test GmbH, Weinheim

Psychoeducational Profile

Psychoeducational Profile P.E.P. Entwicklungs- und Verhaltensprofil
Deutsche Bearbeitung: A. Horn
Quelle: Schopler, E., Reichler, R. J.: Förderung autistischer und entwicklungsbehinderter Kinder. Entwicklungs- und Verhaltensprofil P.E.P. 1981
Bezug: Verlag modernes lernen, Dortmund

Psycholinguistischer Entwicklungstest

Psycholinguistischer Entwicklungstest zur Überprüfung der sprachlichen Entwicklung im Alter von 3 bis 10 Jahren
Autor: M. Angermaier
Bezug: Beltz Test GmbH, Weinheim

Reflexe und motorisches Verhalten

Reflexe und motorisches Verhalten. Nicht standardisierte Übersicht vom 1. Lebenstag bis zum 14. Lebensmonat nach I. Flehmig
Quelle: Flehmig, I.: Normale Entwicklung des Säuglings und ihre Abweichungen. Stuttgart, New York 1983, S. 13

Screening-Test für den motorischen Bereich
Screening-Test für den motorischen Bereich bei der Einschulung nach F. Schilling
Quelle: Hess. Sozialminister (Hrsg.): Förderung entwicklungsgefährdeter und behinderter Heranwachsender. Beiträge zur Sportmedizin, Band 12, Erlangen 1981

Selektive Tabelle
Selektive entwicklungsphysiologische und -psychologische Tabelle zusammengestellt von C. Kiese
Bezug: Beltz Test GmbH, Weinheim

Senso- und psychosoziales Entwicklungsgitter
Senso- und psychosoziales Entwicklungsgitter nach Kiphard
Quelle: Kiphard, E. J.: Wie weit ist ein Kind entwickelt?
Dortmund 1987
Bezug: Verlag modernes lernen, Dortmund

Southern California Sensory Integration Tests
Southern California Sensory Integration Tests SCSIT nach Ayres
Quelle: Ayres, A. J.: Southern California Sensory Integration Tests. Revised 1980. Los Angeles 1980
vgl. in: Fröhlich, A. D. (Hrsg.): Wahrnehmungsstörungen und Wahrnehmungsförderung. Heidelberg 1986, S. 53–72

Sprachprüfung für Kleinkinder
Sprachprüfung für Kleinkinder zur Überprüfung der Sprachbildung.
Deutsche Bearbeitung: F. Wurst
Bezug: Oesterreichischer Bundesverband für Unterricht, Wissenschaft und Kunst. Wien 1978

Tabellarische Übersicht über die Lagereaktionen
Tabellarische Übersicht über die Lagereaktionen für die kinesiologische Diagnostik nach Vojta. Darstellung der sieben wesentlichen Lagereaktionen in den verschiedenen normalen Entwicklungsphasen, zusammengestellt von Lajosi und Bauer aus: Hellbrügge, Th. (Hrsg.): „Neurokinesiologische Diagnostik"
Bezug: Die Tabelle ist beim Hansischen Verlagskontor in Lübeck im Großformat zu beziehen

Tabelle der normalen Entwicklung

Tabelle der normalen Entwicklung der Haltungsreaktionen nach B. Bobath
Quelle: Bobath, B.: Abnorme Haltungsreflexe bei Gehirnschäden.
Stuttgart 1976

Tabelle der sich allmählich entwickelnden Fähigkeiten

Tabelle der sich allmählich entwickelnden Fähigkeiten zwischen dem 1. und 10. Lebensmonat eines Kindes nach K. Bobath
Quelle: Matthiaß, H. H., Brüster, H. T., Zimmermann H. von (Hrsg.): Spastisch gelähmte Kinder. Stuttgart 1971, S. 158

Test zur Feststellung primitiver und abnormer motorischer Entwicklung

Test zur Feststellung primitiver und abnormer motorischer Entwicklung nach Bobath
Übersetzung aus dem Englischen von H. Treml,
Spastikerzentrum Augsburg. Info über Bobath-Tests/Tabellen: Bobath Centre, 5 Netherhall Gardens, London NW3 5RN

Testbatterie

Testbatterie für entwicklungsrückständige Schulanfänger (TES)
Autor: R. Kornmann
Bezug: Beltz Test GmbH, Weinheim

Trampolin-Körperkoordinationstest

Trampolin-Körperkoordinationstest TKT
Quelle:
a) Kiphard, E. J.: Bewegungsdiagnostik bei Kindern. Schorndorf 1977
b) Kiphard, E. J.: Bewegungs- und Koordinationsschwächen im Kindesalter. Schorndorf 1977

Untersuchungs- und Verlaufsbogen

Untersuchungs- und Verlaufsbogen nach Dobler, H.-J., Hochleitner, M., und Schmid, F.
Quelle: Dobler, Hochleitner und Schmid: Infantile Cerebralparese. Gauting vor München 1972

Werschersberger Lautprüf- und Übungsmappe

Werschersberger Lautprüf- und Übungsmappe zur Überprüfung der Artikulation im Alter von 3 bis 6 Jahren
Verf.: M. Gey
Bezug: H. Prull KG, Oldenburg

ZEM-Test (Zeichne-einen-Menschen)

Quelle: Koppitz, E. M.: Die Menschendarstellung in Kinderzeichnungen und ihre psychologische Auswertung. Stuttgart 1972

Literatur

1 Adam-Ellinger, R.: Die Individualpsychologie Alfred Adlers. In: Sieland, B., Siebert, M. (Hrsg.): Klinische Psychologie für Pädagogen. Braunschweig 1979, S. 69–85

2 Adler, Alfred: Praxis und Theorie der Individualpsychologie. Frankfurt a. M. 1974

3 Affolter, F.: Wahrnehmungsstörungen. In: Haupt, U. & Jansen, G. W. (Hrsg.): Handbuch der Sonderpädagogik, Band 8, Pädagogik der Körperbehinderten. Berlin 1983, S. 298–307

4 Affolter, F.: Wahrnehmung, Wirklichkeit und Sprache. Villingen-Schwenningen 1988[2]

5 Affolter, F./Feldkamp, M.: Das Verständnis der Perzeptionsprozesse nach Affolter. In: Beschäftigungstherapie und Rehabilitation, Heft 1 (1982), S. 3–14

6 Amrhein, F.: Musik und Bewegung – Über den Zusammenhang von Musik und Motopädagogik. In: Motorik, 11. Jg., Heft 3 (1988), S. 81–88

7 Anderson, G. C.: Der Ursprung der Intelligenz und die sensomotorische Entwicklung des Kindes. In: Die Psychologie des 20. Jahrhunderts, Band VII „Piaget und die Folgen", hrsg. von G. Steiner. Zürich 1978

8 Arns, W., Hüter, A.: Krankengymnastik bei neurologischen Erkrankungen. München 1975

9 Ayres, A. J.: Lernstörungen, Sensorisch-integrative Dysfunktion. Berlin 1979

10 Ayres, A. J.: Southern California Sensory Integration Tests. Revised 1980. Los Angeles 1980

11 Ayres, A. J.: Bausteine der kindlichen Entwicklung. Berlin, Heidelberg, New York, Tokyo 1984

12 Bach, H. (Hrsg.): Sonderpädagogik im Grundriß. Berlin 1975

13 Bach, H. (Hrsg.): Früherziehungsprogramme für geistigbehinderte und entwicklungsgestörte Säuglinge und Kleinkinder. Berlin 1981[4]

14 Bach, H.: Sozialpädagogik und Sonderpädagogik. In: Eyfert/Otto/Thiersch (Hrsg.): Handbuch der Sozialarbeit/Sozialpädagogik. Neuwied und Darmstadt 1984, S. 1016–1027

15 Bachmann, W., Mesterházi, Z. (Hrsg.): Trends und Perspektiven der gegenwärtigen ungarischen Heilpädagogik – Beitrag zur europäischen Geschichte der Heilpädagogik. Gießen 1990

16 Baumann, S., Weiß, H.: „Förderungsbegleitende Elternarbeit" und familiäre Lebenswelt: Eine Nicht-Beziehung? In: Frühförderung interdisziplinär, 8. Jg., Heft 2 (1989), S. 49–63

17 Baumhauer, J.: Verzahnung von Diagnostik und Therapie. In: Brack, U. B. (Hrsg.): Frühdiagnostik und Frühtherapie. Psychologische Behandlung von entwicklungs- und verhaltensgestörten Kindern. München, Weinheim 1986, S. 455–464

18 Bayley, N.: Scales of Infant Development. The Psychological Corporation. New York 1969

19 Beltz Test GmbH. Klinische Verfahren. Weinheim 1989

20 Bender, G.: Die klientenzentrierte Gesprächspsychotherapie von C. R. Rogers. In: Sieland, B., Siebert, M. (Hrsg.): Klinische Psychologie für Pädagogen. Braunschweig 1979, S. 86–119

21 Berufsverband der Diplom-Motologinnen und Diplom-Motologen e. V. (Hrsg.): Die Diplom-Motologin/Der Diplom-Motologe in unterschiedlichen Berufsfeldern. Lahntal 3, 1986

22 Bielefeld, J.: Theoretisch-wissenschaftliche Aspekte der Motodiagnostik. In: Hessischer Sozialminister (Hrsg.): Förderung entwicklungsgefährdeter und behinderter Heranwachsender. Beiträge zur Sportmedizin, Band 12. Erlangen 1981, S. 219–233

23 Biene, E.: Zusammenarbeit mit den Eltern zur Förderung des entwicklungsgestörten und des behinderten Kindes. Werkhefte zur heilpädagogischen Übungsbehandlung. Ravensburg 1981

24 Bobath, B.: Abnorme Haltungsreflexe bei Gehirnschäden. Stuttgart 1976

25 Bobath, B., Bobath, K.: Die motorische Entwicklung bei Zerebralparesen. Stuttgart 1983

26 Bobath, K.: Die normale motorische Entwicklung des Kindes während des ersten Lebensjahres und ihre Abweichungen bei infantilen Zerebralparesen. In: Matthiaß, H. H., Brüster, H. T., Zimmermann, H. von (Hrsg.): Spastisch gelähmte Kinder. Stuttgart 1971, S. 153–158

27 Böllhoff, B.: Befunderhebungen bei Atem-, Sprach- und Stimmstörungen von zerebral bewegungsgestörten Kindern. In: Matthiaß, H. H., Brüster, H. T., Zimmermann, H. von (Hrsg.): Spastisch gelähmte Kinder. Stuttgart 1971, S. 12–16

28 Brack, U. B. (Hrsg.): Frühdiagnostik und Frühtherapie. Psychologische Behandlung von entwicklungs- und verhaltensgestörten Kindern. München/Weinheim 1986

29 Brack, U. B.: Verhaltensbeobachtung. Prinzipien der Beobachtung, Kodierung und Registrierung von Verhalten. In: Brack, U. B. (Hrsg.): Frühdiagnostik und Frühtherapie. Psychologische Behandlung von entwicklungs- und verhaltensgestörten Kindern. München/Weinheim 1986, S. 97–106

30 Brand, I., Breitenbach, E., Maisel, V.: Integrationsstörungen. Diagnostik und Therapie im Erstunterricht. Würzburg 1986

31 Breitinger, M., Fischer, D.: Neues Lernen mit Geistigbehinderten. Intensivbehinderte lernen leben. Würzburg 1981

32 Bühler, Ch., Hetzer, H.: Kleinkindertests. Berlin/Heidelberg/New York 1977[4]

33 Bundesanstalt für Arbeit (Hrsg.): Blätter zur Berufskunde, Band 2. Bielefeld 1974[3]

34 Bundesverband „Hilfe für das autistische Kind e. V.": Frühförderung autistischer und von Autismus bedrohter Kinder. Hamburg 1986

35 Bundesverband „Hilfe für das autistische Kind e. V.": Diagnose? – Autismus! – Was tun? Informationsschrift. Hamburg 1987

36 Bundschuh, K.: Einführung in die sonderpädagogische Diagnostik. München, Basel 1980

37 Bundschuh, K.: Dimensionen der Förderdiagnostik. München, Basel 1985

38 Burgmayer, S.: Neuropsychologie: Gegenstand – diagnostische Methoden – therapeutische Konsequenzen. In: Brack, U. B. (Hrsg.): Frühdiagnostik und Frühtherapie. Psychologische Behandlung von entwicklungs- und verhaltensgestörten Kindern. München/Weinheim 1986, S. 215–231

39 Castillo-Morales, R.: Neuromotorische Entwicklungstherapie: Documenta Pädiatrica, Band 7, Lübeck 1978

40 Dalferth, M.: Synopse verschiedener Symptomlisten zur Diagnostizierung des frühkindlichen Autismus. In: Zeitschr. für Heilpädagogik, Heft 3 (1986)

41 Delacato, C.: Der unheimliche Fremdling. Freiburg 1980

42 Deutscher Bildungsrat: Empfehlungen der Bildungskommission „Zur pädagogischen Förderung behinderter und von Behinderung bedrohter Kinder und Jugendlicher". Stuttgart 1973

43 Diem, L., Scholzmethner, R.: Schulsonderturnen. Frankfurt a. M. 1974

44 Doman, G.: Was können Sie für Ihr hirnverletztes Kind tun? Freiburg 1980

45 Dordel, S.: Bewegungsförderung in der Schule – Handbuch des Schulsonderturnens / Sportförderunterricht. Dortmund 1982

46 Eberwein, H. C. (Hrsg.): Behinderte und Nichtbehinderte lernen gemeinsam. Handbuch der Integrationspädagogik. Weinheim, Basel 1988

47 Eckert, R.: Psychomotorische Förderung sprachbehinderter Kinder. Die Förderung von Entwicklung und Kommunikation. In: Irmischer, T./Irmischer, E. (Red.): Bewegung und Sprache. Reihe Motorik, Band 7. Schorndorf 1988, S. 103–108

48   Eggert, D.: Psychomotorische Förderung durch Musik. In: Irmischer, T./Irmischer, E. (Red.): Bewegung und Sprache. Reihe Motorik, Band 7. Schorndorf 1988, S. 156–162

49   Eggert, D., Kiphard, E. J.: Die Bedeutung der Motorik für die Entwicklung normaler und behinderter Kinder. Schorndorf 1976[3]

50   Eikmann, J.: Die Psychoanalyse nach Siegmund Freud. In: Sieland, B., Siebert, M. (Hrsg.): Klinische Psychologie für Pädagogen. Braunschweig 1979, S. 38–68

51   Ernst, B.: Grundsätze der neuromotorischen und psychologischen Entwicklungsdiagnostik. Stuttgart 1983

52   Eyferth, H., Otto, H.-U., Thiersch, H. (Hrsg.): Handbuch zur Sozialarbeit / Sozialpädagogik. Neuwied, Darmstadt 1984

53   Faltermeier, J.: Diagnostik in der Frühförderung. In: Frühförderung interdisziplinär. 9. Jg., Heft 1 (1990), S. 28–30

54   Feldkamp, M., Danielcik, I.: Krankengymnastische Behandlung der cerebralen Bewegungsstörung. München 1982

55   Flehmig, I.: Die Denver-Entwicklungsskalen (DES). In: Frühe Hilfen – wirksamste Hilfen. Bundesvereinigung Hilfe für geistig Behinderte e. V. (Hrsg.). Bundeszentrale Marburg 1975

56   Flehmig, I.: Normale Entwicklung des Säuglings und ihre Abweichungen. Stuttgart, New York 1983

57   Forschungsgemeinschaft „Das körperbehinderte Kind" e. V.: Entwicklung und Förderung Körperbehinderter. Bearbeitet von C. Leyendecker und A. Fritz. Heidelberg 1986

58   Freud, S.: Abriß der Psychoanalyse. Frankfurt 1970

59   Fröhlich, A. D. (Hrsg.): Wahrnehmungsstörungen und Wahrnehmungstraining bei Körperbehinderten. Rheinstetten 1977

60   Fröhlich, A. D. (Hrsg.): Lernmöglichkeiten. Heidelberg 1982

61   Fröhlich, A. D. (Hrsg.): Wahrnehmungsstörungen und Wahrnehmungsförderung. Heidelberg 1986[5]

62   Frostig, M.: Bewegungserziehung. München/Basel 1975

63   Frostig, M., Reinartz, A. u. E.: Individualprogramm zum Wahrnehmungstraining. Hannover/Dortmund 1974

64   Frostig, M., Reinartz, A. u. E.: Visuelle Wahrnehmung – Übungs- und Beobachtungsfolge für den Elementar- und Primarbereich. Hannover/Dortmund 1977

65 Gesell, A.: Säugling und Kleinkind in der Kultur der Gegenwart. Bad Nauheim 1971[9]

66 Gesellschaft für wissenschaftliche Gesprächspsychotherapie (GwG) (Hrsg.): Die klientenzentrierte Gesprächspsychotherapie. München 1980[3]

67 Graichen, J.: Neuropsychologische Aspekte von Bewegung und Sprache. In: Irmischer, T./Irmischer, E. (Red.): Bewegung und Sprache. Reihe Motorik, Band 7. Schorndorf 1988, S. 23–44

68 Gröschke, D.: Kompetenz als Zielbegriff der Frühförderung. In: Frühförderung interdisziplinär, 5. Jg., Heft 2 (1986), S. 79–87

69 Gröschke, D.: Praxiskonzepte der Heilpädagogik. München 1989

70 Grond, J.: Früherziehung. In: Tobler, R., Grond, J. (Hrsg.): Früherkennung und Früherziehung behinderter Kinder. Bern, Stuttgart, Toronto 1985, S. 94–166

71 Günther, W., Günther, H.: Auditive Wahrnehmungsdiagnostik und Einsatz von Medien zur Hörerziehung. In: Zeitschr. für Heilpädagogik, 38. Jg., Heft 7 (1987), S. 488–502

72 Haupt, U., Fröhlich, A. D.: Entwicklungsförderung schwerstbehinderter Kinder. Mainz 1982

73 Haupt, U., Fröhlich, A. D.: Integriertes Lernen mit schwerstbehinderten Kindern. Mainz 1983

74 Hellbrügge, Th.: Zur Früherfassung von Entwicklungsstörungen bei Risikokindern. In: Matthiaß, H.-H., Brüster, H. T., Zimmermann, H. von (Hrsg.): Spastisch gelähmte Kinder. Stuttgart 1971, S. 229–233

75 Hellbrügge, Th. (Hrsg.): Probleme des behinderten Kindes. Fortschritte der Sozialpädiatrie, Band 1. München, Berlin, Wien 1973

76 Hellbrügge, Th.: Frühdiagnostik bei Risikokindern. In: Bundeszentrale für gesundheitliche Aufklärung, Köln, im Auftrage des Bundesministers für Jugend, Familie und Gesundheit (Hrsg.): Hilfe für Kinder mit cerebralen Bewegungsstörungen. Köln 1975, S. 23–27

77 Hellbrügge, Th. (Hrsg.): Münchener Funktionelle Entwicklungsdiagnostik. Fortschritte der Sozialpädiatrie, Band 4. München/Wien 1978

78 Hellbrügge, Th., Döring, G.: Die ersten Lebensjahre. München 1981

79 Hellbrügge, Th., Jones, B. (verantwortlich für den redaktionellen Inhalt): 15 Jahre Aktion Sonnenschein und Kinderzentrum München. Jahresbericht 1983

80 Hellbrügge, Th., Menara, D., Schamberger, R., Stünkel, S.: Funktionelle Entwicklungsdiagnostik im zweiten Lebensjahr. „FdM-Tabellen für die Praxis" Nr. 13/1971. Fortschr. d. Med. 89, S. 558–562, 1971

81 Hellbrügge, Th., Pechstein, J.: Entwicklungsphysiologische Tabellen für das Säuglingsalter. Fortschr. d. Med. 86 (1968)

82 Herberg, K.-P., Jantsch, M. A., Sammler, C. (Projektgruppe Frühförderung in Hessen): Dokumentation der Arbeitstagung „Zum Selbstverständnis der Berufsgruppen in der Frühförderung: Aktuelle Beiträge zur Weiterentwicklung interdisziplinärer Frühförderung in Hessen", 1./2. November 1989 Fürsteneck/Bad Hersfeld. Kassel 1990

83 Hessischer Sozialminister (Hrsg.): Förderung entwicklungsgefährdeter und behinderter Heranwachsender. Beiträge zur Sportmedizin, Band 12. Erlangen 1981

84 Hetzer, H.: Spielen lernen – Spielen lehren. München 1978[8]

85 Hetzer, H.: Entwicklung des Spielens. In: Hetzer, H./Todt, E., Seiffge-Krenke, J., Arbinger, R.: Angewandte Entwicklungspsychologie des Kindes- und Jugendalters. Heidelberg 1979, S. 68–94

86 Hochleitner, M., Berger, H.: Zerebrale Bewegungsstörung. Untersuchungsmethoden. „FdM-Tabellen für die Praxis", Nr. 17. Gauting vor München 1966

87 Holle, B.: Die motorische und perzeptuelle Entwicklung des Kindes. München, Weinheim 1988

88 Horstmann, T.: Frühförderung bei Kindern mit cerebralen Bewegungsstörungen unter sonderpädagogischem Aspekt. Heidelberg 1982

89 Hower, J.: Reflexe im Säuglingsalter. Stuttgart 1978

90 Hünnekens, H., Kiphard, E.: Bewegung heilt. Gütersloh 1975[5]

91 Irmischer, T.: Bewegungsbeobachtung. In: Hessischer Sozialminister (Hrsg.): Förderung entwicklungsgefährdeter und behinderter Heranwachsender. Beiträge zur Sportmedizin, Band 12. Erlangen 1981, S. 202–218

92 Irmischer, T./Irmischer, E. (Red.): Bewegung und Sprache. Reihe Motorik, Band 7. Schorndorf 1988

93 Jawad, S.: Modelle interdisziplinärer Arbeit in der Frühförderung. In: Frühförderung interdisziplinär, 6. Jg., Heft 4 (1987), S. 170–179

94 Jetter, K.: Leben und Arbeiten mit behinderten und gefährdeten Säuglingen und Kleinkindern. Stadthagen 1984

95 Kautter, H., Klein, G., Laupheimer, W., Wiegand, H.-S.: Das Kind als Akteur seiner Entwicklung. Heidelberg 1988

96 Kautter, H., Wiegand, H.-S.: Plädoyer für eine von der Eigentätigkeit des Kindes ausgehende Diagnostik in der Frühförderung. In: Kautter, H., Klein, G., Laupheimer, W., Wiegand, H.-S.: Das Kind als Akteur seiner Entwicklung. Heidelberg 1988, S. 200–214

97 Kehrer, H.: Kindlicher Autismus. Basel 1978

98 Kiphard, E. J.: Wie weit ist ein Kind entwickelt? Dortmund 1976²

99 Kiphard, E. J.: Bewegungsdiagnostik bei Kindern. Schorndorf 1978

100 Kiphard, E. J.: Motopädagogik. Psychomotorische Entwicklungsförderung – Band 1. Dortmund 1979

101 Kiphard, E. J.: Sensomotorische Übungsbehandlung. In: Hessischer Sozialminister (Hrsg.): Förderung entwicklungsgefährdeter und behinderter Heranwachsender. Beiträge zur Sportmedizin, Band 12. Erlangen 1981, S. 76–85

102 Kiphard, E. J.: Mototherapie - I. Dortmund 1983a

103 Kiphard, E. J.: Mototherapie - II. Dortmund 1983b

104 Kiphard, E. J., Huppertz, H.: Erziehung durch Bewegung. Bonn-Bad Godesberg 1973³

105 Klein, G.: Pädagogische Frühförderung ist mehr als Therapie. In: Kautter, H., Klein, G., Laupheimer, W., Wiegand, H.-S.: Das Kind als Akteur seiner Entwicklung. Heidelberg 1988, S. 114–120

106 Klein Jäger, W.: Fröbel-Material. Arbeitshefte zur heilpädagogischen Übungsbehandlung, Band 4, 1987

107 Klein-Vogelbach, S.: Therapeutische Übungen zur Funktionellen Bewegungslehre, Heidelberg, New York 1977

108 Kleinert-Molitor, B.: Psychomotorisch orientierte Sprachförderung. In: Irmischer, T./Irmischer, E. (Red.): Bewegung und Sprache. Reihe Motorik, Band 7. Schorndorf 1988, S. 109–119

109 Knott, M., Voss, D. E.: Komplexbewegungen. Stuttgart 1970

110 Kobi, E.: Einweisungsdiagnostik – Förderdiagnostik: eine schematische Gegenüberstellung. Vierteljahresschrift für Heilpädagogik 46 (1977), S. 115–123

111 Köng, E.: Symptomatologie der Sprachstörungen von zerebral bewegungsgestörten Kindern mit besonderer Berücksichtigung der Eß-, Atem- und Stimmstörungen. In: Matthiaß, H.-H., Brüster, H. T., Zimmermann, H. von (Hrsg.): Spastisch gelähmte Kinder. Stuttgart 1971, S. 4–7

112 Köng, E.: Begleitstörungen bei cerebraler Bewegungsstörung. In: Bundeszentrale für gesundheitliche Aufklärung (Hrsg.): Hilfe für Kinder mit cerebralen Bewegungsstörungen. Köln 1975, S. 13–15

113 Konietzko, C.: Sing-, Kreis-, Finger- und Bewegungsspiele. Arbeitshefte zur heilpädagogischen Übungsbehandlung, Band 1, Heidelberg 1985

114 Koppitz, E. M.: Die Menschendarstellung in Kinderzeichnungen und ihre psychologische Auswertung. Stuttgart 1972

115 Kornmann, R.: Diagnose von Lernbehinderungen. Weinheim, Basel 1977²

116 Krimm-von Fischer, C.: Rhythmik und Sprachanbahnung. Arbeitshefte zur heilpädagogischen Übungsbehandlung, Band 2. Heidelberg 1986

117 Lienert, G. A.: Testaufbau und Testanalyse. Weinheim, Berlin 1969³

118 Limbrock, J., Castillo-Morales, R.: Orofaziale Regulationstherapie nach Castillo-Morales. In: Springer, L., Kattenbeck, G. C. (Hrsg.): Interdisziplinäre Reihe zur Theorie und Praxis der Logopädie, Band 4, S. 109–149. München 1986

119 Limbrock, J., Wirth, Ch.: Mundtherapie für behinderte Kinder. Vorstellung der Konzepte nach Bobath und Castillo-Morales. In: Frühförderung interdisziplinär, 5. Jg. (1986), S. 168–182

120 Lockowandt, O.: Frostigs Entwicklungstest der visuellen Wahrnehmung, FEW. Deutsche Form des „Development Test of Visual Perception" von Marianne Frostig. Beltz Test GmbH Weinheim, 5. Auflage 1987

121 Löwer, K.-H.: Fuldaer Modell: Pädagogische Kontaktstelle für Frühberatung und Frühförderung der Stadt Fulda. Informationen zur interdisziplinären Frühberatung und Frühförderung mit pädagogisch-therapeutischer Ausrichtung (Pädagogische Interventionen im Vorfeld des Therapeutischen). Fulda 1989, unveröffentlicht

122 Matthiaß, H.-H., Brüster, H. T., Zimmermann, H. von (Hrsg.): Spastisch gelähmte Kinder. Stuttgart 1971

123 Mattner, D.: Grundüberlegungen zu einer bewegungszentrierten Therapie mit sprachgehemmten Kindern. In: Irmischer, T./Irmischer, E. (Red.): Bewegung und Sprache. Reihe Motorik, Band 7. Schorndorf 1988, S. 120–126

124 Medical Tribune, Nr. 49, Freitag, 9. Dez. 1988, S. 4–5 (Medical Tribune Bericht), Werner Tumshirn

125 Michaelis, R.: Ursachen von Behinderungen, Zuverlässigkeit von Meßinstrumenten, Möglichkeiten und Grenzen der ärztlichen Diagnostik. In: Vereinigung für Interdisziplinäre Frühförderung e. V. (Hrsg.): Entwicklungsbegleitende Frühförderung – eine interdisziplinäre Herausforderung. München, Freising 1988, S. 35–37

126 Mietzel, G.: Pädagogische Psychologie. Einführung für Pädagogen und Psychologen. Göttingen/Toronto/Zürich 1975

127 Milz, J., Steil, H. (Hrsg.): Teilleistungsschwächen bei Kindern und Jugendlichen. Arnoldshainer Texte – Band 10. Frankfurt a. M. 1982

128 Müller, H. A.: Eß-, Atem- und Stimmtherapie sowie Sprachanbahnung bei zerebral bewegungsgestörten Kindern im frühen Kindesalter. In: Matthiaß, H.-H., Brüster, H. T., Zimmermann, H. von (Hrsg.): Spastisch gelähmte Kinder. Stuttgart 1971, S. 17–19

129 Müller, H. A.: Sprachstörungen bei cerebraler Bewegungsstörung und ihre Behandlung. In: Bundeszentrale für gesundheitliche Aufklärung (Hrsg.): Hilfe für Kinder mit cerebralen Bewegungsstörungen. Köln 1975, S. 11 und 12

130 Neikes, J. L.: Scheiblauer-Rhythmik. Orthagogische Rhythmik. Wuppertal 1969

131 Neuhäuser, G.: Hinweise zur Untersuchung und Behandlung mehrfach behinderter Kinder. In: Hessischer Sozialminister (Hrsg.): Förderung entwicklungsgefährdeter und behinderter Heranwachsender. Erlangen 1981, S. 16–24

132 Neuhäuser, G.: Genetische Aspekte der Behinderung. Berlin 1982

133 Neuhäuser, G. (Hrsg.): Entwicklungsstörungen des Zentralnervensystems. Stuttgart, Berlin, Köln, Mainz 1985

134 Neuhäuser, G.: Gefährdung in früher Kindheit. In: Thalhammer, M. (Hrsg.): Gefährdungen des behinderten Menschen im Zugriff von Wissenschaft und Praxis. München, Basel 1986, S. 104–121

135 Neuhäuser, G.: Neuropädiatrisch orientierte Diagnostik und Therapie im Rahmen der Frühförderung. In: Speck, O., Peterander, F., Innerhofer, P. (Hrsg.): Kindertherapie. München 1987, S. 21–28

136 Neuhäuser, G.: Behinderung der kognitiven und geistigen Entwicklung – ärztlich verstanden und behandelt. In: Vereinigung für interdisziplinäre Frühförderung e. V. (Hrsg.): Entwicklungsbegleitende Frühförderung – eine interdisziplinäre Herausforderung. München, Freising 1988, S. 38 und 39

137 Neuhäuser, G.: Cerebrale Anfälle im frühen Kindesalter – Therapeutische Aspekte. 5. Symposion Frühförderung „Frühförderung als System", 6.–8. April 1989, Philipps-Universität Marburg, Vortrag am 7. April 1989

138 Neuhäuser, G.: Das Therapiekonzept der Psychomotorik aus medizinischer Sicht (Abstract). In: Institut für Sport und Sportwissenschaft (Hrsg.): Psychomotorik in Therapie und Pädagogik. Heidelberg 1989, S. 26 und 27

139 Neuhäuser, G., Beckmann, D., Pauli, U.: Zur Entwicklung sogenannter Risikokinder. Ergebnisse einer Längsschnittuntersuchung. In: Frühförderung interdisziplinär, 9. Jg., Heft 1 (1990), S. 1–11

140 O'Gorman, G.: Autismus in früher Kindheit. München, Basel 1976

141 Oerter, R.: Frühkindliche Entwicklung aus ökologischer Sicht. In: Frühförderung interdisziplinär, 8. Jg., Heft 4 (1989), S. 171–182

142 Oerter, R., Montada, L., u. a.: Entwicklungspsychologie. München 1982

143 Ohlmeier, G.: Frühförderung behinderter Kinder. Dortmund 1983

144 Ohrenberg-Antony/G. Neuhäuser: Methodische Probleme der Früherkennungsuntersuchungen. Notwendige Verbesserung der Kindervorsorge. In: Frühförderung interdisziplinär, 8. Jg. (1989), S. 1–12

145 Olbrich, I.: Die integrative Sprach- und Bewegungsförderung – ein Förderkonzept in Theorie und Praxis. In: Irmischer, T./Irmischer, E. (Red.): Bewegung und Sprache. Reihe Motorik, Band 7. Schorndorf 1988, S. 127–134

146 Oy, C. M. von: Montessorimaterial zur Förderung des entwicklungsgestörten und des behinderten Kindes. Arbeitshefte zur heilpädagogischen Übungsbehandlung, Band 3. Heidelberg 1987

147 Oy, C. M. von, Sagi, A.: Lehrbuch der heilpädagogischen Übungsbehandlung. Heidelberg 1988[7]

148 Pechstein, J.: Umweltabhängigkeit der frühkindlichen zentralnervösen Entwicklung. Stuttgart 1975

149 Petermann, F.: Methoden der Entwicklungspsychologie. In: Oerter, R., Montada, L., u. a.: Entwicklungspsychologie. München 1982, S. 791–830

150 Petermann, F.: Grundlagen der Testdiagnostik. In: Brack, U. B. (Hrsg.): Frühdiagnostik und Frühtherapie. Psychologische Behandlung von entwicklungs- und verhaltensgestörten Kindern. München/Weinheim 1986, S. 37–44

151 Petermann, F.: Therapiekontrolle und Erfolgsmessung. In: Brack, U. B. (Hrsg.): Frühdiagnostik und Frühtherapie. Psychologische Behandlung von entwicklungs- und verhaltensgestörten Kindern. München/Weinheim 1986, S. 46–52

152 Piaget, J.: Nachahmung, Spiel und Traum. Stuttgart 1974

153 Piaget, J.: Das Erwachen der Intelligenz beim Kinde. Stuttgart 1975

154 Prekop, J.: Hättest du mich festgehalten . . . München 1989

155 Pschyrembel. Klinisches Wörterbuch, Berlin, New York 1986

156 Rathke, F. W., Knupfer, H.: So helfe ich dem spastisch gelähmten Kind im Alltag. Stuttgart 1979[2] und Stuttgart, New York 1986[3] (Knupfer, H., Rathke, F. W.: Spastisch gelähmte Kinder im Alltag)

157 Rauh, H.: Frühe Kindheit. In: Oerter, R., Montada, L., u. a.: Entwicklungspsychologie. München, Wien, Baltimore 1982, S. 124–190

158 Rautenberg, K.: Die Beziehungen zwischen Form und Funktion des Hüftgelenks und deren Bedeutung für die statomotorische Entwicklung. In: Flehmig, I.: Normale Entwicklung des Säuglings und ihre Abweichungen. Stuttgart, New York 1983, S. 55–73

159 Reich, F.: Notwendigkeit und Möglichkeiten einer frühen Förderung des entwicklungsverzögerten und entwicklungsgestörten hirngeschädigten Kindes – aufgezeigt anhand von neurophysiologischen Erkenntnissen und Theorien. In: Zeitschr. für Heilpädagogik, 39. Jg., Heft 4 (1988), S. 217–227

160 Reinartz, A. u. E. (Hrsg.): Wahrnehmungstraining von M. Frostig und D. Horne. Anweisungshefte und Arbeitshefte 1, 2 und 3. Dortmund 1972

161 Remschmidt, H.: Der Beitrag der Kinder- und Jugendpsychiatrie zur Frühförderung. In: Frühförderung interdisziplinär. 8. Jg., Heft 4 (1989), S. 157–170

162 Rennen-Allhoff, B./P. Allhoff: Entwicklungstests für das Säuglings-, Kleinkind- und Vorschulalter. Berlin/Heidelberg/New York 1987

163 Rennhack, A.: Logopädische Diagnostik und Therapie bei Kindern mit zentral bedingten Artikulationsstörungen. In: Vereinigung für Interdisziplinäre Frühförderung e. V. (Hrsg.): Entwicklungsbegleitende Frühförderung – eine interdisziplinäre Herausforderung. Freising 1988, S. 74–76

164 Rett, A.: Das hirngeschädigte Kind. Wien, München 1981[5]

165 Robins, F. u. J.: Pädagogische Rhythmik für geistig und körperlich behinderte Kinder. Rapperswil (Schweiz) 1968

166 Rödler, P.: Diagnose Autismus. Frankfurt a. M. 1983

167 Rogers, C. R.: Die klientenbezogene Gesprächstherapie. München 1973

168 Sarimski, K.: Entwicklungsmodelle. In: Brack, U. B. (Hrsg.): Frühdiagnostik und Frühtherapie. Psychologische Behandlung von entwicklungs- und verhaltensgestörten Kindern. München/Weinheim 1986, S. 7–13

169 Sarimski, K.: Interaktion mit behinderten Kindern. München, Basel 1986

170 Sarimski, K. (Bearb.): Ordinalskalen zur sensomotorischen Intelligenz. Weinheim, Basel 1986

171 Sarimski, K.: Schwerpunkt: Rückstand der kognitiven Entwicklung. In: Brack, U. B. (Hrsg.): Frühdiagnostik und Frühtherapie. Psychologische Behandlung von entwicklungs- und verhaltensgestörten Kindern. München/Weinheim 1986, S. 201–208

172 Schilling, F.: Motodiagnostik des Kindesalters. Berlin 1973

173 Schilling, F.: Körperkoordinationstest für Kinder KTK (Manual). Weinheim 1974

174 Schilling, F.: Checkliste motorischer Verhaltensweisen (CMV), Handanweisung. Braunschweig 1976

175 Schilling, F.: Zur Methodik der Lateralitätsbestimmung. In: Eggert, D., Kiphard, E. J.: Die Bedeutung der Motorik für die Entwicklung normaler und behinderter Kinder. Schorndorf 1976[3], S. 248–265

176 Schilling, F.: Screening-Test für den motorischen Bereich bei der Einschulung. In: Hessischer Sozialminister (Hrsg.): Förderung entwicklungsgefährdeter und behinderter Heranwachsender. Beiträge zur Sportmedizin, Band 12. Erlangen 1981, S. 292–295

177 Schilling, F.: Motorische Entwicklung und Sprachförderung. In: Irmischer, T./Irmischer, E. (Red.): Bewegung und Sprache. Reihe Motorik, Band 7. Schorndorf 1988, S. 56–62

178 Schlee, J.: Helfen verworrene Konzepte dem Denken und Handeln in der Sonderpädagogik? Eine Auseinandersetzung mit der „Förderdiagnostik". Zeitschr. für Heilpädagogik 36 (1985), S. 860–891

179 Schmitten, I. aus der: Standardisierte Entwicklungstests: Verläßliche diagnostische Methoden oder Krückstock für den Untersucher? In: Vereinigung für interdisziplinäre Frühförderung e. V. (Hrsg.): Entwicklungsbegleitende Frühförderung – eine interdisziplinäre Herausforderung. München, Freising 1988. S. 28–31

180 Schopler et al.: Entwicklungs- und Verhaltensprofil (P.E.P.). Dortmund 1981

181 Schopler et al.: Strategien der Entwicklungsförderung. Dortmund 1983

182 Schraml, W.: Das psychodiagnostische Gespräch (Exploration und Anamnese). In: Heiss, R. (Hrsg.): Handbuch der Psychologie, Bd. 6, Psychologische Diagnostik. Göttingen 1971[3], S. 868–897

183 Schweizerische Vereinigung zugunsten cerebral Gelähmter (SVCG): Gesamtwerk über cerebrale Bewegungsstörungen. Solothurn, Langendorf (Schweiz) 1987

184 Sieland, B.: Kommunikationstherapie. In: Sieland, B., Siebert, M. (Hrsg.): Klinische Psychologie für Pädagogen. Braunschweig 1979, S. 183–229

185 Sieland, B.: Verhaltenstherapie. Grundlagen. In: Sieland, B., Siebert, M. (Hrsg.): Klinische Psychologie für Pädagogen. Braunschweig 1979, S. 120–154

186 Sieland, B., Siebert, M. (Hrsg.): Klinische Psychologie für Pädagogen. Braunschweig 1979

187 Speck, O.: Frühförderung entwicklungsgefährdeter Kinder. München 1977

188 Speck, O.: Spezielle Früherziehung – Basale Hilfen beim Lebensstart unter kritischen Bedingungen. In: Frühförderung interdisziplinär, 4. Jg. (1985), S. 49–57

189 Speck, O.: System Heilpädagogik. München, Basel 1988

190 Speck, O.: Frühförderung als System. In: Frühförderung interdisziplinär 4 (1989), S. 148–156

191 Speck, O., Peterander, F., Innerhofer, P. (Hrsg.): Kindertherapie. München, Basel 1987

192 Speck, O., Warnke, A. (Hrsg.): Frühförderung mit den Eltern. München 1983

193 Staabs, G. von: Der Scenotest. Berlin 1964[3]

194 Straßmeier, W.: Frühförderung konkret. München 1984[2]

195 Tausch, R., Tausch, A.-M.: Erziehungspsychologie. Göttingen 1977[8]

196 Tausch, R., Tausch, A.-M.: Gesprächspsychotherapie. Göttingen, Toronto, Zürich 1981[8]

197 Thalhammer, M. (Hrsg.): Gefährdungen des behinderten Menschen im Zugriff von Wissenschaft und Praxis. München, Basel 1986

198 Thurmair, M.: Gefährdung und pädagogische Intervention in früher Kindheit. In: Thalhammer, M. (Hrsg.): Gefährdungen des behinderten Menschen im Zugriff von Wissenschaft und Praxis. München, Basel 1986, S. 150–159

199 Tietze-Fritz, P.: Die Frühförderung des cerebral bewegungsgestörten Säuglings und Kleinkindes. Diss. Gießen 1978

200 Tietze-Fritz, P.: Eine zusätzliche Entwicklungsbehandlung für zerebral bewegungsgestörte Kinder. In: Krankengymnastik, 32 (1979), S. 13–15

201 Tietze-Fritz, P.: Zur Frühförderung des cerebral bewegungsgestörten Säuglings und Kleinkindes mit Darstellung einer praktizierten Entwicklungsbehandlung. Schriften zur Heil- und Sonderpädagogik, Band 1. Frankfurt a. M., Bern, Cirencester/U.K. 1980

202 Tietze-Fritz, P.: Relevante neurophysiologische Behandlungsmethoden im Vergleich. In: Krankengymnastik, 36 (1984), S. 721–724

203 Tietze-Fritz, P.: Möglichkeiten heilpädagogischer Interventionen in der Frühförderung des entwicklungsgefährdeten, -verzögerten und -gestörten Säuglings und Kleinkindes. In: Zeitschr. für Heilpädagogik 3 (1986), S. 160–166

204 Tietze-Fritz, P.: Praktizierte therapeutisch-pädagogische Frühförderung. In: Krankengymnastik, 38. Jg. (1986), S. 279–285

205 Tietze-Fritz, P.: Wahrnehmungs- und Bewegungsentfaltung. Heilpädagogische Förderung des Kindes in seinen ersten 24 Monaten. Heidelberg 1992[2]

206 Tietze-Fritz, P.: Zur Situation von Müttern behinderter oder von Behinderung bedrohter Kinder – eine Studie unter heilpädagogischen Fragestellungen und Aspekten. Forschungsbericht, Fulda 1990

207 Tietze-Fritz, P.: Heilpädagogisch-ganzheitliche Erfassung sensomotorischer Auffälligkeiten im frühesten Kindesalter. In: Zeitschr. für Heilpädagogik, 41. Jg., Beiheft 17 (1990), S. 259–263

208 Tinbergen/Tinbergen: Autismus bei Kindern. Berlin, Hamburg 1984

209 Tobler, R., Grond, J. (Hrsg.): Früherkennung und Früherziehung behinderter Kinder. Bern, Stuttgart, Toronto 1985

210 Verband der Beschäftigungs- und Arbeitstherapeuten (Ergotherapeuten) e. V.: Information über Beruf und Ausbildung. Der Beschäftigungs- und Arbeitstherapeut (Ergotherapeut). Karlsbad 1985

211 Verband staatlich anerkannter Beschäftigungstherapeuten der Bundesrepublik Deutschland e. V.: Fortbildungslehrgang über Frostig-Tests und Frostig-Therapie bei Kindern mit Cerebralparese. Augsburg 1973

212 Vereinigung für Interdisziplinäre Frühförderung e. V. (Hrsg.): Entwicklungsbegleitende Frühförderung – eine interdisziplinäre Herausforderung. Bericht vom 4. Symposion Frühförderung München. Freising 1988

213 Vojta, V.: Reflexfortbewegung als Bahnungssystem in der Rehabilitation des zerebralparetischen Kindes. In: Matthiaß, H.-H., Brüster, H. T., Zimmermann, H. von (Hrsg.): Spastisch gelähmte Kinder. Stuttgart 1971, S. 179–181

214 Vojta, V.: Die cerebralen Bewegungsstörungen im Säuglingsalter, Stuttgart 1974

215 Warnke, A.: Das Gespräch zwischen Therapeut und Eltern in der Frühförderung des behinderten Kindes. In: Speck, O., Warnke, A. (Hrsg.): Frühförderung mit den Eltern. München 1983, S. 201–224

216 Watzlawick, P./Beavin, J. H./Jackson, D. D.: Menschliche Kommunikation. Bern, Stuttgart, Wien 1982[6]

217 Weizsäcker, V. von: Der Gestaltkreis. Stuttgart 1986[5]

218 William, Frankenburg, Josiak, Dodds: Denver-Entwicklungsskalen, übersetzt von I. Flehmig. Testanweisung 1973

219 Wöhler, K.: Präventivpädagogik – Gegenparadigma zur Sonderpädagogik? In: Zeitschr. für Heilpädagogik 36 (1985), S. 764–770

220 Wöhler, K.: Kontextbezogene Entwicklung, Entwicklungsberatung und Frühförderung. In: Frühförderung interdisziplinär, 5. Jg., 3 (1986), S. 111–121

221 Wöhler, K.: Zeitstrukturen (in) der Frühförderung. In: Frühförderung interdisziplinär, 7. Jg., 1 (1988), S. 27–34

222 Wohlfahrt, R.: Diagnostik im Dienste eines übergreifenden Konzepts zur Förderung der sensomotorischen Entwicklung. In: Frühförderung interdisziplinär, 5. Jg., 1 (1986), S. 14–23

223 Wohlfahrt, R.: Prüfung der sensomotorischen Intelligenz. In: Frühförderung interdisziplinär, 6. Jg., S. 73–79 (1987)

224 Wulff, H.: Diagnose von Sprach- und Stimmstörungen. München, Basel 1983

225 Zentralverband für Logopädie e. V. (Hrsg.), Postfach 400614, 5000 Köln 40: Berufsbild und Ausbildung der Logopäden, o. J.

226 Zentralverband Krankengymnastik e. V. (Hrsg.): Berufsordnung der Krankengymnasten. München 1978

227 Zimmer, R.: Methoden zur Erfassung des motorischen Entwicklungsstandes. In: Hessischer Sozialminister (Hrsg.): Förderung entwicklungsgefährdeter und behinderter Heranwachsender. Beiträge zur Sportmedizin, Band 12. Erlangen 1981, S. 234–80

228 Zollinger, B.: Spracherwerbsstörungen. Grundlagen zur Früherfassung und Frühtherapie. Bern, Stuttgart 1987

Glossar

Abduktion
   Wegführen von der Mittellinie des Körpers (z. B. Abspreizen des Beines)
Adaptation, Adaption
   Anpassung, Angleichung, Anpassungsvermögen
Adduktion
   Heranführen eines Gliedes nach der Mittellinie des Körpers
Ätiologie
   Lehre von den Krankheitsursachen
Afferentes System
   zum Gehirn oder im Gehirn nach frontal führende Bahnen des ZNS (im Gegensatz zu: efferent – wegführend, herausleitend)
Agonist
   Muskel, der eine dem Antagonisten (Gegenspieler) entgegengesetzte Bewegung ausführt
akustisch
   das Hören (Töne, Schall) betreffend
Amplitude
   Schwingungsweite
Anamnese
   Vorgeschichte (einer Krankheit)
Antagonist
   Gegenspieler; einer von paarweise wirkenden Muskeln, dessen Wirkung der des Agonisten entgegengesetzt ist
Anthropologie
   Wissenschaft vom Menschen und seiner Entwicklung in natur- und geisteswissenschaftlicher Hinsicht
Apgar-Score
   Ergebnis der Zustandsdiagnostik beim Neugeborenen (nach dem Apgar-Schema)
Aphasie
   Störung der Sprache bei erhaltener Funktion der Sprechmuskulatur
Apraxie
   Unfähigkeit, sinnvolle und zweckmäßige Bewegungen auszuführen
arretiert
   unbeweglich, gesperrt
assoziiert
   verknüpft, verbunden, gemeinsam auftretend mit
Asymmetrie, asymmetrisch
   Ungleichmäßigkeit; seitenungleich
Ataxie
   Störung des Gleichgewichtes, der Balancefähigkeit und der Bewegungskoordination
Athetose
   zerebral bedingte Störung des Bewegungsablaufes mit wechselndem Muskeltonus und bizarren Bewegungen

atrophisch
: im Schwinden begriffen, an Mangelernährung leidend
audiovisuell
: zugleich hör- und sichtbar
auditiv, auditorisch
: das Gehör (Wahrgenommenes) betreffend
basal
: grundlegend, elementar; einfachst
biparietaler Durchmesser
: größter querer Durchmesser des Schädels
cardio-respiratorisch
: auf Herz- und Kreislauffunktionen bezogen
chromosomale Aberration
: Chromosomenabweichung
Codierung
: hier: Mitzuteilendes in eine sprachliche Form bringen
Diabetes mellitus
: Zuckerkrankheit
Diadochokinese
: Fähigkeit, eine Reihe von antagonistischen Bewegungen in schneller Form auszuführen (z. B. Supination und Pronation)
Didaktik
: Theorie der Lehrinhalte
Differentialdiagnose
: Unterscheidung (Abgrenzung) ähnlicher Krankheitsbilder
Diplegie
: zerebrale Bewegungsstörung mit besonderem Betroffensein der unteren Extremitäten (leichtere Form: Diparese)
distal
: weiter vom Rumpf entfernt
Disziplin
: hier: Wissenschaftszweig, Spezialgebiet
dominant
: vorherrschend, überwiegend
Dorsalflexion
: Beugung der Hand, des Fußes, des Kopfes nach rückwärts
Dysarthrie
: zentral bedingte Störung der Koordination des Sprachvollzugs (schwere Form: Anarthrie)
Dyskinesie
: motorische Fehlfunktion
Dyspraxie
: Ungeschicktheit, vor allem in der Bewegungsplanung
Dystonie, dyston
: hier: Bewegungsstörung mit herabgesetztem Muskeltonus; schlaff
edukativ
: die Erziehung betreffend

Emotion, emotional
: Gefühl, Gemütsbewegung; gefühlsmäßig

empirisch
: erfahrenen, beobachteten, aus einem Experiment erwachsenen Grundsätzen entsprechend

endogen
: im Körper selbst entstanden, aus der besonderen Anlage des Körpers hervorgegangen (nicht von außen zugeführt, nicht durch äußere Einflüsse entstanden)

endokrin
: mit innerer Sekretion verbunden

entwicklungsneurologisch
: die Entwicklung der Funktionen des ZNS betreffend

Ethologie
: Verhaltensforschung

exemplarisch
: beispielhaft, musterhaft

exogen
: außen entstanden, durch äußere Einflüsse entstanden

extrapyramidal
: zum extrapyramidalen System (motorische Kerngebiete im ZNS) gehörend

Faktorenanalyse
: statistische Forschungsmethode zur Ermittlung der Faktoren, die einer großen Menge verschiedener Eigenschaften zugrunde liegen (Psychol.)

fazilitierend
: bahnend, anbahnend

Graphomotorik
: Schreib-(Mal-, Zeichen-)Bewegungen

gustatorisch
: den Geschmackssinn betreffend

Handling
: entwicklungsfördernder Umgang mit dem Kind unter Einbeziehung therapeutischer Gesichtspunkte

haptisch
: das (aktive) Tasten und Erfühlen betreffend

Hemiparese, Hemiplegie
: zerebrale Bewegungsstörung, eine Körperseite betreffend

Hemisphäre
: rechte bzw. linke Hälfte des Großhirns und des Kleinhirns (Med.)

hyperkinetisch
: überschießendes, unruhiges, zappeliges Bewegungsverhalten

Hypersalivation
: vermehrter Speichelfluß

Hypertonus, hyperton
: hier: vermehrte Muskelspannung; angespannt, verkrampft

Hypotonie, hypoton
: hier: Herabsetzung des Muskeltonus; herabgesetzte Spannung der Muskulatur

Indikation
: Heilanzeige; Grund zur Anwendung eines bestimmten diagnostischen und/oder therapeutischen Verfahrens

inhibierend
: hemmend

inkongruent
: nicht übereinstimmend

Integration
: Einbeziehung in ein Ganzes, hier auch: gemeinsames Leben und Lernen von behinderten und nichtbehinderten Kindern

intentional
: mit einer Absicht, einem Vorhaben verknüpft; zielgerichtet

Interaktion
: zwischenmenschliche Wechselbeziehung

interdisziplinär
: die Zusammenarbeit mehrerer Disziplinen betreffend

Interpretation
: Auslegung, Erklärung; Deutung

Intervention
: Einmischung, Vermittlung, Maßnahme

invasiv
: eindringend

Isometrie
: Bezeichnung für Spannungsänderung des Muskels bei gleichbleibender Länge

Kinästhesie, kinästhetisch
: Bewegungsgefühl, das Bewegungsempfinden betreffend

Kinesiologie, Kinesie, Kinetik
: Lehre von den Bewegungen

Kognition, kognitiv
: geistige Entwicklung, geistige Prozesse (auch Fähigkeiten) betreffend

Kondition
: Gesamtverfassung, Leistungsfähigkeit; (derzeitiger) Zustand

konduktiv
: zusammenführend

konsekutiv
: aufeinanderfolgend, nachfolgend

Konstitution
: Summe aller angeborenen Eigenschaften, Summe aller Dispositionen, Veranlagung; Leistungs- und Anpassungsfähigkeit eines Individuums (Med.)

Kontraindikation
: Gegenanzeige; Grund, ein Mittel oder ein Verfahren nicht anzuwenden

Kontraktion
: Zusammenziehung

Kontraktur
: Versteifung, Bewegungseinschränkung von Gelenken

Koordination
: harmonisches Zusammenspiel der Bewegungen

Kopfkontrolle
: Fähigkeit, die Kopfhaltung zu kontrollieren

Korrelation
: Wechselbeziehung, Aufeinanderbezogensein; Zusammenhang zwischen Ergebnissen

Kybernetik
: Lehre von den technischen, biologischen und soziologischen Steuerungs- und Regelungsvorgängen

Lagereaktionen, Lagereflexe
: frühkindliche Reaktionen auf Veränderungen der Körperlage

Lateralität
: Dominanz einer Körperseite

Linguistik
: Sprachwissenschaft, die sich vor allem mit Theorien über die Struktur der Sprache beschäftigt

lokomotorisch
: die Fortbewegung betreffend

mental
: geistig

Methodik
: planmäßiges Vorgehen, festgelegte Arbeitsweise; planmäßige Unterrichtsgestaltung

Motilität
: Gesamtheit der unwillkürlichen (reflektorischen, vegetativ gesteuerten) Muskelbewegungen

Motologie
: Lehre von der menschlichen Bewegung

Motorik, motorisch
: Gesamtheit der aktiven Bewegungsvorgänge, das Bewegungshandeln betreffend

motoskopisch
: die Bewegung beobachtend

Muskeltonus
: Spannungszustand der Muskulatur

Myographie
: Aufzeichnung der Muskelzuckungen

neural
: durch Nerven bedingt

neurologisch
: Aufbau und Funktion des Nervensystems betreffend

Neuron
: die Nervenzelle mit all ihren Fortsätzen

Neuropädiatrie
: Teil der Kinderheilkunde, der sich mit den Vorgängen des Nervensystems beschäftigt

neurophysiologisch
: die Funktionen des ZNS betreffend

neuropsychologisch
: die Zusammenhänge von Nervensystem und psychischen Vorgängen betreffend

Norm
: Richtschnur, (vorgeschriebenes) Maß; normale(r) durchschnittliche(r) Leistung (Zustand)

Normalisierung, Normalisation
: Gestaltung sämtlicher Lebensbedingungen so normal wie möglich; Recht des Behinderten auf Entfaltung seiner Individualität in der Gesellschaft

Normierung
: Festsetzung von altersgemäßen Leistungsnormen bei einem Test

Okklusion
: normale Schlußbißstellung der Zähne (Med.)

olfaktorisch
: den Geruchssinn betreffend

ontogenetisch
: die Entwicklung des Individuums betreffend

optisch
: das Sehen (Augen; vom äußeren Eindruck her) betreffend

oral
: zum Mund gehörig, vom Mund her

orofazial
: den Mund- und Gesichtsbereich betreffend

Palpation
: Untersuchung durch Betasten

Pathogenese
: Krankheitsentstehung, Entstehungsgeschichte einer Störung

pathologisch
: krankhaft

Patterns
: hier: Frühfähigkeiten

perinatal
: den Zeitraum um die Geburt betreffend

peripher
: außen am Rande, weg vom Zentrum

persistieren
: bestehenbleiben, fortdauern

Perzeption, perzeptiv
: Wahrnehmungsverarbeitung; die Umsetzung des Wahrgenommenen betreffend

Phonetik
: Lautlehre, Stimmbildungslehre

Phoniatrie
: Lehre von den Stimm- und Sprachkrankheiten sowie den Hörstörungen

phylogenetisch
: die Stammesgeschichte betreffend (Biol.)

Plantarflexion
: Beugung nach der Sohle zu

postnatal
: nach der Geburt

Präferenz
: Vorrang, Vorzug

pränatal
: vor der Geburt

Prävention, präventiv
: Vorbeugung; vorbeugend, verhütend

primitive Reflexe (Reaktionen)
: frühkindliches Reflexverhalten

Prognose
: Vorhersage; Voraussicht auf den Krankheits-, Entwicklungsverlauf

Projektion
: das Übertragen von eigenen Gefühlen, Vorstellungen, Wünschen (auf andere)

projizieren
: übertragen; erleben von Empfindungen; darstellen

Pronation
: Einwärtsdrehung. Hand: Drehung des Handtellers nach hinten, wobei der Daumen einwärts gedreht wird. Fuß: Senken des inneren Fußrandes (Plattfußstellung)

Prophylaxe
: vorsorgende, vorbeugende Maßnahme; Verhütung von Krankheiten (Med.)

Proportionalität
: Verhältnismäßigkeit, richtiges Verhältnis

proximal
: rumpfwärts gelegen

Psychomotorik
: Bewegungshandeln unter perzeptiv-kognitiven, affektiven und sozialen Aspekten betrachtet

Psychomotorische Übungsbehandlung
: persönlichkeitsbildende Bewegungserziehung

psychopathisch
: abnorme Persönlichkeitsstruktur

Psychopathologie
: Lehre von den seelischen Funktionsstörungen

psychoreaktiv
: psychisches (reaktives) Verhalten, das durch Umwelteinflüsse bedingt ist

psychosomatisch
: die seelisch-körperlichen Wechselwirkungen betreffend

psychosozial
: das Zusammenwirken von seelischen und die menschliche Gemeinschaft betreffenden Faktoren

reflektorisch
: mittels eines durch einen Reflex bedingten Vorganges

Reflex
: unwillkürliche Bewegungsreaktion, die unmittelbar und typisch auf einen bestimmten Reiz hin auftritt

Retardierung
: Entwicklungsverzögerung

reziprok
: wechsel-, gegenseitig (syn.: alternierend)

Rigidität
: Steifheit, Starrheit

Salivation
: Speichelfluß

Selektion, selektiv
: Aussonderung; aussondernd, auswählend

Sensibilität
: Empfindungsfähigkeit

Sensomotorik
: Zusammenspiel von Wahrnehmungs- und Bewegungsleistungen

somatisch
: körperlich

Spastik, spastisch
: muskuläre Verkrampfung; Erscheinungsform der zerebralen Bewegungsstörung; verkrampft

spinal
: zur Wirbelsäule, zum Rückenmark gehörend

Standardisierung
: statistisches Vorgehen der Vereinheitlichung nach bestimmten Normen; Vorgehensweise nach einem bestimmten Muster

Statomotorik
: Zusammenspiel von Haltungsapparat und Bewegungen

Stellreaktionen, Stellreflexe
: Bewegungsreaktionen zur Aufrichtung bei normaler Kopfhaltung und Körperstellung

Stereotypien
: motorische, sprachliche oder gedankliche Äußerungen, die immer wieder in der gleichen Form wiederholt oder beibehalten werden

Stimulation
: Anregung (durch bestimmte Reize)

sukzessiv
: allmählich eintretend

Supination
: Auswärtsdrehung des Handtellers oder Anheben des inneren Fußrandes (im Gegensatz zu: Pronation)

Symptom
: (Krankheits-)Kennzeichen

Symptomatik
: Summe von (Krankheits-)Kennzeichen

Syndrom
: gleichzeitig zusammen auftretende Krankheitszeichen, Symptomenkomplex

Synergien
: hier: gleichzeitiges Zusammenwirken von Muskeln

taktil
: den Tastsinn betreffend

Terminologie
: Fach-Wortschatz

Tetraparese, Tetraplegie
: zerebrale Bewegungsstörung, alle vier Gliedmaßen betreffend

Therapie
: Behandlung, Heilverfahren

Toxikose
: Vergiftungskrankheit

Trophik
: Ernährungszustand eines Organs, eines Muskels

Vakuumextraktion
: Entbindung mit Hilfe eines besonderen geburtshilflichen Gerätes (Saugglocke)

vasomotorisch
: die Gefäßnerven betreffend

vegetativ
: die Funktionen des vegetativen Nervensystems betreffend

Vestibularapparat, vestibulär
: Gleichgewichtsorgan im Ohr; das Gleichgewicht betreffend

vibratorisch
: kleine Schwingungen betreffend

visuell
: das Sehen (Wahrgenommenes) betreffend

visuomotorische Koordination
: das Zusammenspiel von visuellen und motorischen Fähigkeiten

viszerale Wahrnehmung
: Organempfindungen und innere, vegetative Empfindungen

Wahrnehmung
: Aufnehmung von Sinneseindrücken

Zentralnervensystem (Abk.: ZNS)
: Gehirn- und Rückenmark

zerebral
: das Gehirn betreffend

Stichwortverzeichnis

Affolter-Modell 87ff.
akkommodatorisch 125
Anamnese 24, 34, 109ff., 146, 170, 209
assimilatorisch 124f.
Ätiologie 24, 28, 36
Auffälligkeiten 23
– entwicklungsneurologische 23
– psychische 38
– sensomotorische 38, 46f.
– senso- und psychomotorische 23, 28, 49, 55, 68, 110, 112, 136, 212
Autismus, frühkindlicher 38, 212f.
autistische Verhaltensweisen 213ff.

basale Stimulationen 218f.
Bedingungsfaktoren 12
Befunderhebung 26
– ergotherapeutische 80ff.
– fachärztliche 51
– frühpädagogische 155, 160, 164, 165, 169, 170ff.
– heilpädagogische 151, 166, 168, 172
– heil- und frühpädagogische 153, 157
– kinderpsychiatrische 40
– krankengymnastische 57ff., 64, 66
– logopädische 69ff.
– neuropädiatrische 37, 38
Behandlung auf neurophysiologischer Grundlage 41, 58, 71, 81
Behandlungsplan 60, 68, 79
Behandlungsverfahren 57, 58, 68, 79
Behinderung 175
– drohende 31, 33, 53, 168, 175
Beobachtungsbogen 171f.
Bewegung 10
Bewegungsbeobachtung 36, 94, 95ff., 112, 114, 180f., 194
Bewegungsdiagnostik 192ff.
Bewegungsentwicklung 66, 67
Bewegungserziehung 57, 193ff., 196
Bewegungsmerkmale 97, 196f.
Bewegungsreaktionen 42
Bewegungsstörung(en) 40, 65
– zerebrale 58, 63, 71, 72, 154
Bewegungstherapie 56, 193

Bobath-Therapie 43, 59, 65, 75

Diagnostik 159
– audiologische 134
– entwicklungsneurologische 40
– fachpsychologische 104ff.
– frühpädagogische 156, 159
– heilpädagogische 12, 16, 19ff., 166
– kinderpsychiatrische 24, 37ff.,
– kinesiologische 45
– klassische 20, 151, 152
– logopädische 74
– medizinische 53
– mehrdimensionale 206
– multiaxiale 40
– pädagogische 33, 145, 146
– psychologische 33, 110
– sonderpädagogische 17
– sozialpädagogische 33, 147f.,
– systemorientierte 157f.
diagnostische Instrumentarien 51f.
didaktische und methodische Prinzipien 193
Differentialdiagnose 28, 33
Diplom-Motologe 93
Diplom-Pädagoge 145, 150
Diplom-Psychologe, Psychologe 104, 110, 115
Diplom-Sozialarbeiter 145
Diplom-Sozialpädagoge 145, 149
Doman-Delacato–Methode 201f.
Durchgangssyndrom 29, 32

endo- und exogene Faktoren 12, 33
einzeldisziplinäre Ansätze 20
Elternarbeit 161, 174
Eltern-Kind-Spielgruppe(kreis) 166, 194
Entwicklung 12, 19
– kindliche 24
– psychomotorische 24, 62
– sensomotorische 23, 125
– senso- und psychomotorische 23
– statomotorische 23
Entwicklungsbegleitung 13, 168

Entwicklungsbehandlung 63, 65
Entwicklungsbeobachtung 168, 169
Entwicklungsdiagnose, Entwicklungsdiagnostik 24, 38, 44, 47ff., 108, 112, 187, 189, 191
– ethologische 47f.
– reaktive 48f.
Entwicklungsförderung 15, 55, 58, 150, 151, 158, 168
entwicklungsfrühdiagnostische Verfahren 122, 171, 182, 183, 184ff.
Entwicklungsgitter 184ff., 195
entwicklungsnormativer Ansatz 153
Entwicklungsnormen 106
entwicklungsökologischer Ansatz 153, 157
Entwicklungspsychologie, angewandte 106
entwicklungspsychologisch 105, 106
entwicklungspsychologische Aspekte 106, 156
Entwicklungsquotient 119, 126, 128, 129, 185
Entwicklungsrehabilitation 47, 82, 132
Entwicklungsskalen 122f., 127, 185
Entwicklungsstörung(en) 27, 33, 37, 49, 130, 154, 162
Entwicklungstabellen 34, 43, 183f.
Entwicklungstests 119, 121ff.
Entwicklungstherapie 82
Entwicklungs- und Störbereiche 27
Entwicklungs- und Verhaltensprofil 217
Entwicklungsverzögerung 19
Ergotherapeut (syn. Beschäftigungstherapeut) 55, 56, 64, 139
Ergotherapie (syn. Beschäftigungstherapie), ergotherapeutische Behandlung, 41, 79ff.
erschwerende Bedingungen 12
Erzieher 145
Erziehung 13, 15, 149
– besondere 19, 104, 149
– rhythmische 198f.
Erziehungshilfen 16, 167
Erziehungskonzept 159, 161
Erziehungsmethoden 194ff.
Erziehungsplan 151

Erziehungssituation 16
Exploration 109, 111f.

Fachtherapeuten 55
Familiendiagnostik 39, 175f.
Familienorientiertheit 160f.
Festhalte-Therapie 214ff.
Förderdiagnostik 17, 18, 55, 68, 94, 163, 217
Fördermaßnahme 13
– heilpädagogische 53, 55
Förderung 13, 15, 163, 168
Förderungsansätze, -methoden 16, 18, 177
Fröbel-Material 208
Frühbehandlung 30
Frühbetreuer 149
Frühdiagnostik 36, 45, 67, 73
– heilpädagogische 20, 152
– medizinische 23
Früherkennung 25, 46
Früherkennung autistischer Verhaltensweisen 213ff.
Früherkennungsuntersuchungen 29
Früherzieher (Frühpädagoge) 149f., 162, 166
Früherziehung 14, 149, 175
Frühförderdiagnostik 19
Frühförderung 150, 175
Frühförderungsprogramme 187ff.
frühkindliche Hirnschädigung 12
Funktionsanalyse 57, 69
Funktionsspiele 179, 180
Funktionsstörung des ZNS 50, 57f.
Funktionstraining 15, 150

Ganzheitlichkeit 21, 158f., 162
Gesamtdiagnose 13, 21, 162, 211
Gesamtkonzept 13
Gesprächsführung 172
Gesprächskreise 175
Gestaltkreis, Gestaltkreismodell 10
Gesundheitserziehung 167
Gleichgewichtsreaktionen 41, 42, 63, 64
Greifentwicklung 84ff.
Gütekriterien 117f.

267

Gymnastiklehrerin 57

Haltungsreflexe 42
Haltungsreflexmechanismen 42
Haltungsschwächen, -schäden 57, 199
Haltungs- und Bewegungsmuster 194
Handgeschicklichkeitsdiagnostik 102
Handling 30, 65, 176, 177
Handlungskompetenz 157
Handlungswissenschaft 145
Hausfrüherziehung 166, 177
Heilerzieher 145
Heil- oder Sonderpädagogik 150
Heilpädagoge 149f.
Heilpädagogik 11, 41
– ganzheitliche 23, 53
heilpädagogische Leibeserziehung 196
heilpädagogische Übungsbehandlung 168, 207ff.
hyperkinetisches Syndrom 38, 93

individualisierte Pädagogik 156
individualtheoretisch 137
Integration 165
Integrationspädagogik 166
integrative Erziehung 173
Intelligenzquotient 91, 119, 129
Interaktionsdiagnostik 164
interdisziplinäre Arbeit 21, 80, 161, 162
interdisziplinäre Frühförderung 150
interdisziplinäres Team 56

Kinderarzt (Pädiater) 26, 27, 31
Kinderpsychologe, Kinderpsychologie 27, 115
Kinder- und Jugendpsychiater 38
klientenzentrierte Gesprächsführung 137f.
Klinische Psychologie 105
Kommunikationsförderung 211ff., 219f.
Kommunikationsstörung 212
kommunikationstheoretisch 137
Kompetenz 15
Kompetenzmotivation 15
konduktive Bewegungspädagogik 199
Konduktorin 200
Konstruktionsspiele 179, 180

Kooperationsmodell 176
Koordinationsstörung(en) 41, 45, 100, 101
Ko-Therapeuten-Modell 176
Krampfanfälle 50
Krankengymnast 55, 56, 57, 193
Krankengymnastik, krankengymnastische Behandlung 56ff.
Körperbegriff 197
Körperbewußtsein 197
Körperimago 197
Körperschema 197

Lagereflexe 44, 45, 67
Lateralität 86, 142
Lateralitätsbestimmung 103
Lerndiagnostik 152
Lernhilfe(n) 13, 14, 15
Lernprozesse 156
lernpsychologische Aspkete 156
lernpsychologische Grundlage 105, 137
Lern- und Erziehungsbereiche 149
Lernziele (Ziele, Aufgaben), heilpädagogische 14, 211
Logopäde 55, 56, 64, 67ff.
Logopädie, logopädische Behandlung 41, 68f., 74, 75

Medien 177, 178ff.
Methode, heilpädagogische 12, 166
Minimale zerebrale Dysfunktion (MCD) 38, 93, 154
Montessori-Material 82, 151, 208
Motodiagnostik 92ff., 124
Motopädagogik 23, 92
Motopäde 57, 93, 193
Motologie 35, 57, 93, 114
Motorikquotient 100, 119
Mototherapeut 57, 93, 193
Mototherapie 23, 92
Mundtherapie 74f., 76
Muskelfunktionsprüfung 61

neurokinesiologische Behandlung 43
neurophysiologische Grundlage(n) 33, 68, 71, 154
neuropsychologisch 135, 154

neuropsychologische Grundlagen 154f.
Normierung 117, 118

Objektivität 117
ökologisches Modell 157
orofaziale Regulationstherapie 76ff.
Orthoptist 55, 56

Pädagogische Frühförderung 149
Pädagogische Psychologie 104
Pathogenese 24, 28, 36
pathologische Bewegungsformen 63, 65
pathologische Bewegungsmuster 62, 101, 183
pathologische Motorik 45
Patterns 42
Persönlichkeitsbildung, psychomotorische 12, 193
Persönlichkeitsentwicklung 10, 92
Perzeptionsdiagnostik 132
Perzeptionsentwicklung 62, 132
Perzeptionsquotient 91
Perzeptionsstörungen, visuelle 89
Prävention 19
Präventionspädagogik 167
professionelle Kooperation 161
Prognose, heilpädagogische 164
protektive Faktoren 39
Prozeßdiagnostik 140, 163
psychische Erkrankungen 37
Psychodiagnostik 107f.
psychologische Gesprächsführung 137f., 172
Psychomotorik 10, 92, 93
psychomotorische Übungsbehandlung 92, 195
psychosomatische Erkrankungen (Symptome) 37, 92
psychosoziale Faktoren 33

Reaktionen, frühkindliche 34, 41, 74
Reflexe 34, 74
reflexhemmende Bewegungsmuster 65
Reflexion 162f.
Regelspiele 179, 180
Reliabilität (Zuverlässigkeit) 117

Rhythmik- und Bewegungsgeräte 180f.
Risikofaktoren 31, 39, 107
Risikokind 31, 168
Rollenspiele 179, 180

Screening(s) 25, 28, 35, 86, 101, 123, 192
Selbstreflexion 209
Selbstregulationsmechanismen 30
sensible Phase 11
Sensomotorik 10, 70
sensomotorische Übungsbehandlung 77, 194f.
sensorischer Input 140
sensorische Integrationsbehandlung 139
sensorische Integrationsstörungen 139ff., 154
sensorisch-integrative Dysfunktion 141, 144
Sinnesschädigungen 134
Situationsanalyse 210f.
Snoezelen 218
Sonderpädagoge 145
soziale Arbeit 145
sozialpädagogische/soziale Arbeit 146
soziopsychologische Aspekte 156
Spielbeobachtung 83, 112, 114ff., 159, 173, 174, 194, 209f.
Spieldiagnostik 116, 130ff.
Spiel(en) 80, 83f., 115, 159f., 166, 179, 208
Spielentwicklungsaufbau 211
Spielkreise 173
Spielmaterialien 83f., 120, 160, 179f., 208
Spieltherapie 160
Sprachentwicklungsförderung 204f.
Sprachentwicklungsstörungen 68, 75, 134
Sprachförderung 205f.
Sprachheilpädagoge 68, 203
Sprachstörungen 50, 68, 71ff.
Sprech- und Sprachanbahnung 204
Standardisierung 25, 28, 117
Standardmeßfehler 118
statomotorische Störung 57

Stellreaktionen 41, 42, 63, 64
Sportförderunterricht 199
Sprachheilerziehung 68, 203
Störung(en) 19, 50, 72, 152, 156
– orofaziale 75
– sensomotorische 32, 50
– zerebrale 62, 68
Symbolspiel 152f.

Teilleistungsschwächen 38, 129
Terminologie 194
Testdiagnostik 136
Test- und Therapieprogramm nach Frostig 89ff.
Testverfahren 182ff.
– ergänzende 70f.
– motorische 98ff.
– projektive 109, 120, 131
– psychologische 109, 116ff.
– psychometrische 109, 117, 120, 136
Therapeuten 55
tiefenpsychologisch 137
Tiefensensibilität 140
Tonusstörung 45

Übungsmaterial 208
Untersuchung, ärztliche 24
– ganzheitliche 171
– kinderärztliche 25
– motorische 35
– motoskopische 35
– neurologische 34, 35
– neurologisch-motoskopische 33, 46, 47
– neuropädiatrische 24, 36
– orthopädische 24, 50

– pädagogische 146f.
– sprachtherapeutische 73ff.
Validität (Gültigkeit) 117
Verhalten, frühkindliches 152
– psychomotorisches 23, 92
– sensomotorisches 11, 12, 38, 155
– senso- und psychomotorisches 121f.
Verhaltensbeobachtung 83, 109, 112, 113f., 159, 166, 173, 174
Verhaltensstörungen 28, 37, 58, 130f.
Verlaufsdiagnostik 164
Video 114, 178, 181
visuelle Perzeptionsfähigkeit 89
Vojta-Therapie 43ff., 59, 66
Vorsorgeuntersuchung(en) 24, 25ff.

Wahrnehmung 10
Wahrnehmungsdiagnostik 102, 200
– auditive 207
Wahrnehmungsentwicklung 132
Wahrnehmungsförderung 219
Wahrnehmungsstörungen 50, 88, 132, 188, 197, 212
– auditive 68, 134
– taktile 133
– visuelle 133f.
Wahrnehmungs- und Bewegungsentwicklung 11, 114
Wahrnehmungs- und Bewegungsverhalten 10, 38, 120
Wahrnehmungs- und Perzeptionsstörungen 201

Zeitstrukturen 164f.
zentral bedingte Fehlfunktionen 57
Ziel- und Leitkonzepte 13

Raum für Notizen:

Wolfgang Beudels / Rudolf Lensing-Conrady / Hans Jürgen Beins
... das ist für mich ein Kinderspiel
Handbuch zur psychomotorischen Praxis
2. Aufl. 1995, 324 Seiten, ca. 220 Fotos
Format 16x23 cm, br, ISBN 3-86145-026-7
Bestell-Nr. 8523   DM 44,00

Barbara Cárdenas
Diagnostik mit Pfiffigunde
Ein kindgemäßes Verfahren zur Beobachtung von Wahrnehmung und Motorik (5-8 Jahre)
3., verb. Aufl. 1995, 196 Seiten, mit Kopiervorlagen, Format 16x23cm, br, ISBN 3-86145-095-X
Bestell-Nr. 8529   DM 39,80

Helga Sinnhuber
Spielmaterial zur Entwicklungsförderung
– von der Geburt bis zur Schulreife
4., durchges. Aufl. 1991, 120 Seiten, mit 75 Abb., Format 16x23cm, br, ISBN 3-8080-0254-9
Bestell-Nr. 1112   DM 28,00

Christa-Maria Hippenstiel / Herbert Krautz
Konzentrations-Trainingsprogramm
für Kinder des **ersten** und **zweiten** Grundschuljahres
2. Aufl. 1995, 107 Blatt, Format DIN A4, Block, ISBN 3-86145-013-5
Bestell-Nr. 8355   DM 22,80

Konzentrations-Trainingsprogramm
für Kinder des **dritten** und **vierten** Grundschuljahres
1991, 107 Blatt, Format DIN A4, Block, ISBN 3-86145-014-3
Bestell-Nr. 8356   DM 22,80

Hilde Trapmann / Gerhard Liebetrau / Wilhelm Rotthaus
Auffälliges Verhalten im Kindesalter
Bedeutung – Ursache – Korrektur
Handbuch für Eltern und Erzieher
8. unveränd. Aufl. 1994, 244 Seiten, Format 16x23cm, br, ISBN 3-8080-0228-X
Bestell-Nr. 1101   DM 28,00

Peter Ehrlich / Klaus Heimann
Bewegungsspiele für Kinder
Wie ein Kind in seiner Entwicklung gefördert werden kann
4., überarb. und erw. Aufl. 1995, 120 Seiten, mit Fotos, Format DIN A5, br, ISBN 3-8080-0337-5
Bestell-Nr. 1117   DM 29,80

Volker Scheid / Robert Prohl
Kinder wollen sich bewegen
Bewegungserziehung in Wohnung und Halle für das Kleinkindalter
2. Aufl. 1989, 84 Seiten, Format 16x23cm, br, ISBN 3-8080-0153-4
Bestell-Nr. 1134   DM 25,80

Horst Manfred Otte
Ohnmächtige Eltern
Was Eltern verzweifelt macht und Kinder verunsichert – Ein Elternführerschein
2., durchges. Aufl. 1995, XII/172 Seiten, Format DIN A 5, br, ISBN 3-86145-094-1
Bestell-Nr. 8366   DM 29,80

Christine Meier / Judith Richle
Sinn-voll und alltäglich
Materialiensammlung für Kinder mit Wahrnehmungsstörungen
2., durchges. Aufl. 1995, 114 Blatt, 8 Registerblätter, Format 16x23cm, Ringbindung, ISBN 3-8080-0367-7, Bestell-Nr. 1023, DM 38,00

Friedhelm Schilling
Spielen – Malen – Schreiben
10. Aufl. 1994, 78 Blatt, Format DIN A4, Block, ISBN 3-8080-0063-5
Bestell-Nr. 5210   DM 14,80

Bestellung und kostenloses Verlagsprogramm:

Hohe Straße 39 • D-44139 Dortmund • ☎ (0180) 534 01 30 • FAX (0180) 534 0120